Wolfgang Bittner

Ausnahmezustand

Geopolitische Einsichten und Analysen
unter Berücksichtigung des Ukraine-Konflikts

Wolfgang Bittner

AUSNAHMEZUSTAND

Geopolitische Einsichten und Analysen unter Berücksichtigung des Ukraine-Konflikts

zeitgeist
Print & Online

2. Auflage Februar 2023

Redaktionsschluss: November 2022
Übersetzungen, wenn nicht anders angegeben, durch den Autor
Satz: Hoos Mediendienstleistung, Landau
Coverdesign: Grafikfee GmbH, Bingen
Druck und Bindearbeiten: CPI books GmbH, Leck

Printed in Germany

ISBN 978-3-943007-47-3

www.zeitgeist-online.de

Kompromiss

Es ist, als habe die Welt
ihren Charme verloren,
ihr Gesicht und ihre Gestalt.
Noch immer Sonne und Mond
auf den Wegen,
aber kein freundlicher Gruß,
kein Umarmen.
Die Leitungen surren,
Weihnachten und Ostern
sind ausgesetzt,
die Harmonie ist gecancelt,
der Frühling hinfällig.
So leben wir
in der Gewissheit
unserer Vergänglichkeit.

Wolfgang Bittner 2021

»Wer die Wahrheit nicht weiß,
der ist bloß ein Dummkopf.
Aber wer sie weiß und sie eine
Lüge nennt, der ist ein Verbrecher!«

Bertolt Brecht

Inhaltsverzeichnis

Vorbemerkung

Kriege beginnen fast immer mit Lügen: Der Eintritt in den Vietnamkrieg 1964 wurde von den USA mit einem vorgetäuschten Zwischenfall im Golf von Tonkin begründet; die Bombardierung Serbiens erfolgte 1999 aufgrund einer angeblichen »Hufeisenoffensive« gegen die Albaner im Kosovo; der erste Irakkrieg begann 1991 mit der sogenannten Brutkastenlüge[1], der zweite Irakkrieg 2003 wegen einer »akuten Bedrohung« durch (nicht vorhandene) Massenvernichtungswaffen des Irak; die Zerstörung Libyens 2011 wurde mit einem Massaker in Benghazi gerechtfertigt, das es nicht gab. Anlässe für Interventions- und Wirtschaftskriege werden konstruiert, die wahren Gründe lassen sich mithilfe willfähriger Politiker und Journalisten verschleiern.

Dem Beginn der Kriege gehen zumeist monate- oder sogar jahrelange Propaganda- und Hetzkampagnen gegen den Gegner voraus, der damit zum angreifbaren Feind wird. Um diese weltweit von den USA angewandte Taktik zu rechtfertigen, wurde von den Spindoctors[2] in den Denklaboren die sogenannte Menschenrechtsstrategie zur Umdeutung des aggressiven Vorgehens entwickelt. So wurden die mörderischen Kriege gegen Afghanistan, Jugoslawien, den Irak, Libyen, Syrien und Jemen zur angeblichen Verteidigung der Menschenrechte, Abwehr terroristischer

[1] Angeblich hatten irakische Soldaten bei der Besetzung Kuwaits im August 1990 frühgeborene Babys aus den Brutkästen gerissen und sterben lassen. Die von einer Werbeagentur verbreitete, von der US-Regierung und nahezu allen Leitmedien kolportierte Lüge führte zum Angriff einer von den USA angeführten Koalition gegen den Irak.

[2] Spindoctor = Politik- und Kommunikationsberater

Bedrohungen oder zur »Einführung demokratischer Strukturen« in diesen Ländern »legitimiert«.

Eine besonders perfide Form verdeckter Kriegsführung ist die Sanktionierung missliebiger oder widerständiger Staaten. Dass durch den entstehenden Mangel viele Menschen leiden oder sogar sterben, wird in Kauf genommen. Dabei beruft man sich auf »westliche Werte«, die zumeist nicht einmal im eigenen Land eingehalten werden. Am einfachsten hatte es sich der ehemalige US-Präsident Ronald Reagan gemacht, der die Sowjetunion einfach zum »Reich des Bösen« erklärte und sich damit die Deutungshoheit für die Aggressionspolitik verschaffte, die zum Nachteil der europäischen Staaten – insbesondere Deutschlands – im Laufe der Jahre gegen Russland verschärft angewandt wurde. Die deutsche Regierung aber befolgt bis heute, unterstützt von den Medien, bereitwillig die Vorgaben aus Washington.

Vergessen ist die Entspannungspolitik Willy Brandts der 1960er- und 1970er-Jahre, als es hieß: *»Wir wollen ein Volk der guten Nachbarn sein – im Innern und nach außen.«*[3] In seiner Regierungserklärung vom 28. Oktober 1969 kündigte Brandt eine neue Ost- und Deutschlandpolitik an und erklärte, die Bundesregierung werde *»an dem ihrer Verteidigungspolitik zugrunde liegenden Defensivprinzip keinen Zweifel lassen«*, sie werde sich in internationalen Organisationen für *»weltweite Abkommen der Abrüstung und Rüstungsbegrenzung«* einsetzen sowie für das immer von Neuem gefährdete *»friedliche Zusammenleben der Völker«*. Die Devise hieß: Abbau der militärischen Konfrontation in Europa und Wandel durch Annäherung.

Der damaligen Regierung aus Sozialdemokraten und Liberalen gelang es, innenpolitisch ein toleranteres Klima zu schaffen und außenpolitisch die im Kalten Krieg verfestigte Situation zu

---

[3] Willy Brandt: Regierungserklärung in Bonn, 28. Oktober 1969; www.willy-brandt-biografie.de/wp-content/uploads/2017/08/Regierungserklaerung_Willy_Brandt_1969.pdf

Willy Brandt bei seiner Vereidigung zum Bundeskanzler am 21. Oktober 1969

entspannen. Deutschland sei auf *»die Zusammenarbeit und Abstimmung mit dem Westen und die Verständigung mit dem Osten«* angewiesen, so Brandt. Er betonte ausdrücklich, *»dass das deutsche Volk Frieden braucht – den Frieden im vollen Sinne dieses Wortes – auch mit den Völkern der Sowjetunion und allen Völkern des europäischen Ostens«*.

Die Chancen, die sich aufgrund von Brandts Entspannungspolitik für ein friedliches Miteinander nicht nur in Europa ergaben, wurden verspielt und die Möglichkeiten obrigkeitlicher Überwachung und Reglementierung radikal erweitert und verfestigt. In jüngerer Zeit erlebte die Bevölkerung während der von der WHO ausgerufenen Corona-Pandemie einschneidende Eingriffe in die Grund- und Freiheitsrechte. So wurden die Friedensbemühungen früherer Generationen verraten und vergessen, viele der mühevoll erkämpften Rechte der arbeitenden Bevölkerung nach und nach abgebaut.

Der US-amerikanische Ökonom und Politiker Lyndon LaRouche (1922–2019), einer der vorausschauenden Menschenrechtsaktivisten, kam schon in den 1990er-Jahren zu dem Ergebnis: *»Eine unmoralische Zivilisation rennt in ihr Verderben, ein selbst verschuldetes Verderben ... Unsere Gesellschaften werden von Menschen geführt, die keine Ahnung haben, was die menschliche Gattung ist.«*[4] LaRouche prophezeite den Zusammenbruch des Finanz- und Wirtschaftssystems und plädierte für eine grundlegende Neuorientierung, die den Menschen in den Mittelpunkt stellt. Aber seine Vorschläge wurden ignoriert, er wurde in den USA in einem spektakulären politischen Prozess wegen »Verschwörung und Postbetrug« zu 15 Jahren Freiheitsstrafe verurteilt, von denen er fünf Jahre verbüßte.

Es sieht so aus, als werde sich die besorgniserregende Entwicklung in nächster Zeit noch fortsetzen, zumal es manifeste Bestrebungen gibt, eine globalisierte Welt zivilgesellschaftlich – also nicht öffentlich-demokratisch – zu organisieren und zu steuern. Und es ist klar: Wenn dem nicht noch Einhalt geboten werden kann, liegt die Zukunft nicht nur Deutschlands, sondern der ganzen Menschheit – soweit sie die nächsten Jahre überlebt –, in einem technologisch perfekt organisierten Totalitarismus.

---

4 Aus einer Rede vom 18. Juni 1997 in Washington: »Wir sehen eine große Zivilisation, die sich selbst zerstört«; zit. wie www.youtube.com/watch?v=4F6lSK5m9iU&t=525s (20.9.2022)

Geopolitik im Schatten des Unilateralismus

Die Teilung Europas

Das 1871 nach dem Deutsch-Französischen Krieg neu ausgerufene Deutsche Reich stand seit seinem Erscheinen auf der politischen Bühne im Fokus der Weltpolitik. Gehen wir in die jüngere Vergangenheit zurück, haben zwei Weltkriege die Menschen wie auch die geopolitische Position Deutschlands gravierend geprägt: Seit 1918 hat das Deutsche Reich etwa ein Drittel seines Staatsgebiets verloren, und durch die bedingungslose Kapitulation am Ende des Zweiten Weltkriegs gelang es den Siegermächten, insbesondere den USA, Deutschland zu besetzen, zu zergliedern und Restdeutschland gegen die Sowjetunion in Stellung zu bringen. Nach der Vereinigung der beiden Staatsrelikte BRD und DDR entstand dann die Bundesrepublik Deutschland in der jetzigen Form, ein Staat unter Vormundschaft der USA.

Dass 1990 der damalige Generalsekretär des Zentralkomitees der Kommunistischen Partei der Sowjetunion (ab März 1990 Staatspräsident), Michail Gorbatschow, die sogenannte Wiedervereinigung, die de facto eine Übernahme der DDR durch die BRD war, ermöglicht hat, wurde bald vergessen bzw. verdrängt. Deutschland wurde nach der Auflösung der Sowjetunion und des Warschauer Pakts in fiktiver Souveränität von den USA endgültig zum Brückenkopf in Europa und Frontstaat gegen Russland hergerichtet. Die USA, die – nach einer kurzen Phase der Beruhigung auf dem europäischen Kontinent gegen Ende des 21. Jahrhunderts – durch die Regeneration Russlands unter Wladimir Putin erneut ihren unipolaren Anspruch gefährdet sahen, ließen den Kalten Krieg wieder aufleben.

Aber nicht allein geostrategische Interessen führten zu dieser den Weltfrieden massiv gefährdenden Situation, sondern auch die ständig wachsenden Begehrlichkeiten der westlichen Wirtschafts- und Finanzeliten, die eine Öffnung Russlands zu ihren Gunsten anstrebten. In diesen Kreisen und bei den Militärs war man sich mehr oder weniger der Thesen des britischen Geografen Halford Mackinder (1861–1947), seinerzeit Präsident der Londoner Königlich Geografischen Gesellschaft, bewusst, wonach der Schlüssel zur Weltmacht in der Beherrschung des Kernlandes Eurasiens liege, das etwa dem Gebiet der späteren Sowjetunion entspricht.

Mackinder sah eine Gefährdung des auf seiner Seemacht gegründeten britischen Imperiums durch eine expansionistische Macht aus der Mitte Eurasiens voraus. Und nachdem die weltbeherrschende Position Großbritanniens durch die Vereinigten Staaten von Amerika abgelöst worden war, übernahmen deren Strategen die geopolitischen Analysen Mackinders und seiner Anhänger. Mit allen Mitteln soll seither verhindert werden, dass sich auf der größten zusammenhängenden Landmasse der Welt, bestehend aus den Kontinenten Europa und Asien, sowie Afrika, ein den Weltmachtanspruch der USA infrage stellender Gegenpol entwickelt.

Deswegen wird versucht, das von Peking und Moskau auf den Weg gebrachte Projekt »Neue Seidenstraße« zur Erschließung des eurasischen Doppelkontinents mit allen Mitteln zu boykottieren. Denn wenn es gelänge, ein gigantisches interkontinentales Infrastrukturnetz, welches von China über Wladiwostok und Sibirien bis Moskau und Westeuropa reicht, an das auch Indien, Afrika und der arabische Raum angeschlossen sind, zu verwirklichen, wäre die Stellung der USA als Weltmacht Nr. 1 Geschichte. Sie

Der US-Flugzeugträger Abraham Lincoln mit weiteren Kriegsschiffen der US Navy im südlichen Pazifik

wären dann nur noch eine übermäßig hochgerüstete Regionalmacht zwischen zwei Ozeanen. Riesige, neu zu erschließende Ressourcen stünden außerhalb der Einflusssphäre der USA zur Verfügung, und deren Flugzeugträgern auf dem Pazifik und Atlantik könnte auf dem Landwege ausgewichen werden. Das Projekt wird trotz aller Schwierigkeiten weiterbetrieben.

Dass es den USA mit ihrer Aggressions- und Sanktionspolitik gelungen ist, Russland von Westeuropa zu trennen, noch dazu unter Mitwirkung der europäischen NATO-Staaten, ist eine Jahrhunderttragödie. Bekanntlich hat der russische Präsident Wladimir Putin jahrzehntelang intensiv für eine Kooperation und einen einheitlichen Wirtschafts- und Kulturraum von Wladiwostok bis Lissabon geworben, zum Beispiel 2001 in seiner denkwürdigen Rede im Deutschen Bundestag.[5] Aber jede Annäherung wurde strikt unterbunden und Russland mehr und mehr von der NATO eingekreist. Die Folgen dieser verantwortungslosen Politik, die al-

[5] Vgl. Wortprotokoll der Rede Wladimir Putins im Deutschen Bundestag am 25.9.2001, www.bundestag.de/kulturundgeschichte/geschichte/gastredner/putin/putin_wort/244966

Der russische Präsident Wladimir Putin und Bundeskanzler Gerhard Schröder bei einer gemeinsamen Pressekonferenz am 25. September 2001

lein den Interessen der USA dient, trägt die Bevölkerung Europas diesseits und jenseits der neu geschaffenen Frontlinie.

Schachbrett Eurasien

1997 erschien das Buch »Die einzige Weltmacht. Amerikas Strategie der Vorherrschaft« des polnisch-amerikanischen Politikwissenschaftlers Zbigniew Brzezinski (1928–2017), der alle US-Präsidenten der jüngeren Zeit beraten hat. Darin heißt es, offensichtlich fußend auf Mackinder: *»Inwieweit die USA ihre globale Vormachtstellung geltend machen können, hängt aber davon ab, wie ein weltweit engagiertes Amerika mit den komplexen Machtverhältnissen auf dem eurasischen Kontinent fertig wird – und ob es dort das Aufkommen einer dominierenden, gegnerischen Macht verhindern kann.«*[6]

---

6 Zbigniew Brzezinski: Die einzige Weltmacht – Amerikas Strategie der Vorherrschaft. Frankfurt/Main 2003, S. 15

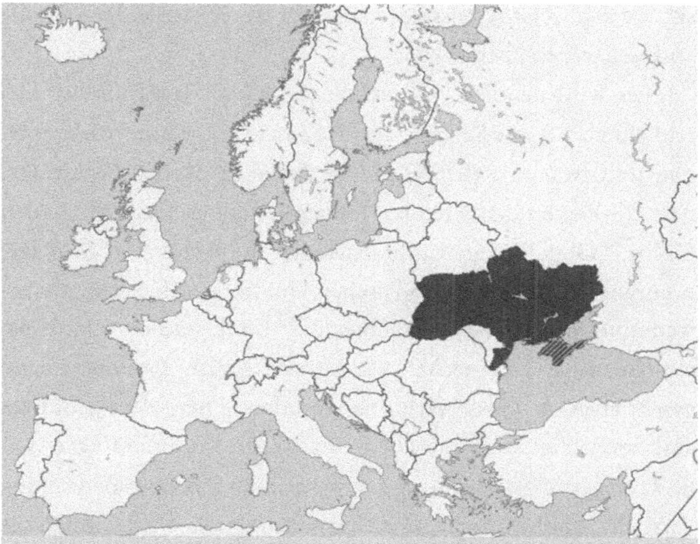

Flächenmäßig der größte Staat Europas nach Russland und geopolitisch bedeutend: die Ukraine 2014

Damit bestätigt Brzezinski das, was schon lange praktizierte Politik der hinter den jeweiligen US-Regierungen agierenden Kreise war und bis zur Gegenwart ist. Eurasien sei das *»Schachbrett«*, auf dem sie ihre Züge im Kampf um die globale Vorherrschaft machten,[7] so Brzezinski. Bereits Ende der 1990er-Jahre schrieb er: *»Die Ukraine, ein neuer und wichtiger Raum auf dem eurasischen Schachbrett, ist ein geopolitischer Dreh- und Angelpunkt, weil ihre bloße Existenz als unabhängiger Staat zur Umwandlung Russlands beiträgt. Ohne die Ukraine ist Russland kein eurasisches Reich mehr ... Wenn Moskau allerdings die Herrschaft über die Ukraine mit ihren 52 Millionen Menschen, bedeutenden Bodenschätzen und dem Zugang zum Schwarzen Meer wiedergewinnen sollte, erlangte Russland automatisch die Mittel, ein mächtiges, Europa und Asien umspannendes Reich zu werden.«*[8] In jüngerer Zeit hatten Brzezin-

[7] Ebd., S. 16
[8] Ebd., S. 74 f.

ski wie auch Henry Kissinger angeregt, die Ostteile der Ukraine an Russland zu überlassen.[9]

Hier wird deutlich, warum die USA über Jahre hinweg den schließlich 2014 erfolgten Umsturz in der Ukraine vorbereiteten, und zwar mit viel Geld: Die damalige Europa-Beauftragte der US-Regierung, Victoria Nuland, nannte fünf Milliarden Dollar.[10] Die Ukraine wurde sozusagen auf »kaltem Wege« übernommen, und in der Europäischen Union begrüßte man die Erweiterung des Wirtschaftsraumes und Einflussgebietes auf Kosten Russlands. Das geschah also ganz nach Plan. Brzezinski hatte geschrieben, es müsse verhindert werden, einen Herausforderer aufkommen zu lassen, der den eurasischen Kontinent unter seine Herrschaft bringen und damit für die USA eine Bedrohung darstellen könnte. Er war der Überzeugung, die USA würden die »letzte und einzige wirkliche Supermacht« gewesen sein.

Diese Langzeitstrategie wurde auch von dem Direktor des einflussreichen Washingtoner Thinktanks Stratfor, George Friedman, in einer Rede am Chicagoer Council on Global Affairs 2015 angesprochen: *»Das Hauptinteresse der US-Außenpolitik während des letzten Jahrhunderts, im Ersten und Zweiten Weltkrieg und im Kalten Krieg, waren die Beziehungen zwischen Deutschland und Russland. Weil sie vereint die einzige Macht sind, die unsere Vormachtstellung bedrohen kann. Unser Hauptziel war sicherzustellen, dass dieser Fall nicht eintritt.«*[11]

Friedman begründete diese im Wesentlichen schon ab der Neugründung des Deutschen Reiches praktizierte Politik wie folgt: *»Für die Vereinigten Staaten ist die Hauptsorge, dass ... deut-*

[9] Vgl. Süddeutsche Zeitung, 27.5.2022; www.sueddeutsche.de/meinung/kissinger-russland-ukraine-davos-1.5592015

[10] Dazu: Wolfgang Bittner: Die Eroberung Europas durch die USA. Frankfurt am Main 2017, S. 18 sowie www.freitag.de/autoren/hans-springstein/5-milliarden-dollar-fuer-den-staatsstreich

[11] George Friedman, US-Strategie, 4.2.2015; zit. wie www.youtube.com/watch?v=vln_ApfoFgw (15.2.2022)

sches Kapital und deutsche Technologie sich mit russischen Rohstoff-Ressourcen und russischer Arbeitskraft zu einer einzigartigen Kombination verbinden, was die USA seit einem Jahrhundert zu verhindern suchen. Also wie kann man das erreichen, dass diese deutsch-russische Kombination verhindert wird? Die USA sind bereit, mit ihrer Karte diese Kombination zu schlagen: Das ist die Linie zwischen dem Baltikum und dem Schwarzen Meer. ... Der Punkt bei der ganzen Sache ist, dass die USA einen ›Cordon Sanitaire‹, einen Sicherheitsgürtel, um Russland herum aufbauen.«[12]

In Russland ist das den Spitzen in Politik und Medien seit einigen Jahren bewusst, und es ist nicht zu übersehen, dass es Eingang in die Außenpolitik gefunden hat. Nicht erst seit dem Ukraine-Krieg hat sich Russland von Westeuropa und den USA abgewandt. Viele deutsche Politiker und Journalisten meinen indes immer noch, die USA seien ein Freund und ein Vorbild und wollten nur das Beste für Deutschland. Dieser Irrglaube, der auf Indoktrination, Opportunismus, entsprechende Schulung von Führungskräften, einseitige Nachwuchsförderung und verdeckte Korruption zurückzuführen ist, belastet das Handeln der Regierung in immer bedrohlicherer Weise. Deutschland wird in Auseinandersetzungen und Kriege hineingezogen, die wirtschaftlichen und kulturellen Beziehungen mit Russland und China sowie mit vielen anderen Ländern stagnieren oder sind abgerissen, der Wohlstand weiter Teile der Bevölkerung ist ernsthaft gefährdet.

Wer sich mit der Geschichte der Jahre vor dem Ersten Weltkrieg beschäftigt, wird Parallelen zur Aggressions- und Einkreisungspolitik der USA/NATO gegen Russland bis hin zum Ukraine-Krieg feststellen. Damals wurden dem Deutschen Reich Sicherheitsgarantien von den Westmächten verweigert, und die Folge war der erste große Krieg, der Europa zerstörte und dessen Profiteur hauptsächlich die USA waren.

---

[12] Ebd.

Die Entwicklung Deutschlands zur »Speerspitze« gegen Russland

Wie die Weichen gestellt wurden

Zweimal schon ist es den konkurrierenden Kräften gelungen, durch ein Netz von Geheimverträgen und Intrigen mörderische Kriege zu initiieren; heute sind die Drahtzieher zwar nicht dieselben, aber die gleichen wie damals. Mit dem von langer Hand vorbereiteten Ersten Weltkrieg und dem von den Alliierten diktierten Versailler Vertrag war die erste Stufe des Untergangs des Deutschen Reiches erreicht. An Reparationen sollten außer gewaltigen Sachleistungen unglaubliche 100 000 Tonnen Gold bezahlt werden.[13] Nach der Unterzeichnung des Friedensvertrags 1919, die unter Protest erfolgte, sagte der französische Marschall Ferdinand Foch, ein Deutschenhasser, das sei kein Friedensschluss, sondern *»ein Waffenstillstand auf 20 Jahre«*[14], womit er recht behielt: Zwanzig Jahre später begann der Zweite Weltkrieg.

Die Lage in Deutschland nach dem Ende des Ersten Weltkriegs war prekär. Das verfassungsrechtlich als »Weimarer Repu-

---

[13] Zwischenzeitlich wurden die Zahlungen ausgesetzt. Die letzte Rate zahlte Deutschland am 3. Oktober 2010.

[14] Zit. wie Paul Reynaud: Mémoires, Bd. 2. Paris 1963, S. 457

blik« neu aufgestellte Deutsche Reich war durch die Reparationslasten aufs Äußerste geschwächt, die Zahl der Arbeitslosen stieg 1923 während der Inflation auf vier Millionen und bis 1932 auf über sechs Millionen. Die Not der Menschen wuchs von Jahr zu Jahr, viele wussten nicht mehr ein noch aus. Unter diesen Umständen erhielten die Feinde der Republik immer mehr Zulauf. Die 1920 gegründete Nationalsozialistische Deutsche Arbeiterpartei (NSDAP) entwickelte sich unter ihrem Führer Adolf Hitler zur stärksten politischen Kraft in Deutschland.

Die Entwicklung zum Faschismus war kein Zufall. Hitler wurde bereits seit Anfang der 20er-Jahre aus dem Ausland, insbesondere den USA, gefördert und finanziell unterstützt.[15] Es ist bekannt, dass er von einem US-Einflussagenten namens Ernst Hanfstaengl (1887–1975) – deutsch-amerikanischer Geschäftsmann und Kunsthändler in München, später Auslands-Pressechef der NSDAP – ein Darlehen in Höhe von 1000 Dollar erhielt und in die Münchener Hautevolee eingeführt wurde. Hanfstaengl war Hitler auch bei der Abfassung seines Werkes »Mein Kampf« behilflich.

1933 wurde die NSDAP mit einem Stimmenanteil von 43,9 Prozent stärkste Partei, und Hitler übernahm die Macht. Das war das Ende der Weimarer Republik, die durch ständige Auseinandersetzungen insbesondere zwischen Nazis und Kommunisten ohnehin destabilisiert war. Wie es weiterging, weiß man. Der Krieg, in dem sich Deutschland und die Sowjetunion bis zur völligen Erschöpfung bekämpften, war allerdings vorprogrammiert, und er hinterließ, wie von den westlichen Alliierten gewünscht, Schutt und Asche. Wieder entschieden die USA den Ausgang, und mit den Flächenbombardements deutscher Groß-

---

15 Dazu: Wolfgang Bittner: Der neue West-Ost-Konflikt. Höhr-Grenzhausen 2019, S. 129 ff. Weiterführend: Guido G. Preparata: Wer Hitler mächtig machte. Wie britisch-amerikanische Finanzeliten dem Dritten Reich den Weg bereiteten. Basel 2010

städte bis kurz vor Kriegsende wurde eine bedingungslose Kapitulation erzwungen. Damit wurde die nationalsozialistische Diktatur zwar beendet, zugleich aber Deutschland vollständig besetzt. Die USA diktierten künftig die weitere Entwicklung im westlichen Restdeutschland und sorgten auch dafür, dass Konrad Adenauer (CDU) – der im Gegensatz zu Kurt Schumacher (SPD) für die einseitige Westbindung und die Wiederbewaffnung eintrat – Bundeskanzler wurde.[16]

Kurt Schumacher (1895-1952), erster SPD-Vorsitzender nach 1945 Foto: Als ehemaliger KZ-Insasse war er als Zeuge während der Nürnberger Prozesse geladen

Ab 1945 wurden dann sehr gezielt die Weichen für die politischen Verhältnisse bis in die deutsche Gegenwart gestellt. So bewirkte die von den Westalliierten durchgeführte Währungsreform die Teilung Restdeutschlands, nachdem Polen gleich nach Kriegsende die ostdeutschen Gebiete annektiert hatte. Netzwerke wie Atlantik-Brücke, American Council on Germany, Aspen Institute Deutschland oder German Marshall Fund, die US-amerikanische Interessen vertraten, wurden eingerichtet. Der ehemalige Leiter der Abteilung Fremde Heere Ost, Ex-Generalmajor Reinhard Gehlen, wurde von der CIA als Chef des deutschen Auslandsgeheimdienstes eingesetzt (»Organisation Gehlen«, ab 1956 Bundesnachrichtendienst) und besorgte die Hatz auf Kommunisten, die schon von den Nazis verfolgt worden waren.

Nach und nach wurde auch der Einfluss auf die meinungsbildenden Medien ausgeweitet. Außerdem zogen sich die USA weltweit eine Kerntruppe von jungen aufstrebenden Politikern und Journalisten heran, indem sie an Eliteuniversitäten Seminare

---

[16] Vgl. ebd., S. 144 f.

für sogenannte Young Leaders einrichteten. Im Laufe der Jahre nahmen an solchen von den Netzwerken oder dem Weltwirtschaftsforum organisierten Schulungen zum Beispiel folgende Einflusspersonen teil: Angela Merkel, Olaf Scholz, Markus Söder, Christian Lindner, Jens Spahn, Cem Özdemir, Omid Nouripour, Annalena Baerbock, Friedrich Merz, Karl-Theodor Freiherr zu Guttenberg, Kai Diekmann, Claus Kleber, Sandra Maischberger, aber auch Emmanuel Macron, Tony Blair, David Cameron, Sebastian Kurz, José Manuel Barroso, Bill Gates, Jeff Bezos, Alexej Nawalny, Juan Guaidó, Arsenij Jazenjuk oder Dalia Grybauskaite – um nur einige wenige Namen zu nennen.

Die BRD wurde systematisch gegen die Sowjetunion aufgestellt. Mehrmals wurde erwogen, den Gegner durch einen atomaren »Enthauptungsschlag« auszuschalten. Zum Beispiel verabschiedete die NATO im Dezember 1949 den Kriegsplan »Dropshot«, der 1957 nach einer False-Flag-Operation umgesetzt werden sollte. Vorgesehen war, 300 Atombomben und 29 000 hochexplosive Bomben auf hundert russische Städte abzuwerfen, um die Industrie der Sowjetunion mit einem Schlag zu vernichten.[17] Aber inzwischen verfügte die UdSSR ebenfalls über Atombomben, sodass der Strategie einer ökonomischen Strangulierung dann doch der Vorrang eingeräumt wurde.

Feindbild Russland

Nach Auflösung der Sowjetunion wähnten sich westliche Militärs sowie Wirtschafts- und Finanzeliten schon fast am Ziel ihrer Begehrlichkeiten, doch nach der Präsidentschaft des Alkoholi-

[17] Dazu: Wolfgang Bittner: Deutschland – verraten und verkauft. Hintergründe und Analysen. Höhr-Grenzhausen 2021, S. 144 ff. mit weiteren Nachweisen

kers Boris Jelzin[18] trat Wladimir Putin auf den Plan und griff im Interesse seines Landes regulierend ein. Er wurde dadurch zum Hauptfeind, und das wieder aufstrebende Russland sollte durch Wirtschaftssanktionen, Aufrüstungskosten und die Beeinflussung der Kapital- und Energiemärkte dazu gezwungen werden, sich den westlichen Kapitalinteressen zu ergeben.

Wie vorgegangen werden sollte, erläuterte der damalige US-Vizepräsident Joe Biden 2014 in einem Vortrag an der Harvard Kennedy School in Cambridge/Massachusetts, wobei er in Umkehrung der Verhältnisse auf die Ukraine Bezug nahm: *»Wir haben Putin vor die einfache Wahl gestellt: Respektieren Sie die Souveränität der Ukraine, oder Sie werden sich zunehmenden Konsequenzen gegenübersehen. Dadurch waren wir in der Lage, die größten entwickelten Staaten der Welt dazu zu bringen, Russland echte Kosten aufzuerlegen. Es ist wahr, dass sie das nicht tun wollten. Aber wiederum war es die Führungsrolle Amerikas und die Tatsache, dass der Präsident der Vereinigten Staaten darauf bestanden hat, ja Europa des Öfteren in Verlegenheit bringen musste, um es dazu zu zwingen, sich aufzuraffen und wirtschaftliche Nachteile einzustecken, um Kosten [für Russland] verursachen zu können. Und die Folgen waren eine massive Kapitalflucht aus Russland, ein regelrechtes Einfrieren von ausländischen Direktinvestitionen, der Rubel auf einem historischen Tiefststand gegenüber dem Dollar und die russische Wirtschaft an der Kippe zu einer Rezession.«*[19]

Als Präsident führte Biden diese verlogene, menschenverachtende Aggressionspolitik auf die Spitze, indem er seit Amtsantritt 2021 den Bürgerkrieg in der Ostukraine anheizte. Hierbei handelte es sich um eine von der Kiewer Marionettenregierung inszenierte Auseinandersetzung. Denn die Bevölkerung in den Ge-

[18] Boris Jelzin wurde 1991 zum Präsidenten gewählt und war maßgeblich an der Auflösung der Sowjetunion beteiligt. 1996 wurde seine Wiederwahl nachweislich von mehreren US-Agenten organisiert. Dazu: Wolfgang Bittner: Der neue West-Ost-Konflikt, S. 241 mit weiteren Nachweisen

[19] Joe Biden: »Wir zwangen die EU zu Sanktionen gegen Russland«, 2.10.2022; zit. wie www.youtube.com/watch?v=JLO7uKVarB8 (15.2.2022)

bieten Donezk und Luhansk forderte nach dem blutigen Putsch 2014 lediglich mehr Autonomie innerhalb der Ukraine. Daraufhin schickte der neue Machthaber Petro Poroschenko, Präsident von 2014 bis 2019, Panzer in die Ostukraine. Mit den USA im Rücken sollte ein innerstaatlicher Konflikt militärisch gelöst werden. Dadurch erhielt Washington die Möglichkeit, auf Russland, das die russischsprachige Bevölkerung im Donbass schützen wollte, massiven Druck auszuüben. Hinzu kamen die Sanktionen und die Propaganda wegen der angeblichen Annexion der Krim, die in Wirklichkeit eine friedlich verlaufene Abspaltung (Sezession) nach einem Referendum war, in dem sich ein hoher Prozentsatz der Bevölkerung für die Selbstständigkeit der Krim aussprach. Danach wurde der Antrag auf Aufnahme in die Russische Föderation gestellt. Das ist nach den vorhergegangenen Ereignissen völkerrechtlich nicht zu beanstanden,[20] aber »Annexion« wurde zu einem Kampfbegriff, der dazu dient, Russland Landraub zu unterstellen.

Immer wieder wird Wladimir Putin seit 2014 in Umkehrung der Fakten als Verursacher der Ukraine-Krise genannt. Aber es ist erwiesen, dass die USA bei dem Regime Change eine entscheidende Rolle gespielt haben. Nachdem sich die US-Europa-Beauftragte Victoria Nuland damit bereits gebrüstet hatte, bestätigte es – offenbar in einem Überschwang der Selbstdarstellung – auch der damalige US-Präsident Barack Obama 2015 in einem Interview bei *CNN*. Zur sogenannten Annexion der Krim durch Russland sagte er: *»Putin traf die Entscheidung in Bezug auf die Krim nicht etwa aus einer großen Strategie heraus, sondern einfach weil er von den Protesten des Maidan und der Flucht von Janukowytsch[21] überrascht wurde, nachdem wir einen Deal zur Machtübergabe ausgehandelt hatten.«*[22]

---

20 Dazu: Wolfgang Bittner: Der neue West-Ost-Konflikt, S. 217 ff.

21 Wiktor Janukowytsch = bis zu seinem Sturz 2014 ukrainischer Präsident

22 Zit. wie RT Deutsch, 1.2.2015; https://deutsch.rt.com/10795/international/obama-im-cnn-interview-wir-ueberraschten-putin-mit-deal-zum-machttransfer-in-der-ukraine/ (16.11.2016)

Der neue West-Ost-Konflikt ist also vor allem von den USA zu verantworten, die durch eine Eskalation das Ziel, Russland in ihren Einflussbereich einzubeziehen, durchzusetzen beabsichtigen. Das ergibt sich auch aus der folgenden Aussage Obamas: *»Wir sind in der Lage, die Kosten [für Russland] immer weiter in die Höhe zu treiben. Und das ist genau das, was wir machen, in Verbindung mit diplomatischem Druck.«*[23]

Dass die USA mit der von ihr dominierten NATO neben den wirtschaftlichen und geopolitischen Absichten den russischen Flottenstützpunkt Sewastopol auf der Krim im Visier hatten, wird von westlicher Seite unterschlagen. Anstatt den Bürgerkrieg zu beenden, wie im Minsker Abkommen vorgesehen, befeuerten die USA mit der Kiewer Regierung als ihrem gefügigen Vasall den Konflikt immer aufs Neue. Neben regulären Einheiten der Ukraine waren auch Freiwilligenbataillone, Söldner und US-»Militärberater« an der Front.

Anfang 2022 spitzte sich die Lage dann in existenzbedrohender Weise zu. Mit der Ausdehnung der NATO durch die Stationierung einer monströsen Militärmaschinerie vor ihren Grenzen sah sich Russland derart gefährdet, dass es von den USA als der treibenden Kraft Sicherheitsgarantien verlangte: ein Ende der Osterweiterung, keine Militäreinsätze auf dem Gebiet der Ukraine und in anderen Ländern Osteuropas, des Südkaukasus und Zentralasiens, Rückzug der NATO-Truppen auf die Positionen von 1997. Das wurde jedoch abgelehnt, stattdessen wurden die Waffenarsenale in den Satellitenstaaten verstärkt. US-Präsident Joe Biden forderte Russland auf, Truppen von den eigenen Grenzen zurückzuziehen, und er drohte mit »erheblichen Kosten«, wenn es zu einem Einmarsch in die Ukraine käme. Dass so etwas geplant sei, bestritt Präsident Wladimir Putin bis zuletzt. Er forderte von den USA einen Vertrag über Sicherheitsgarantien.

---

[23] Zit. wie ebd.

Nach einer ungeheuren Propaganda und Hetze gegen Russland, an der sich fast alle westlichen Politiker und Medien beteiligten, kam es im Osten der Ukraine zu einer äußerst brenzligen Situation zwischen Russland und den USA: Biden und NATO-Generalsekretär Jens Stoltenberg gingen nicht auf die geforderten Sicherheitsgarantien ein, sondern behaupteten, Russland wolle die Ukraine angreifen. Also wurden weitere Truppen und militärisches Gerät in die Ukraine und die Anrainerstaaten Russlands verlegt. Die Welt befand sich im Ausnahmezustand, und der Stellvertreterkrieg im Donbass wurde von westlicher Seite und mithilfe der ukrainischen Regierung noch befeuert, sodass es aufgrund der existenziellen Gefährdung der russischsprachigen Bevölkerung im Donbass und schließlich auch Russlands zum Einmarsch in die Ukraine kam.

Dass sich die aggressiv agierenden Regierungen der baltischen Staaten, Polens, Rumäniens und Bulgariens, aber auch Deutschlands der selbstverschuldeten Gefährdung nicht bewusst sind,

Defender-Europe: jährlich stattfindendes Großmanöver der USA unter Beteiligung 25 weiterer Staaten vor den Toren Russlands. Aufnahme vom Juni 2021

deutet auf eine ideologische Verirrung hin und zeigt zudem die Unterwerfung, die unverhofft ein tragisches Ende finden könnte. Die Erinnerung an die Leiden und Auswirkungen des Zweiten Weltkriegs sind anscheinend vergessen. Ganz offensichtlich haben die Bellizisten in den USA, die für die meisten Kriege und Konflikte der jüngeren Zeit verantwortlich sind und auch die Politik Westeuropas mitbestimmen, die Oberhand gewonnen. Zutiefst beschämend ist, dass europäische Politiker, Journalisten und Historiker dazu schweigen.

Deutschland schwächen, die USA stärken

Immer deutlicher stellt sich heraus, dass die USA ihre seit mehr als einem Jahrhundert verfolgte Strategie der Schwächung und Vereinnahmung Deutschlands intensiv weiterführen. Es gilt die Devise, die der erste Generalsekretär der NATO, Baron Hastings Ismay, 1949 aufgestellt hat, wonach die Mission des Bündnisses sei, *»to keep the Russians out, the Americans in, and the Germans down«*[24] – *»die Russen draußen, die Amerikaner drinnen und die Deutschen unten zu halten«.*

Eine Kooperation Russlands mit Deutschland, die Frieden und Wohlstand bringen würde, wird systematisch verhindert. Den Beweggrund nannte George Friedman 2015 in seiner Chicagoer Rede: die Angst vor einer wirtschaftlichen und militärischen Konkurrenz, die den monopolaren Anspruch der USA infrage stellen, wenn nicht zunichtemachen könnte.

Die deutsche Wirtschaft und damit der Wohlstand des Landes sind abhängig von kostengünstiger Energie, die nach wie vor von Russland angeboten würde. Daher wurden die Stimmen, die eine Inbetriebnahme von Nord Stream 2 verlangten, immer lauter.

---

24 Zit. wie Wikipedia; https://de.wikipedia.org/wiki/Hastings_Ismay,_1._Baron_Ismay (15.9.2022)

Aber das ist von den US-Strategen von vornherein einkalkuliert worden. In einem noch vor dem Ukraine-Krieg im Netz kursierenden, angeblich geleakten Papier vom 25. Januar 2022, das der RAND Corporation, einer der einflussreichsten US-amerikanischen Denkfabriken, zugeschrieben wurde, stehen die Sätze: *»Der einzig gangbare Weg, Deutschlands Ablehnung russischer Energielieferungen zu garantieren, ist die Einbindung beider Seiten in den militärischen Konflikt in der Ukraine. Unser weiteres Vorgehen in diesem Land wird unweigerlich zu einer militärischen Antwort Russlands führen. Die Russen werden den massiven Druck der ukrainischen Armee auf die nicht anerkannten Donbass-Republiken natürlich nicht unbeantwortet lassen können. Das würde es ermöglichen, Russland zum Aggressor zu erklären und das gesamte Paket der zuvor vorbereiteten Sanktionen gegen das Land anzuwenden.«*[25]

Hochbrisante Aussagen, die als »Verschwörungstheorie« abgetan wurden. Die RAND Corporation hat – wie nicht anders zu erwarten war – dementiert.[26] In der Tat gibt es Zweifel an der Echtheit des Papiers. So wird bei dpa-factchecking die Meinung vertreten: *»Für angebliche Pläne der USA, der deutschen Wirtschaft zu schaden, gibt es keine Belege. Die Echtheit des vermeintlichen Geheimdokumentes ist äußerst fragwürdig.«* Anhänger von Verschwörungstheorien und »prorussische Aktivisten« versuchten immer wieder, *»die Verantwortung für den russischen Angriffskrieg in der Ukraine anderswo zu finden«*. Es wird auf Unstimmigkeiten in der Diktion hingewiesen.[27]

[25] Zit. wie Anti-Spiegel, 1.9.2022; www.anti-spiegel.ru/2022/mit-hilfe-der-gruenen-die-usa-planen-die-zerstoerung-der-deutschen-wirtschaft/?doing_wp_cron=1667580344.2436079978942871093750

[26] Vgl. RAND Corporation, 14.11.22; www.rand.org/news/press/2022/09/14.html (16.11.2022)

[27] Vgl. dpa factchecking, 13.9.2022: Dokument nicht verifiziert – Keine Belege für angebliche US-Pläne in Europa; https://dpa-factchecking.com/germany/220913-99-741987/

Wie dem auch sei, es entsteht ein verstörendes Bild von den Machenschaften Joseph Bidens und des ihn steuernden »Schattenkabinetts«. Das Dokument beleuchtet das Horrorgeschehen, mit dem wir es zu tun haben und worunter Millionen Menschen mehr und mehr leiden. Wie niederträchtig tatsächlich geplant und schließlich vorgegangen wurde – und insofern bildet das Dokument, ob nun echt oder nicht, die Realität ab –, verdeutlicht folgender Passus: *»Aufgrund von Koalitionszwängen hat die deutsche Führung die Lage im Land nicht vollständig unter Kontrolle. Dank unserer präzisen Aktionen war es möglich, die Inbetriebnahme der Pipeline Nord Stream 2 trotz des Widerstands der Lobbyisten aus der Stahl- und Chemieindustrie zu verhindern. Die dramatische Verschlechterung des Lebensstandards könnte die deutsche Führung jedoch dazu bewegen, ihre Politik zu überdenken und zur Idee der europäischen Souveränität und strategischen Autonomie zurückzukehren.«*

Dass Deutschland, *»ein Land mit eingeschränkter Souveränität«*[28], durch die von den USA verhängten Sanktionen, bei deren Exekution die EU-Staaten aktiv mitwirkten, auf einen wirtschaftlichen Ruin hinsteuerte, war offensichtlich und wurde in Berlin von immer mehr Politikern erkannt. Doch eine Abkehr von der verheerenden Sanktionspolitik verhinderten vor allem die Grünen. Dazu heißt es in dem Papier: *»Putin könnte seinerseits beschließen, begrenzte Gegensanktionen zu verhängen – vor allem gegen russische Energielieferungen nach Europa. Der Schaden für die EU-Länder wird also durchaus mit dem für die Russen vergleichbar sein und in einigen Ländern – vor allem in Deutschland – wird er höher sein. Die Voraussetzung dafür, dass Deutschland in diese Falle tappen kann, ist die führende Rolle der grünen Parteien und Ideologie in Europa. Die deutschen Grünen sind eine stark dogmatische, wenn nicht gar eifrige Bewegung, was es recht einfach macht, sie*

---

[28] Zit. wie Anti-Spiegel, 1.9.2022; www.anti-spiegel.ru/2022/mit-hilfe-der-gruenen-die-usa-planen-die-zerstoerung-der-deutschen-wirtschaft/

dazu zu bringen, wirtschaftliche Argumente zu ignorieren. In dieser Hinsicht übertreffen die deutschen Grünen ihre Pendants im übrigen Europa. Persönliche Eigenschaften und die mangelnde Professionalität ihrer Führer – allen voran Annalena Baerbock und Robert Habeck – lassen vermuten, dass es für sie nahezu unmöglich ist, eigene Fehler rechtzeitig zuzugeben.«

Die Einschätzung der Partei Bündnis 90/Die Grünen und ihrer interessengeleiteten Politik zugunsten Washingtons entspricht den Fakten, und die Einstellung der Parteioberen ist in der Tat beschämend: *»So wird es ausreichen, das mediale Bild von Putins aggressivem Krieg schnell zu formen, um die Grünen zu glühenden und hartgesottenen Befürwortern von Sanktionen zu machen, zu einer ›Partei des Krieges‹«.* Prognostiziert werden *»katastrophale Folgen für die deutsche Wirtschaft«.* Das wird näher ausgeführt: *»Stilllegungen von Industrieunternehmen werden zu Engpässen bei Komponenten und Ersatzteilen für die Produktion, zum Zusammenbruch der Logistikketten und schließlich zu einem Dominoeffekt führen. In den größten Betrieben der Chemie-, Metallurgie- und Maschinenbauindustrie ist ein völliger Stillstand wahrscheinlich, da sie praktisch keine freien Kapazitäten haben, um den Energieverbrauch zu senken. Das könnte zur Schließung von Unternehmen mit kontinuierlichem Zyklus führen, was deren Zerstörung bedeuten würde.«*

Das vorhergesagte Ergebnis ist verstörend: *»Das wird nicht nur der deutschen Wirtschaft einen verheerenden Schlag versetzen, sondern die gesamte EU-Wirtschaft wird unweigerlich zusammenbrechen ... Eine weitere unvermeidliche Folge einer lang anhaltenden wirtschaftlichen Rezession wird ein starker Rückgang des Lebensstandards und eine steigende Arbeitslosigkeit sein (bis zu 200.000 bis 400.000 allein in Deutschland), was die Abwanderung von qualifizierten Arbeitskräften und gut ausgebildeten jungen Menschen zur Folge haben wird. Es gibt heute buchstäblich keine anderen Ziele für eine solche Migration als die Vereinigten Staaten.«*

Nachdem in dem Papier anfangs auf den *»gegenwärtigen Zustand der US-Wirtschaft«* eingegangen wurde, die nicht *»ohne finanzielle und materielle Unterstützung von außen funktionieren kann«*, heißt es gegen Ende: *»Das untersuchte Szenario wird also sowohl indirekt als auch ganz direkt zur Stärkung der nationalen Finanzlage beitragen. Kurzfristig wird es den Trend der sich abzeichnenden wirtschaftlichen Rezession umkehren und darüber hinaus die amerikanische Gesellschaft konsolidieren, indem es sie von unmittelbaren wirtschaftlichen Sorgen ablenkt.«*[29]

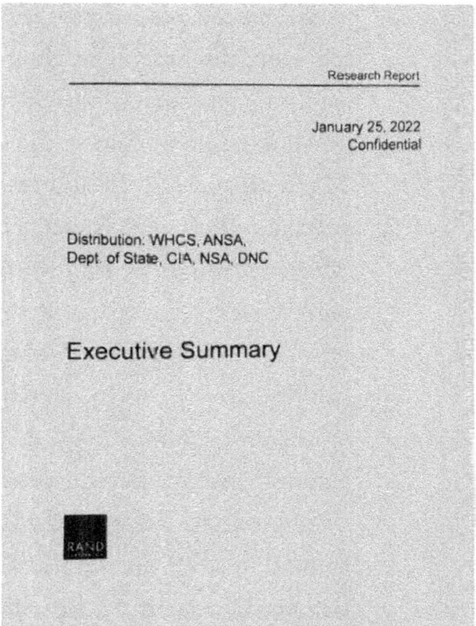

Research Report

January 25, 2022
Confidential

Distribution: WHCS, ANSA,
Dept. of State, CIA, NSA, DNC

Executive Summary

RAND

Das Deckblatt der geleakten »RAND-Publikation« vom 25. Januar 2022

Alles wurde demnach systematisch geplant und mit Akribie umgesetzt, jedenfalls nach dem geleakten Papier, aber auch nach den zu registrierenden Maßnahmen der USA: die Verhinderung der Inbetriebnahme von Nord Stream 2, der Krieg in der Ukraine gegen Russland, die Energiekrise, der Niedergang der europäischen, insbesondere der deutschen Wirtschaft. So ist die Situation im Herbst 2022. Verblüffend ist, dass sich diese verbrecherischen Planungen mithilfe europäischer Politiker durchsetzen ließen, und zwar gegen die Interessen ihrer Bevölkerungen. Um es deutlich zu sagen: Das ist Hochverrat. Aber wo kein Kläger ist, da ist kein Richter – bis auf Weiteres.

---

[29] Zit. wie ebd.

Es ist nach wie vor nicht sicher, ob es sich bei dem »Drehbuch« um eine Fälschung handelt, aber die Ausführungen sind einsichtig und logisch nachvollziehbar, und sie entsprechen der Realität. Sowohl der in St. Petersburg lebende deutsche Journalist Thomas Röper als auch der Bestsellerautor Thorsten Schulte sind von der Echtheit überzeugt. Röper schrieb: *»Die USA haben die russische Militäroperation in der Ukraine provoziert und von langer Hand vorbereitet.«*[30] Vor allem das amerikanische Lend-Lease-Gesetz, mit dem die USA die Ukraine »gegen die russische Invasion« mit Waffen versorgten, sei dafür ein klarer Beleg, denn es wurde schon am 19. Januar 2022 in den Kongress eingebracht, also über einen Monat vor Beginn der russischen Intervention.[31]

Ein weiterer Beleg für die Echtheit sei die durchgestochene Information, dass die RAND Corporation dem US-Repräsentantenhaus bereits am 5. September 2019 einen Plan für den Krieg in der Ukraine vorgelegt habe: »Overextending and Unbalancing Russia«.[32] Russland sollte gezwungen werden, sich übermäßig zu verausgaben, um es zu destabilisieren und zu Fall zu bringen. Das alles ist nachvollziehbar real.

---

30 Ebd.

31 Vgl. Anti-Spiegel, 15.9.2022; www.anti-spiegel.ru/2022/ist-das-dokument-ueber-die-zerstoerung-der-deutschen-wirtschaft-eine-faelschung/

32 Vgl. Seniora.org, 17.3.2022: https://seniora.org/politik-wirtschaft/ukraine/ukraine-alles-stand-im-plan-der-rand-corp-geschrieben (20.9.2022)

Der Ukraine-Konflikt

Kriegspropaganda

Am 24. Februar 2022 marschierte Russland in die Ukraine ein. Nach den Worten des Kremls handelte es sich um eine »Spezialoperation« mit dem Ziel, den Donbass zu befreien. Dessen Einwohner seien zu schützen und *»Bedingungen zu schaffen, die die Sicherheit Russlands garantieren würden«*, so Präsident Putin.[33] Der Angriff führte zu einer nie dagewesenen Kriegspropaganda des Westens und zur noch größeren Isolation Russlands. Verschwiegen wurde, dass nach Angaben der Organisation für Sicherheit und Zusammenarbeit in Europa (OSZE) in den vierzehn Tagen zuvor Tausende von Artillerieeinschlägen jenseits der Waffenstillstandslinie auf dem Gebiet der Separatisten zu verzeichnen waren.[34] Offenbar bestand auch die Absicht, die Krim anzugreifen. Doch die massiven Verletzungen der Waffenruhe wurden wie gewöhnlich Russland und den Separatisten angelastet – als würden sie die von ihnen besetzten Gebiete selber beschießen.[35]

Es folgte eine vollkommen einseitige Kriegsberichterstattung rund um die Uhr auf allen Kanälen. In den deutschen Medien traten ukrainische Politiker auf, die Ansprüche stellten und die

---

[33] Zit. wie Berliner Zeitung, 30.6.2022; www.berliner-zeitung.de/news/putin-zum-ukraine-krieg-alles-laeuft-nach-plan-li.241783

[34] Siehe OSCE, 11.2.2022; www.osce.org/special-monitoring-mission-to-ukraine/511990

[35] Vgl. ARD-Tagesschau, 17.2.2022; www.tagesschau.de/ausland/europa/ukraine-russland-153.html

deutsche Regierung beleidigten, die den Forderungen nach immer mehr Geld und Waffen nicht nachgekommen sei. Der damalige ukrainische Botschafter Andrij Melnyk (2015–2022) hatte schon vor dem russischen Einmarsch gegenüber der *Bildzeitung* erklärt, dass sein Land *»nicht nur schöne Worte«*, nicht nur Bekundungen der Solidarität brauche, sondern *»Waffen für die Verteidigung«*. Deutschland könne diese liefern, weigere sich jedoch, das zu tun. Dies sei ein *»Versagen der deutschen Außenpolitik«* und die Ukrainer würden diesen *»Verrat«* nie vergessen.[36] Den deutschen Bundeskanzler Olaf Scholz nannte Melnyk eine *»beleidigte Leberwurst«*, da er nicht nach Kiew gereist war, nachdem Bundespräsident Frank-Walter Steinmeier wegen angeblich zu großer Nähe zu Russland dort ausgeladen worden war.[37] Aber anstatt Melnyk als unerwünschte Person auszuweisen, wurde dieser »Diplomat« von Politikern und Journalisten hofiert und erschien monatelang in fast jeder Talkshow, wo er die ukrainischen Forderungen etwa nach einer Flugverbotszone und der Beteiligung der NATO – was den Eintritt in einen dritten Weltkrieg bedeutet hätte – eindringlich wiederholen konnte.

In gleicher Weise polemisierte der ukrainische Präsident Wolodymyr Selenskyj gegen die deutsche Regierung. Immer wieder forderte auch er mehr Waffen und Geld sowie den Beistand der NATO. Anfang März 2022 erhielt er für seinen »Aufruf zum totalen Krieg« den Axel Springer Award 2022. Der Vorstandsvorsitzende der Axel Springer SE, Mathias Döpfner, nannte ihn in seiner Laudatio *»nicht nur Vorbild für seine Landleute in der Ukraine, sondern für die gesamte demokratische Welt«*.[38] Hier wurde ein

---

[36] Zit. wie RT DE, 21.2.2022: Ukrainischer Botschafter droht: Kiew werde angeblichen »Verrat« Deutschlands nie verzeihen (23.2.2022)

[37] Vgl. Tagesspiegel, 13.4.2022; www.tagesspiegel.de/politik/bundespraesident-von-kiew-ausgeladen-architekt-der-verfehlten-russlandpolitik/28252608.html

[38] Zit. wie junge Welt, 2.3.2022; www.jungewelt.de/artikel/422125.selenskij-erh%C3%A4lt-axel-springer-award-2022.html

Schauspieler, der nach Vorgaben Washingtons einen tragischen Helden spielte, auf Kosten der ukrainischen Bevölkerung zum Sprachrohr der westlichen Kriegspropaganda aufgebaut.

Wolodymyr Selenskyj, Präsident der Ukraine und Person des Jahres 2022 für das TIME Magazine

Am 17. März 2022 konnte sich Selenskyj in einer Videoansprache an die Abgeordneten des Deutschen Bundestages wenden. Eingeführt wurde seine überaus emotionale Rede von der ultrarussophoben Bundestagspräsidentin Katrin Göring-Eckardt, die gleich zu Anfang behauptete, der Donbass sei von Russland überfallen worden und dessen Truppen griffen *»bewusst zivile Ziele«* wie Krankenhäuser, Schulen und Kindergärten an und töteten Alte, Schwangere, Wöchnerinnen und Kinder.[39]

Selenskyj sprach Bundeskanzler Olaf Scholz direkt an: *»Unterstützen Sie den Frieden, unterstützen Sie die Ukrainer. Stoppen Sie diesen Krieg, helfen Sie uns, diesen Krieg zu stoppen.«*[40] Er verdrehte ebenso wie zuvor Göring-Eckardt die Fakten, indem er Russland die alleinige Schuld an dem Krieg im Donbass gab. Er berief sich auf eine angeblich historische Verantwortung Deutschlands für die Ukraine und verlangte dessen »Führungsrolle« in diesem Krieg, mit dem Russland die Ukraine vernichten wolle. Anschließend erhielt er lang andauernden Beifall.

---

[39] Vgl. www.youtube.com/watch?v=S23qkn53tJ4 (18.3.2022)

[40] Zit. wie ebd.

Inzwischen aber fragen sich nicht wenige Menschen, warum Deutschland der Ukraine irgendetwas schulden sollte. Mit welcher Berechtigung forderte sie Geld und Waffen von Deutschland? Und warum ging die Berliner Regierung darauf ein? Vermutungen, dass sie Anweisungen aus Washington befolgte, anstatt an einer friedlichen Lösung des Problems mitzuwirken, sind nicht von der Hand zu weisen.

Von Scholz zugesagte 100 Millionen für Waffen waren nicht genug. Bei einem Besuch im Deutschen Bundestag wurde auch Botschafter Melnyk, der den Atomwaffenverzicht der Ukraine als Fehler ansah, von den Abgeordneten wie ein Star mit stehenden Ovationen gefeiert.[41] Lediglich in den alternativen Medien wurde thematisiert, dass Melnyk ebenso wie viele der ukrainischen Verantwortungsträger den Faschisten Stepan Bandera (1909–1959), Kriegsverbrecher, Mörder und Nazikollaborateur, als Nationalhelden verehrt.[42] Wladimir Putin hatte den russischen Einmarsch in die Ukraine unter anderem damit erklärt, dass die Bevölkerung von den Faschisten in Kiew befreit werden solle. Gut geschult in psychologischer Kriegsführung, warf Selenskyj dem russischen Militär dann vor, es würde sich wie die deutschen Nazis im Zweiten Weltkrieg verhalten: foltern, deportieren, brandschatzen und morden. Zwar würden die »Raschisten«[43] – die russischen Faschisten – keine Seife aus getöteten Ukrainern machen und keine Lampenschirme aus der Haut der Ermordeten, aber *»... das Prinzip ist das gleiche«*. Unter russischer Besatzung gebe es nichts Lebendiges mehr.[44] Melnyk: *»Militärische Ziele spielen eine unter-*

41 Vgl. Rationalgalerie, 28.2.2022; www.rationalgalerie.de/home/andrij-melnyk-im-bundestag (29.2.2022)

42 Stepan Banderas Milizen waren während des Hitler-Faschismus für Massenerschießungen verantwortlich. Bandera wurde in der Sowjetunion in Abwesenheit zum Tode verurteilt und 1959 in München ermordet.

43 Raschismus ist ein Kampfbegriff wie Verschwörungstheorie, Annexion oder Putin-Versteher, vermutlich erfunden von den Spindoctors der CIA.

44 Zit. wie Kurier, 18.9.2022; https://kurier.at/politik/ausland/ukraine-krieg-selenskij-wirft-russland-nazi-methoden-vor/402150471

geordnete Rolle bei diesem Angriffskrieg. Putin will die Menschen verjagen und töten.«[45]

Hetze und Lügen der ukrainischen Regierung und ihrer Organe wurden zumeist wortwörtlich und unreflektiert von deutschen Politikern und den Medien übernommen und unverzüglich den Zeitungslesern, Fernsehzuschauern und Radiohörern nahegebracht. Damit entstand in der Öffentlichkeit das Bild des heldenmütigen Kampfes der Ukrainer um Freiheit und Selbstbestimmung. Angeblich wurden die westlichen Werte im Kampf gegen eine russische Invasion verteidigt, wodurch sich der Anspruch auf unbegrenzte, unermessliche Unterstützung ergab. Das wurde durch ständige Horrormeldungen aus Kiew über Gräueltaten der russischen Armee bekräftigt. Wenn auch nicht auszuschließen ist, dass russische Soldaten Verbrechen begangen haben, so sollen doch sämtliche Gräueltaten, also auch die der ukrainischen faschistischen Einheiten,[46] Russland untergeschoben werden. Der Verbleib eines Teils der gezahlten Milliarden und der gelieferten Waffen bleibt im Dunkeln, doch dem wird nicht nachgegangen, obwohl bekannt ist, dass die Korruption in der Ukraine blüht.[47]

Tiefen Einblick in die ukrainische Wirklichkeit und die Rolle Selenskyjs gibt ein Beitrag des russischen Fernsehens, den der Journalist Thomas Röper in seinem Blog *Anti-Spiegel* am 7. März 2022 veröffentlicht hat. Demnach bestand die Gefahr, dass die Ukraine in den Besitz von Atomwaffen kommen könnte, womit Selenskyj offen auf der Münchner Sicherheitskonferenz gedroht hatte. Der

---

45 Zit. wie Das Parlament, 7.3.2022, S. 9

46 Dazu: Extrem News, 23.5.2033; www.extremnews.com/nachrichten/weltgeschehen/f91418a2e955e9e. Sowie: Blauer Bote Magazin: http://blauerbote.com/2022/05/24/fernsehsender-schneiden-nazi-taetowierungen-aus-beitrag-ueber-asowstal/

47 Vgl. NachDenkSeiten, 21.7.2022; www.nachdenkseiten.de/?p=86079, sowie ARD-Tagesschau, 21.7.2022; www.tagesschau.de/investigativ/swr/ukraine-krieg-waffenschmuggel-eu-101.html

Fernsehbericht zeigte ein Land im Chaos, beherrscht von Verbrecherbanden wie den Asow- und Aidar-Truppen, die ihre Stellungen in der Nähe von Kindergärten oder in Wohnhäusern einrichten, Oppositionelle ermorden und False-Flag-Operationen durchführen, zum Beispiel indem sie das (in russischer Hand befindliche) Kernkraftwerk Saporischschja beschossen.[48] Weiter hieß es, Selenskyj habe *»die Welt mitten in der Nacht mit dieser Nachricht aufgeschreckt: ›Russische Truppen haben das Kernkraftwerk Saporischschja, das größte in Europa, angegriffen. Es ist eins, das wie sechs Tschernobyls ist. Die russischen Panzer wussten, was sie beschießen.‹«*[49] Hinterher stellte sich heraus, dass durch Beschuss in der Nähe des Kernkraftwerks ein Ausbildungszentrum gebrannt hatte, so der Bericht. Röper wurde verschiedentlich als »Verschwörungsideologe« und »Verbreiter von Desinformationen« diffamiert, aber die Fakten sprechen für sich.

Kriegshysterie

Von Politik und Medien wurde eine regelrechte Kriegshysterie entfacht. Kein Wort davon, dass dieser Konflikt vermeidbar gewesen wäre, wenn die USA über die Forderung Moskaus nach Sicherheitsgarantien verhandelt und Kiew das Minsker Abkommen eingehalten hätten. Bevor Selenskyj von US-Präsident Joseph Biden auf Linie gebracht worden war, hatte es noch die Chance für eine Neutralität der Ukraine gegeben. Doch unter dem Einfluss Washingtons und der ukrainischen Faschisten radikalisierte er sich zunehmend und verfolgte eine »Politik der Verteidigung« bis

[48] Dazu: junge Welt, 26.8.2022; www.jungewelt.de/artikel/433327.bis-zum-ende.html

[49] Zit. wie Anti-Spiegel, 7.3.2022; www.anti-spiegel.ru/2022/in-der-ukraine-herrscht-das-chaos-und-selensky-lallt-vor-der-presse/?doing_wp_cron=1667614361.9042179584503173828125

Außenministerin Annalena Baerbock mit US-Amtskollege Antony Blinken 2022

zum letzten Ukrainer. Das entsprach den Vorgaben aus den USA, die diesen Krieg provoziert hatten.

2014 hatte Biden geschildert, wie man Russland zugrunde richten könne, wenn es sich nicht den westlichen Kapitalinteressen öffne.[50] Und 2022 erklärte die deutsche Außenministerin Annalena Baerbock ganz im Sinne Bidens, man wolle Russland mit den Sanktionen ruinieren.[51] Es ist schon erstaunlich, dass westliche Politiker ihre Feindseligkeiten und Intrigen gegen an-

[50] Vgl. Joe Biden: »Wir zwangen die EU zu Sanktionen gegen Russland«, 2.10.2022; www.youtube.com/watch?v=JLO7uKVarB8 (15.2.2022)

[51] Annalena Baerbock: Angriff auf die Ukraine! EU-Paket mit Sanktionen? »Das wird Russland ruinieren«; 25.2.2022; www.youtube.com/watch?v=r2Vskc9XxmY (25.8.2022)

dere Länder, insbesondere gegen Russland, derart unverschämt bekanntgeben.

Obwohl nicht nur Russland, sondern vor allem der deutschen Bevölkerung durch die Politik geschadet wird, sicherte Baerbock der Ukraine am 28. August 2022 erneut zu, sie in ihrem Kampf gegen Russland wenn nötig noch jahrelang zu unterstützen. Der *Bild am Sonntag* sagte sie: *»Für mich ist klar: Die Ukraine verteidigt auch unsere Freiheit, unsere Friedensordnung, und wir unterstützen sie finanziell und militärisch – und zwar so lange es nötig ist. Punkt.«* Die *»Wahnvorstellung des russischen Präsidenten«*, die Ukraine einnehmen zu können, dürfe sich niemals erfüllen. Sie unterstütze Selenskyj darin, auch die Krim zurückzuerobern. Forderungen danach, Nord Stream 2 in Betrieb zu nehmen, wies Baerbock scharf zurück: *»Die Gaspipelines aus Russland sind schon lange keine normalen Leitungen mehr, sondern Waffen in einem hybriden Krieg.«*[52] Keine Diplomatie, bedeutete das, sondern Konfrontation bis zum Äußersten.

Dazu passt eine Ansage der britischen Außenministerin, danach Premierministerin Liz Truss, wonach sie sich nicht scheue, gegebenenfalls auf den roten Knopf zu drücken – das heißt, Trident-Atom-Raketen einzusetzen.[53] Man muss nicht rätseln, gegen wen. Truss zog schon länger gegen Russland zu Felde. Bereits am 27. April 2022 sagte sie: *»Wir dürfen nicht selbstgefällig sein – das Schicksal der Ukraine steht auf dem Spiel. Aber seien wir uns darüber im Klaren, dass ein Erfolg Putins unsagbares weiteres Elend in Europa und schreckliche Folgen in der ganzen Welt nach sich ziehen würde. Wir würden uns nie wieder sicher fühlen.«* Truss gab zu, dass Großbritannien *»schon lange vor Beginn des Krieges*

---

52 www.bild.de/bild-plus/politik/ausland/politik-inland/aussenministerin-baerbock-im-grossen-bams-interview-putins-wahnvorstellung-ist-n-81137970.bild.html

53 Vgl. RT DE, 24.8.2022: Mögliche Nachfolgerin von Boris Johnson: »Ich bin bereit«, Atomwaffen einzusetzen; https://pressefreiheit.rtde.tech/europa/146939-liz-truss-atomwaffen/ (25.8.2022)

Waffen geliefert und ukrainische Truppen ausgebildet« habe. Sie rief dazu auf, das NATO-Bündnis weiter auszubauen *»mit Verbindungen zur ganzen Welt, zum Beispiel der von Großbritannien geführten Joint Expeditionary Force, den sogenannten ›5 Eyes‹ und der AUKUS-Partnerschaft, die wir mit den USA und Australien haben.«* Die Sowjetunion habe noch *»auf ihr internationales Ansehen«* geachtet, doch *»für Putin gilt das alles nicht mehr. Wir haben es mit einem verzweifelten Schurken zu tun, der kein Interesse an internationalen Normen hat.«*[54]

Es herrscht Krieg in der Ukraine, und das ist schrecklich, denn es sterben Menschen, viele verlassen ihre Heimat, ganze Landstriche werden verwüstet. Aber der Krieg im Jemen, die Verwüstung Libyens oder die ständigen Angriffe auf Syrien interessierte Truss ebenso wenig wie Biden oder Scholz oder Baerbock. Sie alle haben jeglichen politischen Anstand verloren, sie lügen, hetzen gegen Russland und ignorieren wissentlich die von den USA und ihren Vasallen angerichteten Gräuel in anderen Ländern. Wir haben es mit Politikern zu tun, die dabei sind, die Welt in den Abgrund zu stürzen.

Eine Verrohung der Sitten und einen gewissen Sadismus zeigt auch, wenn die ukrainische Führung am 24. August 2022, dem Nationalfeiertag, auf der Chreschtschatyk, der zentralen Straße in Kiew, zerstörte russische Panzer zur Schau stellt.[55] Zur selben Zeit wurde das russisch besetzte Kernkraftwerk Saporischschja von ukrainischen Einheiten beschossen, was zu einem Gau hätte führen können mit Auswirkungen auf ganz Europa. In den Medien hieß es dazu lediglich, Russland und die Ukraine beschuldigten sich gegenseitig. Eher positiv aufgenommen wurde

---

[54] Die Rückkehr der Geopolitik: Rede von Außenministerin Liz Truss beim Osterbankett des Lord Mayor, Mansion House; www.gov.uk/government/speeches/foreign-secretarys-mansion-house-speech-at-the-lord-mayors-easter-banquet-the-return-of-geopolitics.de

[55] Vgl. ntv, 20.8.2022; www.n-tv.de/politik/Kiew-veranstaltet-Militaerparade-mit-russischen-Panzern-article23537712.html

Selenskyjs Festtagsbotschaft: *»Sie haben beschlossen, unser Land zu besetzen. Als sie das 2014 beschlossen haben, hat die Welt ihnen nicht einfach eins auf die Fresse gegeben, und so sind sie weiter und weiter und weiter gegangen. Aber wir geben ihnen auf die Fresse.«*[56]

Die Umkehrung der Fakten, eine von den USA ständig angewandte Methode der Irreführung, wurde in der Kriegspropaganda der Ukraine auf die Spitze getrieben. Werden falsche Behauptungen ständig wiederholt, gelten sie nach einiger Zeit als Tatsachen. Das trifft auf vieles zu, was verbreitet wird, auf die angebliche Annexion der Krim ebenso wie darauf, der Ukraine-Konflikt sei von Russland zu verantworten und der Krieg sowieso. Erhellend war da eine Stellungnahme des Papstes in einem Interview am 19. Mai 2022. Franziskus, der in diesem Fall wohl als unvoreingenommen gelten kann, sagte, man müsse sich vom Schema »Rotkäppchen« lösen: *»Rotkäppchen war gut, und der Wolf war der Bösewicht. Hier gibt es keine metaphysisch Guten und Bösen auf abstrakte Art und Weise.«* Franziskus wies darauf hin, dass *»wir nur das sehen, was ungeheuerlich ist, und nicht das ganze Drama sehen, das sich hinter diesem Krieg abspielt, der vielleicht in gewisser Weise entweder provoziert oder nicht verhindert wurde.«* Er fügte hinzu: *»Und ich registriere das Interesse am Testen und Verkaufen von Waffen.«*

Der Papst stellte klar: *»Manch einer mag mir an dieser Stelle sagen: Aber Sie sind doch pro Putin! Nein, das bin ich nicht. So etwas zu sagen, wäre vereinfachend und falsch. Ich bin einfach dagegen, die Komplexität auf die Unterscheidung zwischen Guten und Bösen zu reduzieren, ohne über die Wurzeln und Interessen nachzudenken, die sehr komplex sind.«*[57] Dem ist zuzustimmen, aber über die

---

[56] Zit. wie ntv, 24.8.2022; www.n-tv.de/politik/Selenskyj-Geben-ihnen-auf-die-Fresse-article23543377.html

[57] Stimmen der Zeit, 19.5.2022: Papst Franziskus im Gespräch mit den europäischen Kulturzeitschriften der Jesuiten; www.herder.de/stz/online/papst-franziskus-im-gespraech-mit-den-europaeischen-kulturzeitschriften-der-jesuiten/

Ursachen dieses Krieges und über die Situation in der Ukraine vor dem Krieg wahrheitsgemäß zu berichten ist für Journalisten existenzgefährdend.

Die ehemalige Moskau-Korrespondentin der ARD, Gabriele Krone-Schmalz, sagte in einem Vortrag vom Oktober 2022, man laufe Gefahr, *»unter die Räder zu geraten, wenn man andere Meinungen äußere als die, die den Mainstream in Politik und Medien bilden«*. Sie beklagte die fortschreitende Verengung der Debattenkultur in Deutschland: *»Die Ideologisierung und vor allem die moralische Aufladung von Debatten läuft auf eine Polarisierung hinaus, die fast zwangsläufig zu einer Radikalisierung führt. Denn wer sich moralisch auf der richtigen Seite wähnt, der nimmt für sich in Anspruch, seinen Standpunkt buchstäblich mit allen Mitteln durchzusetzen, denn das tut er ja für die gute Sache. Und wer das nicht einsieht, steht automatisch im Abseits. Die Meinungskorridore sind in der Tat bedrückend eng geworden, nicht nur was das Thema Russland betrifft. Das bedeutet, Andersdenkende sind kein selbstverständlicher Bestandteil unserer grundsätzlich lebendigen offenen Gesellschaft mehr, sondern Störfaktoren, die man besser gar nicht erst zu Wort kommen lässt, oder sogar Feinde, die es mit aller Konsequenz auszugrenzen gilt.«*[58]

Mitte Januar 2022 machte der Präsident des Bundesamtes für Verfassungsschutz, Thomas Haldenwang, unter den Demonstrierenden gegen die Corona-Politik *»eine neue Szene von Staatsfeinden«* aus, die sich *»den bisherigen Kategorien wie Rechts- oder Linksextremismus nicht mehr eindeutig zuordnen ließen«*. Sie verbinde die Verachtung des demokratischen Rechtsstaates und seiner Repräsentanten, so Haldenwang. *»Sie lehnen unser demokratisches Staatswesen grundlegend ab.«* Das seien Extremisten, die kein spezifisches Thema brauchten. *»Ob das jetzt Corona ist oder die Flüchtlingspolitik. Oder auch die Flutkatastrophe: Da hat man*

[58] Zit. wie www.youtube.com/watch?v=Gkozj8FWI1w (18.10.2022)

teilweise die gleichen Leute gesehen, die versuchten, den Eindruck zu vermitteln, der Staat versage und tue nichts für die Menschen.«[59]

Im September wurde die Schraube noch einmal angezogen. Am 19. Mai 2022 erklärte Bundesinnenministerin Nancy Faeser: *»Eine wichtige Rolle bei möglichen Maßnahmen gegen die Verbreitung von falschen oder irreführenden Informationen nehmen auch die Betreiber sozialer Medien ein. Transparente Regeln in sozialen Netzwerken und deren konsequente Umsetzung durch die Betreiber sind zentral. Die Bundesregierung steht dazu in einem regelmäßigen Austausch mit den Plattformbetreibern.«*[60]

Zur Denunziation angeblicher Verfassungsfeinde und Desinformanten dient das von den Russenhassern Marieluise Beck[61] und Ralf Fücks[62] betriebene Zentrum Liberale Moderne (LibMod), das mit erheblichen Geldern unter anderem vom Bundesfamilienministerium gefördert wird und zahlreiche Mitarbeiter beschäftigt. Insgesamt soll die Grünen-nahe Denkfabrik von 2017 bis 2022 fünf Millionen aus Steuermitteln erhalten haben.[63] Der Arbeitsauftrag heißt »Gegneranalyse«. Nachdem bereits viel frequentierte, hochinformative Internetportale wie *KenFM* und *NuoViso* gesperrt wurden, gerieten auch die *NachDenkSeiten* (die bis zu 500 000 Zugriffe täglich verzeichnen) und deren Herausgeber Albrecht Müller[64] in den Fokus der »Verfassungsschützer«. Dazu heißt es bei LibMod, es handele sich *»um ein stark ideologisiertes, undifferenziert argumentierendes Medium, das radikale*

---

59 Zit. wie www.spd.de/aktuelles/corona-ticker/ticker/ticker/news/verfassungs schutz-warnt-vor-neuen-staatsfeinden/15/01/2022/

60 Zit. wie www.bmi.bund.de/SharedDocs/topthemen/DE/topthema-desinfor mation/massnahmen-der-bundesregierung.html

61 Beck, Bündnis 90/Die Grünen, war Mitglied des Deutschen Bundestages und Staatssekretärin im Familienministerium.

62 Fücks, bis 2017 Vorstandsmitglied der Grünen-nahen Heinrich-Böll-Stiftung, war in den 1970er-Jahren führendes Mitglied im Kommunistischen Bund Westdeutschland (KBW), 1989 Sprecher des Bundesvorstands der Grünen.

63 Vgl. NachDenkSeiten, 25.8.2022; www.nachdenkseiten.de/?p=87251

64 Müller war Mitglied des Deutschen Bundestages (1984–1997) und unter Willy Brandt und Helmut Schmidt Planungschef im Bundeskanzleramt.

Widerständigkeit postuliert und als Scharnier für verschwörungstheoretisches Denken fungiert. Bei einzelnen Themen reiht man sich dabei bewusst in eine fundamentaloppositionelle Querfront ein.«[65]

So viel zur Meinungs- und Pressefreiheit in Deutschland.

Diskriminierung und Bedrohung Oppositioneller

Wie es um die demokratischen Verhältnisse in der Ukraine steht, wurde schlagartig deutlich, als über 70 internationale Persönlichkeiten vom sogenannten Zentrum zur Desinformationsbekämpfung (CCD) auf eine Schwarze Liste gesetzt wurden. Einige von ihnen hatten sich kritisch zur offiziellen Ukraine-Politik geäußert, andere waren gegen die Waffenlieferungen. Das reichte. Vorgeworfen wurde ihnen, sie würden Narrative fördern, die mit der russischen Propaganda übereinstimmen.[66]

Das CCD untersteht dem Nationalen Sicherheits- und Verteidigungsrat von Präsident Wolodymyr Selenskyj. Auf der Liste, die mit Fotos im Internet einsehbar war, standen unter anderem der ehemalige Senator und Leiter der Strafrechtsabteilung der US-Armee im Pentagon Richard Black, der bekannte Politikwissenschaftler an der Universität von Chicago und Analyst für internationale Beziehungen John J. Mearsheimer, der ehemalige CIA-Offizier und Mitbegründer der Veteran Intelligence Professionals for Sanity (Nachrichtendienstveteranen für Vernunft) Ray McGovern, die Parteivorsitzende der Bürgerrechtsbewegung Solidarität und Gründerin des Schiller-Instituts Helga Zepp-LaRouche, der SPD-Fraktionsvorsitzende Rolf

---

[65] Zit. wie NachDenkSeiten, 1.7.2022; www.nachdenkseiten.de/?p=85379

[66] Vgl. hierzu auch Wolfgang Bittner: Betrifft: Schwarze Liste der Ukraine – hier ist der Bundeskanzler gefordert, 8.8.2022; www.nachdenkseiten.de/?p=86695. Der Autor steht ebenfalls auf der Liste. Siehe: apolut, 22.11.2022; https://apolut.net/rolf-muetzenich-und-die-terrorliste-der-ukraine/

Mützenich sowie die Journalistin und Emma-Herausgeberin Alice Schwarzer.

Der Leiter des CCD Andriy Shapovalov, dessen Gehalt angeblich aus US-Steuergeldern bezahlt wird, berief am 14. Juli 2022 in Kiew einen Runden Tisch ein. Bei dieser Gelegenheit bezeichnete er die Personen auf der Schwarzen Liste als *»Informationsterroristen«*, die damit rechnen müssten, als *»Kriegsverbrecher«* verfolgt zu werden.[67] Beteiligt war der U.S. Civil Research and Development Fund, eine vom US-Kongress autorisierte und vom US-Außenministerium unterstützte Organisation zur Förderung der internationalen wissenschaftlichen und technischen Zusammenarbeit. Auch Beamte des US-Außenministeriums nahmen an dem Runden Tisch teil, sodass davon auszugehen ist, dass die Diskriminierung und Verfolgung von Kritikern der ukrainischen und der amerikanischen Ukraine-Politik mit Unterstützung von US-Behörden stattfindet.

Der ehemaliger Geheimdienstoffizier des Marine-Corps und UN-Waffeninspekteur Scott Ritter, der ebenfalls auf der CCD-Liste steht, warnte, die Ukraine hätte *»in der Vergangenheit ›Schwarze Listen‹ dieser Art in ›Tötungslisten‹ umgewandelt, sodass diejenigen, die sich gegen die Politik der ukrainischen Regierung aussprechen, ermordet oder mit Gewalt bedroht werden«.*[68] Dieses extreme Verhalten sei auf das *»abscheuliche Erbe von Stepan Bandera«* zurückzuführen.[69]

Ritter lebt in einem ruhigen Vorort von Albany/New York, wo jeder jeden kennt. Aber er ist in Sorge, berichtet von den psychischen Folgen der Bedrohung, einer »Paranoia«, an der er jetzt leide: Er ertappe sich dabei, dass er ein Fahrzeug inspiziere, bevor

---

[67] Zit. wie Consortium News, 3.8.2022; https://consortiumnews.com/2022/08/03/scott-ritter-chuck-schumers-war-on-free-speech/

[68] Zit. wie Consortium News, 27.7.2022; https://consortium news.com/2022/07/27/us-should-not-fund-ukrainian-blacklist/

[69] Vgl. Global Research, 6.9.2022. Deutsche Übersetzung: Uncut-News, 8.9.2022; https://uncutnews.ch/__trashed-17/ (8.9.2022)

er einsteige, dass er ein wachsames Auge auf fremde Fahrzeuge habe, die seine Straße entlangfahren, und dass er während der Fahrt *»Gegenüberwachungsmanöver«* durchführe.[70]

Beunruhigend ist, was Ritter über die Umtriebe von Bandera-Faschisten in den USA berichtet: Hier gebe es *»viele Menschen,*

In der Ukraine gibt es noch heute zahlreiche Denkmäler zu Ehren des Nazi-Kollaborateurs Stepan Bandera (im Bild: Monument in Lemberg, heute Lwiw)

[70] Ebd.

die der gleichen hasserfüllten Ideologie anhängen, die heute in der Ukraine herrscht und aus der die ›Schwarze Liste‹ hervorging. Einige von ihnen sind meine Nachbarn.« In Ellenville/New York befinde sich ein Lager der Ukrainian American Youth Association, die *»jeden Sommer in Zusammenarbeit mit der Organisation zur Verteidigung der vier Freiheiten der Ukraine ein ›Heldenfest‹ zu Ehren von Veteranen der ukrainischen Volksarmee und der Organisation Ukrainischer Nationalisten veranstaltet«*. Dort stehe auch ein »Heldendenkmal«, ein ca. 13 Meter hohes Bauwerk mit einem ukrainischen Dreizack an der Spitze, flankiert von den Büsten von Jewhen Konowalez, Symon Petljura, Roman Schuchewytsch und Stepan Bandera – *»vier führenden Persönlichkeiten in der Geschichte des ukrainischen Nationalismus, die allesamt an der Ermordung von Hunderttausenden Juden, Polen und Russen beteiligt waren«.*[71]

Dass der ukrainische Nationalheld Bandera für Pogrome und die Ermordung von 800 000 Juden in der Ukraine mitverantwortlich war, wurde von Andrij Melnyk in einem Interview bestritten.[72] Im April 2015 legte er am Grab des Faschisten, das sich in München befindet, Blumen nieder.[73] Es ist nicht auszuschließen, dass sich auch in Deutschland aggressiv-fanatische Ukrainer befinden, die eine ernste Gefahr für Kritiker der Ukraine-Politik darstellen.

Scott Ritter ist einer von vielen, die wegen ihrer unerwünschten Äußerungen bedroht und verfolgt werden. Die Schwarze Liste wurde zwar nach Protesten aus aller Welt im September 2022 von der Website des CCD entfernt, aber das bedeutet nicht, dass sie folgenlos bleibt. Die verzeichneten Personen werden mit der Bedrohung leben müssen.

---

71 Ebd.

72 Deutschlandfunk Kultur, 2.7.2022; www.deutschlandfunkkultur.de/ukrainischer-botschafter-verteidigt-nazi-kollaborateur-stepan-bandera-100.html

73 Zit. wie Consortium News, 27.7.2022; https://consortiumnews.com/2022/07/27/us-should-not-fund-ukrainian-blacklist/

Die Resonanz in den Leitmedien war fast null. Immerhin gab es auf eine Anfrage des Bundestagsabgeordneten Andrej Hunko (Die Linke) vom 2. August 2022 an die Bundesregierung eine Antwort aus dem Bundesministerium des Innern und für Heimat: *»Der Bundesregierung ist das im Nationalen Sicherheits- und Verteidigungsrat der Ukraine eingerichtete Zentrum zur Bekämpfung von Desinformation bekannt. Die Botschaft der Bundesrepublik Deutschland in Kiew hat die ukrainische Regierung mehrfach aufgefordert, die öffentliche Listung ausländischer Persönlichkeiten zu unterbinden und wird dieses Thema weiter verfolgen.«*[74]

Psychologische Kriegsführung und die Folgen

Vor vielen öffentlichen und privaten Gebäuden in Deutschland weht die Fahne der Ukraine, das Brandenburger Tor wurde nachts blau-gelb angestrahlt, beim Bäcker gab es blau-gelbe Brötchentüten. Die *Tagesschau* berichtete allein zehn Minuten lang über den »brutalen Angriffskrieg« Russlands, und jeden Abend wurden verstümmelte Leichen und bedauernswerte Mütter mit ihren Kindern gezeigt. Während die ukrainische Armee heldenmütig das Vaterland verteidigte, begingen die russischen Soldaten angeblich ständig Kriegsverbrechen, angestiftet von Wladimir Putin, der ganz Europa unterwerfen wolle. Wolodymyr Selenskyj konnte sich darüber in großformatigen Videoeinblendungen vor den Parlamenten anderer Staaten und vor dem UN-Sicherheitsrat auslassen. – Kein Wunder, dass sich unter diesen Bedingungen viele Menschen in Deutschland veranlasst sehen, der Ukraine nach Kräften in ihrem »Kampf gegen das Böse« beizustehen. Es wurden Aufrufe verfasst, Geld gesammelt, und wer konnte, nahm Flüchtlinge auf. Wer in der Öffentlichkeit Russisch sprach, musste sich vorsehen.

---

[74] Vgl. Global Research, 6.9.2022. Deutsche Übersetzung: Uncut-News, 8.9. 2022; https://uncutnews.ch/__trashed-17/ (8.9.2022)

Die psychologische Kriegsführung trug viele vergiftete Früchte. So entließ die Stadt München den Chefdirigenten der Philharmoniker, Waleri Gergijew. Münchens Oberbürgermeister Dieter Reiter (SPD) erklärte, Gergijew habe sich trotz Aufforderung nicht *»eindeutig und unmissverständlich von dem brutalen Angriffskrieg«*, den Putin gegen die Ukraine führe, distanziert. Weitere Konzerte der Münchner Philharmoniker unter Gergijews Leitung werde es nicht geben.[75] Auftrittsverbot erhielt auch die berühmte russische Opernsängerin Anna Netrebko an der New Yorker Metropolitan Opera. Nachdem sie abgelehnt hatte, sich von Präsident Wladimir Putin zu distanzieren, musste sie auf Druck des Intendanten Peter Gelb von der Produktion der Oper »Turandot« zurücktreten.[76] Bezeichnenderweise wurde ihre Rolle dann einer ukrainischen Sopranistin übergeben.

Allerorten wurden russische Künstler boykottiert, während ukrainische Künstler reüssierten. Ein Skandal und eine Schande war zudem, dass Fanatiker forderten, russische Autoren, darunter Klassiker wie Tolstoi oder Dostojewski, aus Büchereien zu entfernen oder in Buchhandlungen vom Verkauf auszuschließen.[77] Das wird in der Ukraine schon länger praktiziert.

Wie weit die Verdrehung von Fakten und die Unwahrheit bereits in die Wissenschaft Einzug gehalten haben, dokumentierte im negativen Sinne eine Zeitschrift der Bundeszentrale für Politische Bildung, Beilage der Wochenzeitung *Das Parlament*, zum Thema »Krieg in Europa«. Hier schrieben Autoren unter anderem über »Das System Putin«, »Die postsowjetischen Kriege 1991 bis 2022« oder »Desinformation als Waffe«. Zu lesen war zum Beispiel, Russland bedrohe *»die Sicherheit verschiedener Länder, möchte in demokratische*

---

[75] Zit. wie ZDF-heute, 1.3.2022; www.zdf.de/nachrichten/politik/muenchen-entlaesst-chefdirigent-der-philharmoniker-100.html

[76] Vgl. BR Klassik, 23.5.2022; www.br-klassik.de/aktuell/news-kritik/anna-netrebko-interview-met-oper-new-york-ukraine-krieg-putin-russland-100.html

[77] Vgl. Stern, 25.7.2022; www.stern.de/kultur/buecher/russland--literaturagentin-ist-gegen-boykott-von-russischen-verlagen-32561554.html

Prozesse eingreifen und unterstützt potenziell gefährliche Gruppierungen, indem es einen Informationskrieg führt«.[78] Dass diese Aussage eher auf die USA zutrifft, ist der Autorin offensichtlich fremd.

An anderer Stelle wird behauptet, Georgien sei von Russland angegriffen worden: *»... im August 2008 führte Russland erstmals offen Krieg gegen einen souveränen Nachbarstaat – Georgien ... Putin zeigte, dass er bereit war, in früheren Sowjetrepubliken, die sich wie das Baltikum Richtung NATO orientierten, militärisch zu intervenieren.«*[79] Dabei ist seit Langem durch eine unabhängige Kommission geklärt, dass Georgien 2008 unter Präsident Micheil Saakaschwili[80] eine Großoffensive gegen Südossetien mit Kampfflugzeugen, Panzern und Raketenwerfern unternommen hatte, bei der zahlreiche Zivilisten und auch Soldaten russischer Friedenstruppen getötet wurden.[81]

Zudem heißt es, Russland sei unter Putin durch *»bad governance gekennzeichnet«*. Bei der Entscheidung, in die Ukraine einzumarschieren, habe ihn selbst der Sicherheitsrat nicht *»einhegen«* können, was zeige, wie *»hochpersonalisiert das autoritäre Regime in Russland ist«.*[82] Behauptungen, Unterstellungen und Böswilligkeiten mit dem Anspruch auf Wissenschaftlichkeit, inzwischen ist das bis auf wenige Ausnahmen gängige Praxis.

Währenddessen machen die USA weiter, was sie wollen, und niemanden von den Politikern, Journalisten und Wissenschaftlern scheint das zu stören. Der »lupenreine Demokrat« Joseph Biden kann im August 2022 einfach einen Angriff auf die syrische Stadt

---

[78] Aus Politik und Zeitgeschichte, 11.7.2022, S. 42

[79] Ebd., S. 24

[80] Micheil Saakaschwili, in den USA als globale Führungskraft (d. h. »Regimechanger«) ausgebildet, von 2004 bis 2013 Staatspräsident Georgiens, anschließend wegen Amtsmissbrauchs per Interpol gesucht, Zuflucht in den USA, von 2015 bis 2016 Gouverneur der Oblast Odessa. Dazu: Wolfgang Bittner: Die Eroberung Europas durch die USA, S. 120

[81] Vgl. www.euractiv.de/section/prioritaten-der-eu-fur-2020/news/eu-bericht-georgien-begann-kaukasuskrieg/

[82] Aus Politik und Zeitgeschichte, 11.7.2022, S. 36 f.

Deir al-Zor anordnen.[83] Und obwohl die USA, hätten sie sich nicht für ihren Dollar die Weltleitwährung gesichert, schon lange zahlungsunfähig wären, liefern sie für Milliarden und Abermilliarden schwere Waffen und Munition in die Ukraine, die damit ihre eigenen Leute in der Ostukraine bombardiert. Bei der Rüstungsindustrie knallen die Sektkorken, ebenso wie bei der Pharmaindustrie und bei den IT-Unternehmen. Die Vermutung erhärtet sich immer mehr: Das alles ist gut durchdacht, geplant und in die Tat umgesetzt. Auf der Strecke bleiben Kultur, Bildung, Soziales, Infrastruktur usw., auf der Strecke bleibt für viele ein menschenwürdiges Leben.

Dass Joseph Biden, der fast alle Konflikte und Kriege der letzten Jahrzehnte in verschiedenen Ämtern mit zu verantworten hat, Präsident der Vereinigten Staaten wurde, ist ein großes Unglück. Er verfolgt die Agenda derjenigen, die ihn ein Leben lang protegiert und in dieses Amt geschoben hatten, rigoros weiter. Donald Trump war zwar gegen Ende seiner Amtszeit auch kein Gewinn für Frieden und Gerechtigkeit, aber er hatte anfangs versprochen, keine Interventionskriege zu führen und sich mit Russland zu verständigen. Das aber ist ihm schnell ausgetrieben worden.

Dennoch ist es erfrischend, aus Trumps Antrittsrede vom 20. Januar 2017 zu zitieren: *»Wir werden die Freundschaft und das Wohlwollen aller Nationen auf der Welt suchen, aber wir machen das in dem Wissen, dass es das Recht aller Nationen ist, ihre eigenen Interessen an die erste Stelle zu setzen ... Die Bibel lehrt uns, wie schön es ist, wenn die Völker Gottes friedlich zusammenleben.«*[84]

Bereits im Wahlkampf hatte Trump in einem Interview mit der *New York Times* gesagt: *»Ich denke, in den Irak zu gehen, war einer der größten Fehler in der Geschichte unseres Landes. Syrien – wir müssen das Problem lösen, weil wir ständig dabei sind, zu kämpfen, immer*

---

83 Vgl. Der Spiegel, 24.8.2022; www.spiegel.de/ausland/usa-greifen-infrastruktur-in-syrien-aus-der-luft-an-a-d7016177-a217-47eb-80f3-d9ac8a4bb111

84 Zit. wie www.youtube.com/watch?v=TPDWyVPZcBQ (6.11.2020); vgl. auch Wolfgang Bittner: Deutschland – verraten und verkauft, S. 200

zu kämpfen ... Ich möchte gern mit Russland gut auskommen, und ich denke, dass auch Russland gerne mit uns gut auskommen möchte. Das ist in unserem gemeinsamen Interesse ... Wäre es nicht schön, wenn wir gut mit Russland auskämen?«[85] Damit hatte sich Trump überhoben, aber es zeigt, wie es anders hätte werden können.

Der Weg in die Katastrophe

Fast täglich verlangten ukrainische Politiker von Deutschland in anmaßender Weise mehr Geld und mehr militärische Ausrüstung, vor allem Panzer und Artillerie sowie andere schwere Waffen. Unterstützt wurden diese Forderungen von Bellizisten wie der russophoben und US-affinen Bundestagsabgeordneten Marie-Agnes Strack-Zimmermann (FDP). Sie rief die deutsche Bevölkerung zu »Opferbereitschaft« auf und forderte mehr Schützen- und Kampfpanzer für die Ukraine. Monatelang konnte sie in fast allen Talkshows an die Bundesregierung appellieren: *»Wir müssen Putin und den Diktatoren dieser Welt, die unser demokratisches Leben hassen und zerstören wollen, entschlossen entgegenstehen ...«*[86]

Strack-Zimmermann ist Mitglied des FDP-Bundesvorstands sowie im Vorstand der FDP-Bundestagsfraktion, und sie ist die Vorsitzende des Verteidigungsausschusses im Deutschen Bundestag. Zugleich ist sie Präsidiumsmitglied der Deutschen Wehrtechnischen Gesellschaft, Präsidiumsmitglied des Förderkreises Deutsches Heer und Vizepräsidentin der Deutschen Atlantischen Gesellschaft. Das seien *»von der Rüstungsindustrie stark beeinflusste Organisationen«*, heißt es bei Lobbycontrol.[87] Außerdem werden

[85] Zit. wie New York Times, 23.11.2016; www.nytimes.com/2016/11/23/us/politics/trump-new-york-times-interview-transcript.html?_r=0
[86] Zit. wie ntv, 23.8.2022; www.n-tv.de/politik/Strack-Zimmermann-ruft-Deutsche-zur-Opferbereitschaft-auf-article23541120.html
[87] Zit. wie Lobbycontrol, 8.5.2022; www.report-k.de/lobbycontrol-kritisiert-fdp-politikerin-strack-zimmermann/

Strack-Zimmermann auch direkte Verbindungen zur Rüstungsindustrie vorgeworfen. Mit ihr verfüge Letztere über *»sehr enge und privilegierte Zugänge«* ins Parlament, kritisierte Lobbycontrol.[88] Kein Einzelfall, aber hier tritt die Verflechtung von Politik und Rüstungsindustrie in Person einer »Volksvertreterin« besonders krass zutage. Somit wird transparent, warum die Abgeordneten des Deutschen Bundestages von heut auf morgen und ohne groß zu diskutieren 100 Milliarden Euro für zusätzliche Rüstung bereitstellten, deklariert als »Sondervermögen«. Der Etat wurde mit einer eigenen Kreditermächtigung ausgestattet und wird getrennt vom Bundeshaushalt verwaltet.[89] Diese Umgehung der »Schuldenbremse« ist verfassungsrechtlich umstritten, was bei der herrschenden »Ukraine-Hysterie« kaum jemanden interessiert. Im Laufe der letzten Jahre wurden Milliarden gezahlt, und die Berliner Politiker zahlen immer mehr, als ob sie ohne Weiteres über die Gelder, die der eigenen Bevölkerung entzogen werden, verfügen könnten. Hinzu kommt, dass mehr als eine Million Flüchtlinge aufgenommen wurden. Sie wurden weder kontrolliert noch registriert, wurden versorgt und konnten innerhalb der Europäischen Union reisen, wohin sie wollten, in Deutschland kostenlos. Monatelang herrschte nach der Corona-Pandemie ein zweiter Ausnahmezustand mit schwerwiegenden Auswirkungen.

Bundeswirtschaftsminister Robert Habeck erklärte sogar, Deutschland sei Kriegspartei,[90] und es müsse *»dienend führen«.*[91]

---

[88] Vgl. ebd.

[89] Vgl. Bundesregierung, 10.6.2022: Sondervermögen zur Stärkung der Bundeswehr; www.bundesregierung.de/breg-de/themen/sicherheit-und-verteidigung/sondervermoegen-bundeswehr-2047518

[90] Vgl. Bild, 31.3.2022; www.bild.de/bild-plus/politik/inland/politik-inland/ukraine-krieg-wirtschaftsminister-habeck-kuendigt-harte-zeiten-an-79632310.bild.html

[91] Vgl. Frankfurter Allgemeine Zeitung, 12.3.2022; www.faz.net/aktuell/politik/inland/habeck-zu-ukraine-krieg-deutschland-muss-dienend-fuehren-17870492/es-gibt-im-moment-keine-17870488.html

Bundeskanzler Olaf Scholz und US-Präsident Joseph Biden bei einem EU-Gipfeltreffen in Brüssel am 24. März 2022

Außenministerin Annalena Baerbock will Russland ruinieren,[92] und Bundeskanzler Olaf Scholz nannte in seiner Regierungserklärung vom 27. Februar 2022 (nach seinem Antrittsbesuch in Washington) Präsident Putin einen »Kriegstreiber«, der einen hohen Preis zu zahlen habe.[93]

Nachdem er eine »Zeitenwende« ausgerufen hatte, wurde Scholz – wahrscheinlich in Absprache mit Joseph Biden – rigoros: »*... kein Reden um des Redens willen. Für echten Dialog braucht es die Bereitschaft dazu auf beiden Seiten. Daran mangelt es aufseiten Putins ganz offensichtlich, und das nicht erst in den letzten Tagen und Wochen ... Die Freiheit der Ukrainerinnen und Ukrainer stellt sein eigenes Unterdrückungsregime infrage. Das ist menschenverachtend. Das ist völkerrechtswidrig. Das ist durch nichts und niemanden zu rechtfertigen. Die schrecklichen Bilder aus Kiew, Charkiw,*

[92] Vgl. YouTube, 25.2.2022; www.youtube.com/watch?v=r2Vskc9XxmY (25.8.2022)
[93] Vgl. www.bundesregierung.de/breg-de/suche/regierungserklaerung-von-bundeskanzler-olaf-scholz-am-27-februar-2022-2008356

Odessa und Mariupol zeigen die ganze Skrupellosigkeit Putins.«[94] Eigentlich konnte Scholz das nicht wirklich glauben, denn Putin zeigte sich immer wieder gesprächsbereit. Insofern kann davon ausgegangen werden, dass er bewusst manipuliert und lügt.

Was die verbalen Angriffe und Invektiven im Verhältnis zu Russland wirklich bedeuteten, schien weder Scholz noch Habeck oder Baerbock bewusst zu sein. Offensichtlich gelten für sie diplomatische Gepflogenheiten und völkerrechtliche Grundsätze schon lange nicht mehr. Wie sollen russische Politiker mit ihnen überhaupt noch sprechen können? Der Krieg in der Ukraine ist schrecklich, aber haben deutsche Politiker den 2014 von der CIA vorbereiteten Putsch und die völkerrechtswidrigen Kriege der USA mit Millionen Toten völlig verdrängt? Immer dringlicher stellte sich die existenzielle Frage, was da hinter den Kulissen vorgeht.

Die Sanktionen gegen Russland werden weiter verschärft, aber wenn Russland sich wehrt, wird das als Aggression dargestellt. Eine Headline der *Frankfurter Allgemeinen Zeitung* zur »Gaskrise in Europa« lautete im August 2022: »Putins zweite Front«. Anlässlich von Wartungsarbeiten erfolgte eine dreitägige Lieferunterbrechung durch Nord Stream 1. Die *FAZ* kommentierte das wie folgt: *»Putin dreht den Gashahn wieder zu, weil Deutschland im Kampf des Kremls um die öffentliche Meinung in Europa ein besonders lohnendes Ziel ist. Aber das Land ist stark genug, um diese Belastungen abzufedern.«*[95] Aber ist es nicht in Wirklichkeit die Bevölkerung, die diese und weitere Belastungen »abfedern« muss? Fällt den Politikern und Journalisten denn nicht der Widerspruch und damit ihre Verlogenheit auf? Dass man keine Verträge einhält und von Russland eigentlich gar kein Gas mehr haben will, sich jedoch andererseits beklagt, wenn Russland nicht genug liefert?

---

94 Ebd.

95 www.faz.net/aktuell/politik/ausland/gaskrise-in-europa-putins-zweite-front-im-ukraine-konflikt-18259668.html

Auf die Menschen kommen schwere Zeiten zu. Doch das scheint das Berliner Kabinett nicht weiter zu beunruhigen. Wie abgehoben von der Realität diese Politiker sind, bewies Annalena Baerbock. Auf einer Podiumsdiskussion zur Ukraine-Politik am 31. August 2022 in Prag meinte sie: »*Wenn ich den Menschen in der Ukraine sage: Wir stehen bei euch, so lange, wie ihr uns braucht, dann möchte ich auch liefern. Egal, was meine deutschen Wähler denken: Ich möchte den Menschen der Ukraine beistehen. ... Und das bedeutet, dass alle Maßnahmen, die ich ergreife, Bestand haben müssen, solange die Ukraine mich braucht.*«

Vorausschauend setzte sie hinzu: »*Im Winter werden wir als demokratische Politiker herausgefordert werden. Die Menschen werden auf die Straße gehen und sagen, ich kann meine Energiekosten nicht mehr bezahlen. Und ich sage, ja ich weiß, wir helfen euch mit sozialen Maßnahmen. Aber ich möchte nicht sagen: Okay, dann stoppen wir die Sanktionen gegen Russland. Wir stehen an der Seite der Ukraine. Und das bedeutet, die Sanktionen werden bestehen bleiben – auch im Winter und auch wenn das wirklich hart für Politiker werden sollte.*«[96] Nicht nur diese Anmaßung erschreckt, viel mehr noch der ideologische Fanatismus, der hinter solchen Aussagen steckt.

Wirtschaftsminister Robert Habeck bettelt im Emirat Katar um Gas

[96] Zit. wie www.youtube.com/watch?v=78-_Ou5sH3k, ab ca. 1:23 h (15.9.2022)

Was ist davon zu halten, wenn Wirtschaftsminister Habeck wiederholt von einem bevorstehenden »kritischen Winter« spricht,[97] aber sich aus welchen Gründen auch immer nicht in der Lage sieht, die Bevölkerung davor zu schützen. Was helfen den Menschen Sprüche wie *»Wir müssen uns da alle unterhaken und richtig anstrengen«?* Das sind Plattitüden, aber keine vernünftigen Maßnahmen, um Schaden abzuwenden. Aus der Wirtschaft wurde vor Pleiten und weiteren Preissteigerungen gewarnt,[98] ebenso von namhaften Ökonomen, weil sich für Gas und Kohle aus Russland kurzfristig *»keine anderen Lieferquellen erschließen, die den Ausfall ausgleichen«.*[99]

Ende August 2022 stellte Habeck in einem Interview zu der von ihm initiierten sogenannten »Gasumlage« zur Stützung der Gasimporteure plötzlich fest, sie sei *»moralisch nicht richtig«*, weil Unternehmen der Gasindustrie, die ein *»Schweinegeld«* (so Habeck) verdienten, öffentliche Gelder erhalten würden. Damit gab er seine Inkompetenz zu Protokoll, wobei er noch dazu den Pluralis Majestatis benutzte: *»... weil wir nicht wussten, das muss man ehrlicher Weise sagen – und niemand wusste das –, wie dieser Gasmarkt verflochten ist, welche Firmen irgendwelche Anteile an Töchtern und so weiter haben.«*[100]

Der Wirtschaftsminister und sein Ministerium wussten also nichts über den Gasmarkt, obwohl von der Versorgung mit ausreichendem Gas die Existenz ganzer Industrien abhängt. Unfähigkeit, die zu völligem Chaos führt und womöglich zum Ruin von Unternehmen, die »systemrelevant« sind! Im Herbst 2022

---

97 Vgl. www.zdf.de/nachrichten/politik/robert-habeck-kanada-ernergie-krise-lng-gas-100.html

98 Vgl. Neue Presse, 23.8.2022; www.neuepresse.de/der-norden/gaskrise-wirtschaft-in-niedersachsen-warnt-vor-pleiten-und-preissteigerungen-FXAKEPCOSZBAX2SWU34O22L5KE.html

99 Vgl. Hans Böckler Stiftung, 05/2022; www.boeckler.de/de/boeckler-impuls-okonomen-warnen-vor-wirtschaftskrise-39750.htm

100 Zit. wie www.faz.net/aktuell/wirtschaft/robert-habeck-steht-unter-druck-wegen-der-gasumlage-18271543.html

verlagerten bereits verschiedene Unternehmen, um überleben zu können, ihre Produktion in andere Länder mit niedrigeren Energiekosten, unter anderem in die USA.[101]

Das sich anbahnende Horrorszenario und die ständige Beschäftigung damit in Politik und Medien hätten jederzeit vermieden werden können, wenn die Ideologisierung auf allen Ebenen und die damit einhergehende völkerrechtswidrige Sanktionierung Russlands rechtzeitig beendet worden wäre. Aber wie es hinsichtlich der Vertretung deutscher Interessen im inneren Berliner Kreis aussieht, verkörpert pars pro toto der »dienend führende« Wirtschaftsminister, der vor einigen Jahren schrieb: *»Patriotismus, Vaterlandsliebe also, fand ich stets zum Kotzen. Ich wusste mit Deutschland noch nie etwas anzufangen und weiß es bis heute nicht.«*[102] Die sich aufdrängende Frage lautet: Soll Deutschland wirklich mithilfe der eigenen Politiker ruiniert werden?

Die Dreistigkeit der Bellizisten

Milliarden und Abermilliarden für den Krieg, immer mehr Waffen und immer mehr Propaganda. Zu welchem Ende, außer in eine Katastrophe, kann das führen? Aber diese Frage scheinen sich in Politik und Medien nur sehr wenige zu stellen. Stattdessen wird gegen Russland gehetzt und aufgerüstet. Schon wer nach den Ursachen des Krieges in der Ukraine und deren gesellschaftliche Entwicklung seit dem Regime Change von 2014 fragt, macht sich verdächtig, wird diskriminiert und ist von Existenzentziehung bedroht. So sieht es im »Land der Dichter und Denker« schon seit einigen Jahren und, ins Maßlose übersteigert, seit dem Einmarsch Russlands in die Ukraine aus.

---

[101] Vgl. Wirtschaft tv, 4.10.2022; https://wirtschaft-tv.com/2022/10/04/deutsche-unternehmen-wandern-in-die-usa-ab/

[102] Robert Habeck: Patriotismus. Ein linkes Plädoyer. Gütersloh 2010

Ministerpräsidentin Manuela Schwesig wollte die Gasversorgung für Deutschland sicherstellen und Arbeitsplätze in Mecklenburg-Vorpommern schaffen. Dafür wurde sie von der Bevölkerung gewählt, und insofern hat sie genau das getan, was ihre Aufgabe war. Dass sie nach der »Umorientierung« im Rahmen der Kriegshetze gegen Russland angefeindet wurde,[103] entsprach ganz den Vorgaben, die US-affine Politikerinnen und Politiker vom Hegemon aus Washington erhalten haben und umsetzten.

Es sind groteske Vorgänge, die sich abspielen. So sprach der CDU-Außenpolitiker und Erztransatlantiker Norbert Röttgen von *»Verflechtungen mit Moskau«* und legte Schwesig den Rücktritt nahe. Und der militante Vorsitzende des Europaausschusses im Bundestag, Anton Hofreiter (Bündnis 90/Die Grünen), forderte, Schwesig solle sich gefälligst für ein Ölembargo und die Lieferung schwerer Waffen an die Ukraine einsetzen.[104]

Gegen weitere SPD-Politiker wurde wegen eines angeblich zu kooperativen Verhaltens zu Russland polemisiert, unter anderem gegen den ehemaligen Vizekanzler und Bundesaußenminister Sigmar Gabriel. Als ob es ein Vergehen wäre, mit anderen Politikern und Regierungen diplomatische Beziehungen oder mit Geschäftspartnern Kontakte zu unterhalten, und seien es russische. Das wäre die Normalität, aber die Verhältnisse sind aufgrund der Vorschriften der USA anormal.

Gabriel, dem effektiv nichts vorzuwerfen war, hatte sich allerdings zwischenzeitlich politisch umorientiert. Er wurde Mitglied im einflussreichen Thinktank European Council on Foreign Relations und der Trilateralen Kommission, des Weiteren ließ er sich 2019 zum Vorsitzenden der Atlantik-Brücke wählen. Offensichtlich machte sich dieser Schwenk für ihn bezahlt: Er wurde Aufsichtsratsmitglied

---

103 Vgl. NDR, 19.4.2022: Grüne fordern Aufarbeitung von Schwesigs Rolle bei Nord Stream 2; www.ndr.de/nachrichten/mecklenburg-vorpommern/Gruene-fordern-Aufarbeitung-von-Schwesigs-Rolle-bei-Nord-Stream-2,schwesig1170.html
104 Vgl. ebd.

bei der Deutschen Bank und von Siemens Energy sowie geopolitischer Berater bei der Brunswick Group und Aufsichtsratsvorsitzender von Thyssenkrupp Steel Europe – eine durchaus übliche Karriere ausgeschiedener Regierungspolitiker, es gab kaum öffentliche Kritik.

Dagegen wurde Ex-Bundeskanzler Gerhard Schröder in einer Weise angegriffen, die alle Grenzen des Zumutbaren überstieg. Er solle von seinen Posten bei russischen Energieunternehmen zurücktreten, forderten Bundeskanzler Olaf Scholz sowie die SPD-Vorsitzenden Saskia Esken und Lars Klingbeil, 17 SPD-Ortsvereine beantragten ein Ordnungsverfahren,[105] die Ehrenbürgerschaft der Stadt Hannover und der Doktortitel h.c. der Universität Göttingen sollten aberkannt werden.[106] Vom Haushaltsausschuss des Bundestages wurden Schröder die Mittel für sein Berliner Büro und seine Mitarbeiter gestrichen, und im Mai 2022 sprach sich das EU-Parlament in einer Resolution für Sanktionen gegen ihn aus, falls er trotz des Krieges in der Ukraine seine Posten in russischen Unternehmen nicht räume.[107] Der CDU-Vorsitzende Friedrich Merz, selber in die Machenschaften der US-Investmentkrake BlackRock verstrickt, forderte in der *Bild am Sonntag* den Ausschluss Schröders aus der SPD und sprach von einem *»SPD-Russland-Netzwerk«.*[108] Der Grünen-Vorsitzende Omid Nouripour ereiferte sich, ebenso die EU-Kommissionspräsidentin Ursula von der Leyen und Polens Ministerpräsident Mateusz Morawiecki.

Der Bürgermeister von Kiew, Vitali Klitschko, verlangte, Schröder müsse *»als Teil des Putin-Systems«* bestraft werden: *»Alle diejenigen, die weiterhin für den Kriegsverbrecher Putin arbeiten,*

---

[105] Vgl. ARD-Tagesschau, 25.4.2022; www.tagesschau.de/inland/innenpolitik/schroeder-spd-kritik-101.html

[106] Vgl. ARD-Tagesschau, 28.4.2022; www.tagesschau.de/inland/gesellschaft/ukraine-schroeder-spd-103.html

[107] Vgl. ARD-Tagesschau, 19.5.2022; www.tagesschau.de/ausland/eu-parlament-schroeder-sanktionsforderungen-101.html

[108] Vgl. Bild am Sonntag, 23.4.2022; www.bild.de/politik/inland/politik-inland/im-exklusiven-bams-interview-merz-greift-kanzler-scholz-scharf-an-79858730.bild.html

müssen hart sanktioniert werden.« Schröder sei *»mitverantwortlich für das Abschlachten von Frauen und Kindern in der Ukraine. Angesichts seiner Propaganda fragt man sich, warum Schröder in Hannover wohnt und nicht in Moskau.«*[109]

Obwohl Schröder als Vorsitzender des Aufsichtsrates bei dem russischen Ölkonzern Rosneft zurücktrat und auf den ihm angebotenen Posten im Aufsichtsrat von Gazprom verzichtete, hörten die Angriffe und die Hetze nicht auf. Augenscheinlich sollte hier ein Exempel statuiert werden nach der Devise: Schlage einen und treffe tausend. Politiker wie Sigmar Gabriel und Bundespräsident Frank-Walter Steinmeier (der niemals russlandfreundlich war) räumten sogleich demütig Fehler im Umgang mit Russland und Wladimir Putin ein, die SPD wehrte sich gegen Vorwürfe, zu lange und zu nachsichtig mit Putin umgegangen zu sein.

Dagegen wollte sich Schröder, der seit Anfang der 2000er-Jahre mit Putin befreundet ist, nicht von ihm distanzieren. In einem Interview mit der *New York Times* bezeichnete er den Ukraine-

Ex-Bundeskanzler Gerhard Schröder mit Präsident Wladimir Putin 2002 in der von Alfred Biolek moderierten Talkshow Boulevard Bio

[109] ARD-Tagesschau, 25.4.2022; www.tagesschau.de/inland/innenpolitik/schroeder-spd-kritik-101.html

Krieg zwar als Fehler, wandte sich jedoch gegen die Russland-Sanktionen, die nach seiner Meinung auf die Dauer nicht durchzuhalten seien, weil die deutsche Industrie nicht nur Gas und Öl, sondern auch zahlreiche Rohstoffe aus Russland benötige.[110]

Die Hetze steigerte sich ins Absurde, als Frank-Walter Steinmeier von Apologeten des Krieges trotz seiner unsinnigen Reuebekundungen eine »zu große Nähe zu Russland« vorgeworfen wurde. Deswegen sei der Bundespräsident, der »aus Solidarität« in die Ukraine reisen wollte, dort unerwünscht, hieß es aus Kiew. Und der sich als Einpeitscher aufspielende Andrij Melnyk sprach von *»gedanklicher Nähe«* zu Putin und einem *»Spinnennetz«* von Russland-Kontakten.[111] Er verstieg sich sogar zu der Behauptung: *»Für Steinmeier war und bleibt das Verhältnis zu Russland etwas Fundamentales, ja Heiliges, egal was geschieht. Auch der Angriffskrieg spielt da keine große Rolle.«*[112] Dabei ist spätestens seit dem Besuch Steinmeiers in Montenegro im September 2016 erwiesen, dass Steinmeier ein NATO-Propagandist reinsten Wassers ist.[113]

Agitatoren und Marionetten US-amerikanischer Imperialpolitik führen das große Wort und bestimmen die deutsche Sicherheitspolitik. Gerüchte, Verlautbarungen Kiews und fragwürdige Berichte über angebliche Gräueltaten russischer Soldaten wurden zum Anlass genommen, immer härtere Sanktionen gegen Russland und die Lieferung schwerer Waffen für die Ukraine zu fordern, ohne über die Konsequenzen nachzudenken: Falls es zum »großen Krieg« kommt, befinden sich die deutschen Machtzentren im Fadenkreuz der russischen Abwehr.

---

[110] Vgl. BR 24, 24.4.2022; www.br.de/nachrichten/deutschland-welt/schroeder-sanktionen-gegen-moskau-langfristig-nicht-durchhaltbar,T3tw7Xf

[111] Vgl. ntv, 17.4.2022; www.n-tv.de/politik/Gabriel-wirft-Melnyk-Verschwoerungstheorien-vor-article23272841.html; Berliner Zeitung, 3.4.2022; www.berliner-zeitung.de/politik-gesellschaft/ukrainischer-botschafter-beleidigt-steinmeier-das-geht-zu-weit-li.220323

[112] Zit. wie ARD-Tagesschau, 3.4.2022; www.tagesschau.de/multimedia/sendung/bab/bab-melnyk-101.html

[113] Dazu: Wolfgang Bittner: Der neue West-Ost-Konflikt, S. 274 f.

Gräueltaten in Butscha

Erstaunlich, wie bereitwillig und bedenkenlos Politikerinnen und Politiker Behauptungen über Ereignisse übernehmen, die weder untersucht noch bewiesen wurden. Zumeist geht es dabei gegen Russland, immer wieder auch gegen China, den Iran, Syrien, Venezuela und andere im Fokus der USA stehende Staaten. Seit Februar 2022 bot die Ukraine des Öfteren Anlass für ein derartiges Vorgehen, das dann zumeist in Kriegspropaganda ausartete. Nach mehrmaliger Wiederholung wird als Tatsache angesehen, was zuvor nur ein Verdacht war. So wurde in kürzester Zeit als erwiesen dargestellt, dass die Kriegsverbrechen in Butscha von russischen Soldaten begangen wurden.

Dem steht die russische Darstellung gegenüber, wonach die Stadt am 30. März geräumt worden sei, was der Bürgermeister von Butscha tags darauf, unmittelbar nach Abzug der russischen Truppen, in einer Videobotschaft bestätigte. Er berichtete nicht von einem Massaker mit mehr als 340 Toten auf den Straßen.[114] Somit liegt die Vermutung nahe, dass ukrainische Kräfte prorussische Sympathisanten ermordet haben. Zum Teil wiesen sie Schüsse in den Hinterkopf auf, und ihre Hände waren auf den Rücken gefesselt. Viele der Toten trugen weiße Armbinden, Erkennungszeichen für eine prorussische Haltung, die sie aller Wahrscheinlichkeit nach das Leben gekostet hat.

Es sind Verbrechen im Verlauf des Krieges, die aufgeklärt werden müssen, bevor ein Urteil gefällt werden kann. Dennoch reiste die deutsche Bundesaußenministerin sofort nach Butscha und nannte die angeblich russischen Kriegsverbrechen im Chor mit anderen Politikerinnen und Politikern *»entsetzlich«*, die gezeigten Bilder *»unerträglich«*. Sie kündigte weitere Sanktionen gegen

---

[114] Vgl. Anti-Spiegel, 3.4.2022; www.anti-spiegel.ru/2022/warum-die-meldungen-ueber-angebliche-russische-kriegsverbrechen-in-butscha-eine-luege-sind/?doing_wp_cron=1667620080.5612039566040039062500 (15.9.2022)

Russland an und wies 40 russische Diplomaten aus.[115] Wolodymyr Selenskyj erklärte sogleich: *»Die Welt wird das als Genozid anerkennen.«* In einer Video-Zuschaltung zu einer Sitzung des UN-Sicherheitsrats forderte er einen sofortigen Kriegsverbrecherprozess gegen Russland. Die USA und Großbritannien verlangten einen Ausschluss Russlands aus dem Menschenrechtsrat.[116]

All das entspricht dem üblichen Vorgehen, Behauptungen ohne Beweise aufzustellen, um die Situation in der Ukraine und den Hass gegen Russland zu eskalieren. Im Deutschen Bundestag fand sogar eine Aktuelle Stunde zu Butscha statt. Bundeskanzler Scholz zeigte sich von den *»entsetzlichen Bildern tief erschüttert«* und behauptete, obwohl noch keine unabhängige Untersuchung vorgenommen worden war: *»Russische Soldaten haben dort vor ihrem Rückzug ein Massaker an ukrainischen Zivilisten verübt, darunter Kinder, Frauen und alte Menschen.«*[117]

Verteidigungsministerin Christine Lambrecht sprach von einer *»Entmenschlichung, die alle Grenzen überschritten hat«*. Klar war für sie: *»Putin nimmt diese grauenvollen, diese grausamen Taten in Kauf… Wer so handelt wie Putin, dem ist es egal, ob die Leichen auf den Straßen von Butscha oder von Tiflis, Vilnius oder Berlin sind.«* Lambrecht, die als Juristin – ebenso wie Scholz – wissen müsste, dass eine Unschuldsvermutung gilt, solange nichts bewiesen ist, wurde geradezu bösartig: *»Wir sehen im grellen Licht die Grausamkeiten des System Putins«*, ein System, *»das nationalistischem Großmachtwahn alles unterordnet, das keine Grenzen kennt und keine Hemmung, ein System, das Recht und Menschlichkeit mit Füßen*

---

[115] Vgl. Der Spiegel, 3.4.2022; www.spiegel.de/ausland/russland-ukraine-krieg-annalena-baerbock-kuendigt-nach-butscha-weitere-sanktionen-an-a-0c235873-2b73-42d3-9e5a-e9055d2e4829

[116] Vgl. ARD-Tagesschau, 6.4.2022; www.tagesschau.de/ausland/europa/selenskyj-ukraine-sicherheitsrat-101.html

[117] Zit. wie Deutschlandfunk Kultur, 6.4.2022;www.deutschlandfunkkultur.de/aktuelle-stunde-zum-massaker-in-butscha-im-bundestag-dlf-kultur-1dab7f3e-100.html

Ursula von der Leyen und der EU-Außenbeauftragte Josep Borrell am 8. April 2022 in Butscha

tritt …« Ihre Schlussfolgerung – ganz im Sinne Washingtons: *»Das System Putin darf nicht gewinnen, darf sich nicht durchsetzen, denn sonst können wir uns alle nicht mehr sicher sein. Und daher müssen wir auch in Deutschland lernen, ja, viel wehrhafter zu sein, sehr viel wehrhafter zu sein. Und dieser Gedanke steht hinter der sicherheitspolitischen Zeitenwende, die der Bundeskanzler verkündet hat.«*[118]

Verurteilung, Hass, Hetze und der Ruf nach Aufrüstung durch alle Parteien, nachdem die USA einen Stellvertreterkrieg begonnen hatten. Vorgespielte Empörung auf der Grundlage fragwürdiger Angaben aus Kiew und von US-»Serviceagenturen« über russische Gräueltaten. Wiederholt wurde das gleiche Szenario Mitte September nach dem Rückzug russischer Truppen aus Charkiw. Auch dort soll russisches Militär Zivilisten gefoltert und ermordet haben.[119] Im Fernsehen wurden Hunderte Gräber,

[118] Zit. wie ntv, 6..4.2022; www.n-tv.de/mediathek/videos/politik/Putin-ist-egal-ob-Leichen-in-Butscha-oder-Berlin-sind-article23251468.html

[119] Vgl. ntv, 13.9.2022; www.n-tv.de/politik/Leichen-mit-Folterspuren-bei-Charkiw-gefunden-article23584789.html

Tote mit gefesselten Armen und angeblich von russischen Streitkräften unterhaltene Folterkeller gezeigt, die Entrüstung war wiederum grenzenlos. Moskau bestritt die seiner Armee vorgeworfenen Kriegsverbrechen und nannte die Bilder »ausgeklügelte Fälschungen« und »Inszenierungen«, doch das wurde in der westlichen Propaganda als Lüge bezeichnet und abgetan.

Der ehemalige NATO-Militäranalyst Jacques Baud schrieb zu Recht, es gehe darum, zu verstehen, was zu dem Krieg geführt hat. Er hält fest, *»dass die ›Experten‹, die sich im Fernsehen abwechseln, die Situation auf der Grundlage zweifelhafter Informationen analysieren«*, zumeist von Hypothesen ausgingen, *»die in Fakten umgewandelt werden, so dass es uns nicht mehr gelingt zu verstehen, was geschieht«.*[120] So schaffe man Panik.

Die deutsche Gesellschaft wird mehr und mehr chaotisiert und entdemokratisiert, die Armut der ohnehin schon armen Bevölkerungsgruppen und von Teilen des Mittelstandes nimmt erschreckend zu, einzelne Wirtschaftszweige stehen vor dem Ruin. Wenn die wohlfeilen Aufforderungen der Ukraine, Polens und der baltischen Staaten, Deutschland solle auf Gas und Öl aus Russland verzichten, von deutschen Politikerinnen und Politikern beflissen befolgt wurden, zeugt das von absoluter Missachtung der Interessen der eigenen Bevölkerung. Es ist ein Bruch des Amtseides, den diese »Volksvertreter« geleistet haben, der da lautet, dem Wohle des deutschen Volkes zu dienen und Schaden von ihm abzuwenden.

[120] Zit. wie sicht-vom-hochblauen.de, 20.4.2022: Ehemaliger NATO-Militäranalyst entlarvt westliches Invasionsnarrativ in der Ukraine (15.6.2022)

Kriegsvorbereitungen

Die Übernahme der Ukraine stand seit Langem auf der Agenda der USA, die, wie Zbigniew Brzezinski 1997 schrieb, als *»geopolitischer Dreh- und Angelpunkt auf dem eurasischen Schachbrett«*[121] angesehen wird. Grund genug also, über Jahre hinweg an die fünf Milliarden Dollar aufzuwenden, um einen Regime Change herbeizuführen.[122] Das gelang schließlich im Frühjahr 2014.

Die Destabilisierung

Die Unterwanderung der Ukraine mit dem Ziel, sie in das westliche Bündnis einzubinden, begann bereits kurz nach dem Zerfall der Sowjetunion 1991. Seither drang die NATO entgegen den Gorbatschow gegebenen Zusagen stetig nach Osten vor. Die Europäische Union war zudem auf neue Absatzmärkte in den osteuropäischen Ländern aus, die zur Sowjetunion gehört hatten. 2004 kam es dann in der Ukraine zur sogenannten Orangen Revolution.

Solche von den USA mithilfe ihrer CIA inszenierten Aufstände, die in einigen Ländern »Farb- oder Blumen-Revolutionen« genannt wurden, fanden in der ganzen Welt statt, um Regierungswechsel im Sinne der US-Imperialpolitik herbeizuführen.

---

[121] Zbigniew Brzezinski: Die einzige Weltmacht, S. 15

[122] Vgl. www.freitag.de/autoren/hans-springstein/5-milliarden-dollar-fuer-den-staatsstreich; www.tagesspiegel.de/politik/wer-ist-julia-timoschenko-die-beruehmteste-gefangene-der-ukraine/8148338.html

Die Liste der betroffenen Staaten ist lang:

- Tschechoslowakei 1989
- Jugoslawien 1991
- Serbien 2000
- Georgien 2003 (Rosenrevolution)
- Ukraine 2004 (Orange Revolution)
- Kirgisien 2005 (Tulpenrevolution)
- Libanon 2005 (Zedernrevolution)
- Belarus 2006 und 2020
- Myanmar 2007 (Safranrevolution)
- Malediven 2008
- Tunesien 2010/2011 (Jasminrevolution)
- Ägypten 2011
- Syrien 2011
- Marokko 2016
- Armenien 2018 (Samtene Revolution)
- Venezuela 2019
- Kasachstan 2022

Mit Unterstützung korrumpierter Medien wurden Hunderttausende, die ein freiheitliches Leben und eine Öffnung nach Westen anstrebten, auf die Straße gebracht. Die jeweilige Opposition und die Bürgerrechtsbewegungen wurden materiell und logistisch gefördert. Um Chaos zu verursachen, wurden Stoßtrupps eingesetzt, so etwa 1952 im Iran,[123] oder 2000 in Serbien eine Truppe, die sich »Otpor!« (Widerstand) nannte.[124] Entstanden in den 1990er-Jahren aus einer Aktionsgruppe in der Belgrader Oppositionsbewegung

[123] Gezielte Aktionen des MI6 und der CIA zum Sturz des gewählten iranischen Premierministers Mohammad Mossadegh wegen der Verstaatlichung der Ölförder- und Verarbeitungsanlagen der Anglo-Iranian Oil Company. Damit wurde ein laizistischer Staat verhindert, und ein internationales Konsortium erhielt Zugriff auf die iranischen Ölvorkommen.

[124] Vgl. Rotfuchs, Nr. 203/Dezember 2014; www.rotfuchs.net/rotfuchs-lesen/operation-otpor.html; https://de.wikipedia.org/wiki/Otpor! (5.9.2022)

gegen die Regierung Milošević, wurde Otpor von US-Stiftungen und dem Open Society Institute des Milliardärs George Soros[125] mit mehreren Millionen Dollar gesponsert, als Organisation aufgebaut und künftig destabilisierend international eingesetzt, zum Beispiel in Georgien, Ägypten und auch in der Ukraine.

Im Wege der Orangen Revolution wurde der westlich orientiere Banker Wiktor Juschtschenko, der mit einer politisch sehr aktiven US-Amerikanerin verheiratet war, Staatspräsident. Er hatte in den USA studiert und setzte sich für einen Beitritt der Ukraine in die NATO ein.[126] Darin wurde er von der russlandfeindlichen Oligarchin Julija Tymoschenko unterstützt, die dem Kabinett als Ministerpräsidentin vorstand. Es kam jedoch zu politischen Auseinandersetzungen, zudem war von Wahlfälschungen die Rede, sodass der Maschinenbauingenieur Wiktor Janukowytsch zunächst Ministerpräsident und nach Neuwahlen im Jahr 2010 Staatspräsident wurde.

Tymoschenko, die in nationalistischen Kreisen einen hohen Beliebtheitsgrad erlangte, wurde wieder und wieder als Gallionsfigur einer westlich orientierten Ukraine gegen die legitime Regierung Janukowitsch ins Gespräch gebracht. Die »Gasprinzessin« war mehrmals in Korruptionsaffären verwickelt und konnte als Unternehmerin zusammen mit Ihrem Ehemann Oleksandr Tymoschenko durch zwielichtige Geschäfte mit russischem Gas ein Milliardenvermögen ansammeln. 2011 wurde sie wegen Amtsmissbrauchs zu sieben Jahren Freiheitsentzug verurteilt und war bis Anfang 2014 in Haft.

Inzwischen gab es – unter Juschtschenko 2007 angebahnte – Verhandlungen mit der EU über ein Assoziierungsabkommen, die jedoch immer wieder stagnierten. Die Regierung Janukowytsch kam der Forderung nach einer Freilassung Tymoschenkos nicht nach, die es fertigbrachte, sich in der Haft wegen eines

---

125 Soros, 1930 in Budapest geboren, machte sein Vermögen von etwa 23 Milliarden US-Dollar (so Forbes) 1992 mit Wetten gegen das britische Pfund. Davon brachte er 18 Milliarden in die von ihm gegründeten Open Society Foundations ein.

126 Vgl. https://de.wikipedia.org/wiki/Wiktor_Juschtschenko (5.9.2022)

Rückenleidens von Ärzten der Berliner Charité behandeln zu lassen. Schließlich verweigerte Janukowytsch die Ratifizierung des Abkommens, weil es den bedingungslosen Anschluss an die Europäische Union unter Zurückweisung Russlands und der von Moskau initiierten Zollunion (ab 2015 Eurasische Wirtschaftsunion) zur Folge gehabt hätte.

Außerdem enthielt das Abkommen in Artikel 4 einen für Janukowytsch unannehmbaren militärischen Teil, der in den Medien weitgehend verschwiegen wurde: *»Der politische Dialog zwischen den Vertragsparteien wird in allen Bereichen von beiderseitigem Interesse weiterentwickelt und verstärkt. Dadurch wird die schrittweise Annäherung in außen- und sicherheitspolitischen Fragen gefördert, um die Ukraine immer stärker in den europäischen Raum der Sicherheit einzubeziehen ... Ziel des politischen Dialogs ist es, ... einen Dialog zwischen den Vertragsparteien im Bereich Sicherheit und Verteidigung zu entwickeln und ihre Zusammenarbeit in diesem Bereich zu vertiefen.«*[127]

Der Staatsstreich

Die Expansionspolitik der EU zielte darauf ab, sich die Ukraine als Wirtschaftsraum und Brückenland von großer geostrategischer Bedeutung einzuverleiben. Das deckte sich mit den Interessen der US-Regierung, Russlands machtpolitischen Aufstieg dauerhaft zu verhindern,[128] was zu schwerwiegenden Konflikten

[127] Assoziierungsabkommen zwischen der Europäischen Union und ihren Mitgliedstaaten einerseits und der Ukraine andererseits, veröffentlich im Amtsblatt der EU am 29.5.2014; https://eur-lex.europa.eu/legal-content/EN/TXT/PDF/?uri=CELEX:22014A0529(01)&from=DE

[128] Vgl. hierzu Informationsstelle Militarisierung: Ukraine: Ringen um die Machtgeometrie. Neoliberales Assoziierungsabkommen und europäisch-russische Machtkonflikte; 21-7-2014; www.imi-online.de/download/2014_02c_jwagner_web.pdf

mit Russland und dem Einsatz subversiver Kräfte führte. Ab November 2013 kam es in Kiew auf dem Maidan-Platz zu Protesten, die sich immer mehr ausweiteten.

Viele Menschen, die den Anschluss an Westeuropa wollten, demonstrierten zunächst noch für bessere Lebensbedingungen und gegen Korruption. Doch sie zogen sich zurück, als es zunehmend zu Gewaltausbrüchen kam. Bei der militanten Opposition gaben sich US-Vizepräsident Joseph Biden, US-Außenminister John Kerry und seine Europa-Beauftragte Victoria Nuland die Klinke in die Hand. Der ultrakonservative Senator und ehemalige Präsidentschaftskandidat der Republikaner, John McCain, traf den Vorsitzenden der rechtsextremen Swoboda-Partei, Oleg Tjagnibok, dem er seine Unterstützung im Kampf gegen die rechtmäßige Regierung versprach.[129]

Im Februar 2014 gingen die Proteste in einen blutigen Putsch über, hinter dem maßgeblich Nationalisten, Bandera-Faschisten und ausländische Geheimdienste, insbesondere die CIA, standen. Öffentliche Gebäude wurden von bewaffneten Trupps besetzt, die Jagd auf ihre Gegner machten. Auf dem Maidan kam es zu einem Blutbad, als aus einem von den Aufständischen besetzen Hotel von Scharfschützen mehr als hundert Menschen hinterrücks erschossen wurden, und zwar sowohl Polizisten als auch Demonstranten, wodurch die gegenseitigen Aggressionen weiter eskalierten. Die Morde wurden von den Putschisten und westlichen Politikern Wiktor Janukowytsch angelastet, der um sein Leben fürchten musste und nach Russland floh.

Der Journalist Ulrich Heyden berichtete über dramatische Szenen, die sich während der Aufstände nahe der ukrainischen Präsidialverwaltung und dem Maidan-Platz abspielten: *»Jugendliche mit schwarzen Masken ließen ihre schweren Ketten mehrmals*

---

[129] Vgl. AG Friedensforschung: McCain demonstriert in Kiew. US-Senator fordert an der Seite von Faschisten Anbindung an die EU, 16.12.2013; www.ag-friedensforschung.de/regionen/Ukraine/demos.html

Kiew im Dezember 2013

über dem Kopf kreisen, um sie in den Reihen der Polizisten niedergehen zu lassen. Andere zum Sturm auf den Amtssitz des Präsidenten in der Bankowa-Straße bereite Militante trugen Tarnanzüge, Gasmasken, schusssichere Westen. Sie warfen Pflastersteine und Molotow-Cocktails und sprühten Reizgas in die Reihen der jungen Polizisten. Diese standen untergehakt und dichtgedrängt und hatten außer ihren Helm nichts, um sich zu schützen, weder Schutzschilder noch Schlagstöcke.«[130]

Der sogenannte Euromaidan, wie die gut organisierten blutigen Aufstände im Westen freundlich benannt wurden, kulminierte in der Zeit vom 18. bis 23. Februar 2014, aber schon seit November 2013 hatte es gewalttätige Ausschreitungen gegeben.

In Kiew übernahmen Putschisten die Macht, die zum Teil schwarze Masken und gelbe Armbinden trugen, auf denen sich das modifizierte Emblem der Wolfsangel befand, dem Symbol der SS-

130 Zit. wie Telepolis, 4.12.2013: www.heise.de/tp/features/Hass-auf-Moskauer-Juden-und-andere-Unreine-3362837.html

Division »Reich« und ursprünglich auch von Oleg Tjagniboks[131] Swoboda-Partei. Es wurde geplündert, Häuser wurden in Brand gesteckt, im ganzen Land wurden Gegner ermordet.

Ein Massaker fand auch Anfang Mai 2014 in Odessa statt, wo Tausende gegen die inzwischen in Kiew errichtete neue Regierung demonstrierten, die ihnen ihre russische Sprache verbieten wollte. Dabei kam es zu Straßenschlachten, in deren Verlauf sich die Demonstranten zurückziehen mussten. Nachdem sich ein Teil der Aktivisten in das Gewerkschaftshaus geflüchtet hatte, zündeten antirussische Nationalisten und Bandera-Faschisten das Gebäude an, wobei 42 Menschen verbrannten oder aus den Fenstern sprangen und totgeschlagen wurden. Insgesamt starben bei den Auseinandersetzungen 48 Menschen, mehr als 200 wurden verletzt.[132]

Am 2. Mai 2014 wurde das Gewerkschaftshaus in Odessa in Brand gesteckt

[131] Tjagnibok rief dazu auf, »Russensäue, Judenschweine und sonstiges Gesindel« zu bekämpfen. Vgl. Berliner Zeitung, 9.3.2014; www.berliner-zeitung.de/politik/rechte-parteien-ukraine-npd-und-swoboda-gegeneuropa,10808018,26505664.html

[132] Vgl. LTO, 2.5.2020: Odessa, 2. Mai 2014. Das unaufgeklärte Massaker; www.lto.de/recht/hintergruende/h/2014-odessa-42-tote-buergerkreig-brand-ukraine-russland-un-europarat-ermittlungen-emrk/ (15.9.2022)

Über die Morde wurde in den westlichen Medien kaum berichtet, und die Kiewer Regierung spielte das Geschehen herunter, die Täter wurden nie zur Verantwortung gezogen. Auf die Frage, was 2014 in Odessa geschah, lautet bei Wikipedia die Antwort entsprechend der zunehmenden geschichtlichen Umdeutung: *»Die Kämpfe begannen mit einem Angriff prorussischer Aktivisten auf einen proukrainischen ›Marsch der Einheit‹ und endeten tragisch, als ein Gewerkschaftshaus, in welchem sich prorussische Personen versteckt hatten, in Brand geriet.«*[133]

Dass der Staatsstreich wie auch das Szenario für die Zeit danach sorgfältig geplant worden waren, brachte ein Anfang Februar 2022 abgehörtes Telefonat von Victoria Nuland mit dem US-Botschafter in Kiew, Geoffrey Pyatt, zutage. Nuland: *»Ich finde nicht, dass Klitsch [der ehemalige Boxer Vitali Klitschko] in die Regierung gehen sollte. Ich glaube, das ist nicht nötig. Ich halte das für keine gute Idee ... Ich denke mal, Yats [Arsenij Jazenjuk] ist der Mann mit Erfahrung in der Wirtschaft und im Regieren. Er ist der ... was er braucht, sind Klitsch und Tjaknibok außen vor. Mit denen soll er dann vier Mal die Woche reden ...«*[134]

Die Art und Weise, wie über die Besetzung der politischen Spitzenposition in der Ukraine beratschlagt wurde, gibt Aufschluss über die weitgehenden Machenschaften der USA in dem Land. Die Verbindungen muten schon fast familiär an. Ist das die vielgepriesene Kiewer Demokratie, die in Deutschland mitverteidigt werden soll? Jazenjuk wurde schließlich Ministerpräsident, Klitschko Bürgermeister in Kiew, Tjaknibok zog ins Parlament ein. Wie Nuland über Westeuropa dachte, wurde in ihrer Erwiderung auf Bedenken Pyatts deutlich: *»Fuck the EU.«*[135] Das war

---

[133] https://de.wikipedia.org/wiki/Ausschreitungen_in_Odessa_am_2._Mai_2014 (7.8.2022)

[134] Zit. wie NachDenkSeiten, 19.2.2014; www.nachdenkseiten.de/?p=20781more-20781

[135] Zit. wie ebd.

bald wieder vergessen. Die europäischen Politiker und Journalisten gaben sich – soweit sie nicht sowieso korrumpiert waren – der Illusion hin, die USA seien die Freunde Europas und sie stünden für Freiheit und Frieden, auch in der Ukraine.

Den Beweis, dass dort im Februar 2014 andere als friedliche Pläne verfolgte wurden, lieferte Barack Obama im Nachhinein. Er bestätigte 2015 in einem Interview bei CNN, dass *»wir einen Deal zur Machtübergabe ausgehandelt hatten«.*[136] Insofern konnte eine Initiative der Außenminister Deutschlands, Frankreichs und Polens zur Beilegung der politischen Krise in der Ukraine von vornherein keinen Erfolg haben. Sie waren am 20. Februar 2014, also noch vor der Flucht von Präsident Janukowytsch, nach Kiew gereist, um einen »Fahrplan« vorzulegen und die gewählte Regierung zu stärken. Vergeblich, denn die US-Regierung wollte den Regime Change, auf den lange genug hingearbeitet worden war.

Ex-Bundeskanzlerin Angela Merkel hatte Vitali Klitschko und die aus der Haft entlassene Oligarchin Julija Tymoschenko noch als künftige Führungselite empfangen und Letztere als ukrainische Ministerpräsidentin favorisiert. Doch die »Vorzeigeoppositionelle« des Westens kompromittierte sich selbst, als sie erklärte, sie wolle Putin in den Kopf schießen und *»diese verdammten Russen abknallen«*[137], sie wurde fallengelassen. Ohnehin hatte die US-Regierung andere Pläne für die Besetzung der ukrainischen Spitzenpositionen, europäische Politiker wurden gar nicht erst gefragt.

---

[136] Zit. wie RT Deutsch, 1.2.2015, https://deutsch.rt.com/10795/international/obama-im-cnn-interview-wir-ueberraschten-putin-mit-deal-zum-machttrans fer-in-der-ukraine/ (1.2.2015)

[137] Zit. wie Ossietzky, 18/2014. Vgl. auch Benjamin Bidder: Abgehörtes Timoschenko-Telefonat. »Dem Drecksack in die Stirn schießen«, Der Spiegel, 25.3.2014; www.spiegel.de/politik/ausland/timoschenko-telefonat-putin-in-die-stirn-schiessena-960554.html

Nach dem Putsch der Bürgerkrieg

In der von den USA als Vasallenstaat übernommenen Kiewer Ukraine wurde am 27. Februar 2014 also der Banker Arsenij Jazenjuk, der intensive Beziehungen zum US-Außenministerium und zur NATO unterhielt, Ministerpräsident. Staatspräsident wurde der Oligarch Petro Poroschenko, eine Marionette der USA, der im Juni 2014 das von Janukowytsch abgelehnte Assoziierungsabkommen mit der EU unterzeichnete, durch das westliche Konzerne in erheblichem Umfang begünstigt werden.

Viele der neuen ukrainischen Repräsentanten kamen aus dem neofaschistischen Lager oder waren Profiteure des neoliberalen Umschwungs. Sie übernahmen im Einvernehmen mit den »Beratern« aus den USA die Macht im Land und sorgten dafür, dass der Widerstand einer noch verbliebenen Opposition endgültig gebrochen wurde. Polizeichef von Kiew (später noch stellvertretender Innenminister) wurde Wadim Trojan, ehemaliger Vizekommandeur des faschistischen Asow-Regiments, das die Eliminierung von Oppositionellen besorgte. Trojan führte nach Maßgabe seiner Gesinnungsgenossen eine grundlegende Reform bei den Polizeibehörden in der Region Kiew durch. Unter seiner Direktion wurden viele der Verbrechen seiner Kumpane geduldet und nicht verfolgt.

Im Parlament, der Werchowna Rada, machten Faschisten wie Oleg Tjaknibok, Andrij Parubij und Igor Mossijtschuk ihren Einfluss geltend. Tjaknibok forderte die Abschaffung des Russischen als Zweitsprache, und Mossijtschuk, ein Antisemit und ehemaliger Kommandeur des Asow-Regiments, setzte sich für dessen Eingliederung in die reguläre ukrainische Armee ein. Parubij, der 2016 Parlamentspräsident wurde, äußerte später in einem Interview, Adolf Hitler sei in den 1930er-Jahren *»die größte Persönlichkeit«* gewesen und habe *»eine direkte Demokratie praktiziert, wir sollten das nicht vergessen«.*[138]

[138] Zit. wie RT DE, 6.9.2018; ttps://pressefreiheit.rtde.tech/europa/75599-ukrainischer-parlamentschef-hitler-war-grosser-praktiker-direkter-demokratie/ (6.9.2018)

Die überwiegend russischsprachigen Menschen in der Ostukraine wollten sich diesem System nicht unterordnen und verlangten nach mehr Autonomie. Daraufhin schickte Poroschenko – mit den USA im Rücken – Panzer und Artillerie in den Donbass, woraufhin sich in den Gebieten um die Großstädte Donezk und Luhansk Milizen bildeten, die sich der Unterstützung durch Russland versicherten. Das war der Anfang des Krieges in der Ukraine.

Auch die Bevölkerung auf der Krim, die 171 Jahre zu Russland gehört hatte, fühlte sich bedroht. Als Mitte März faschistische Einheiten anrückten, trennte sich die Krim von der Kiewer Ukraine. De facto handelte es sich um eine friedlich verlaufene Sezession, die sogleich als eine von Russland durchgeführte völkerrechtswidrige Besetzung dargestellt und mit dem Kampfbegriff »Annexion« belegt wurde. Aber es fand ein Referendum statt, in dem sich 83,1 Prozent der Wahlberechtigten, das waren dem amtlichen Endergebnis zufolge 96,77 Prozent der Abstimmenden, für eine Wiedervereinigung mit Russland aussprachen.[139] Internationale Wahlbeobachter bestätigten einen durchweg geordneten Verlauf der Abstimmungen.[140]

Abgesichert wurde die Wahl von Russland, das »Nothilfe« nach Artikel 51 der UN-Charta leistete und seinen Schwarzmeerhafen Sewastopol gefährdet sah. Am 18. März 2014 stellte die Republik Krim einen Antrag auf Beitritt zur Russischen Föderation, dem am selben Tag stattgegeben wurde. Unter Berücksichtigung aller Umstände sind die Sezession und der Anschluss an die Russische Föderation weder rechtlich noch sonst wie zu beanstanden.

---

[139] Vgl. Sputnik Deutschland, 17.3.2014, https://de.sputniknews.com/politik/20140317268050290-Krim-Referendum-9677-Prozent-stimmen-fr-Wieder vereinigung-mit/ (22.3.2019)

[140] Siehe Anti-Spiegel, 26.9.2022; www.anti-spiegel.ru/2022/mordanschlag-auf-meine-beobachtergruppe-vereitelt/. Sowie: https://de.rt.com/inland/149930-wahl beobachtung-bei-russen-verboten/

Der Begriff »Annexion« dient allein propagandistischen Zwecken.[141]

Im April 2014 spalteten sich dann auch die von ukrainischem Militär und Freiwilligenverbänden belagerten Oblasten Donezk und Luhansk ab und erklärten sich zu selbstständigen Volksrepubliken. Verhandlungen über einen Waffenstillstand wurden von Kiew, offenbar im Auftrag der USA, von vornherein unterlaufen. Der niederländische Publizist und Politikwissenschaftler Karel van Wolferen schrieb dazu im August 2014: *»Es war nämlich so, dass Kiew die Waffenstillstandsvereinbarung – am 10. Juni – gebrochen hat in seinem Bürgerkrieg gegen russischsprechende Ostukrainer, die nicht regiert werden möchten von einer Sammlung von Verbrechern, Abkömmlingen ukrainischer Nazis und in den IWF und die EU verliebten Oligarchen. Die vermeintlichen ›Rebellen‹ haben geantwortet auf beginnende ethnische Säuberungen (systematische Terror-Bombardierung und Gräueltaten – 30 oder mehr Ukrainer sind bei lebendigem Leib verbrannt), die Kiewer Truppen begangen haben, wovon wenig bis gar nichts in die europäischen Nachrichtensendungen durchdrang.«*[142]

Es muss davon ausgegangen werden, dass die USA gezielt einen Brandherd vor der Tür Russland legten, um ihr seit Langem angestrebtes Ziel, einen Regime Change in Moskau herbeizuführen und das Land ihrem Einfluss zu unterwerfen, zu erreichen. Dass die europäischen Politiker und Journalisten dabei dienstfertig mitmachten, ist ein Tiefpunkt der westlichen Geschichte mit weitreichenden Folgen bis hin zu einer atomaren Bedrohung.

Wie heruntergekommen die deutschen Medien bereits 2014 waren, bewies stellvertretend im *ZDF-heute-journal* der für seine

---

141 Zur rechtlichen Beurteilung siehe Wolfgang Bittner: Der neue West-Ost-Konflikt, S. 217 ff.

142 Zit. wie NachDenkSeiten: Die Ukraine, korrupter Journalismus und der Glaube der Atlantiker; www.nachdenkseiten.de/?p=23045; vgl. auch NachDenkSeiten, 29.8.2014; http://www.nachdenkseiten.de/?p=23045

russlandfeindlichen Ausfälle bekannte Moderater Claus Kleber. Obwohl die Redaktion über die Verhältnisse in der Ukraine unterrichtet sein musste, bot Kleber, Kuratoriumsmitglied der Atlantik-Brücke, dem deutschen Fernsehpublikum am 21. Juli 2014 die folgende Lügengeschichte an: *»Propaganda auf allen wichtigen russischsprachigen Kanälen lässt Millionen Menschen immerhin glauben, in Kiew, der Hauptstadt der Ukraine, herrschten blutrünstige Faschisten, die einen Genozid an Russischstämmigen in der Ostukraine planen. Wir und viele Medien sind Hinweisen nachgegangen, ob das stimmt, und haben festgestellt, es gibt diese Faschisten nicht, jedenfalls nicht an verantwortlicher Stelle in Kiew. Und trotzdem bekommen wir immer noch Zuschriften, die das behaupten.«*[143]

Dem stand die deutsche Regierung nicht nach. Auf einer Bundespressekonferenz nach der Verherrlichung Hitlers durch den ukrainischen Parlamentspräsidenten Andrij Parubij gefragt, gaben Regierungssprecher Steffen Seibert und die Sprecherin des Auswärtigen Amtes, Maria Adebahr, an, davon nichts zu wissen, obwohl einige Medien wie etwa »Monitor« am 10. April und 21. August 2014 darüber berichtet hatten.[144] Das kennzeichnet bis dato die Einstellung der deutschen Regierung zum Schurkenstaat Ukraine: Während Nationalisten und Faschisten keine Kritik zu befürchten haben, wird gegen Russland in einer Weise gehetzt, die jeglicher Vernunft entbehrt und alle Maßstäbe verloren hat.

Armut, Korruption und Mord

Gleich nach dem Putsch von 2014 begann die systematische Aufrüstung der Armee und der militanten nationalistischen Kräfte der Kiewer Ukraine. US-Vizepräsident Joseph Biden und CIA-

143 ZDF-heute-journal, 25.4.2015; www.youtube.com/watch?v=SmTMELrdazg&feature=youtu.be&t=32 (22.1.2019)

144 Vgl. YouTube, 20.9.2018; www.youtube.com/watch?v=-f6B5lLgkY (22.1.2019)

Chef John Brennan reisten an, um ihrer Marionettenregierung den Rücken zu stärken. Außenminister John Kerry sicherte sowohl die volle Unterstützung der Vereinigten Staaten als auch Kreditgarantien in Höhe von einer Milliarde Dollar zu, und Jazenjuk wurde in Washington von Präsident Barack Obama empfangen. Auch Bundeskanzlerin Angela Merkel sagte Unterstützung zu.

Während im Osten, ignoriert von westlicher Politik und ihren Medien, Städte und Dörfer brannten und Tausende starben, festigte die neue ukrainische Regierung ihre Macht, und faschistische Trupps verfolgten alle, die ihnen im Wege standen. Die Korruption blühte, Milliardenzuwendungen der EU und des IWF landeten in den Taschen der neuen »Elite«. Und wie schon bei anderen Regime Changes und Kriegen profitierte die US-amerikanische Politikerkaste auch hier. So wurde für den Sohn Bidens, Hunter Biden, extra ein gut dotierter Vorstandsposten im Verwaltungsrat der Burisma Holdings, dem größten nichtstaatlichen Gasproduzenten der Ukraine, geschaffen.[145] Weitere Vorstandsämter erhielten der ehemalige Wahlkampfleiter Kerrys, Devon Archer, der früher bei Merrill Lynch und J. P. Morgan tätige Investmentbanker Alan Apter sowie Polens Ex-Staatspräsident Aleksander Kwasniewski. Ihnen folgte im Februar 2016 noch Josef Kofer Black, von 1999 bis 2002 Direktor des CIA Counterterrorist Centers. Ermittlungen wegen Korruption des ukrainischen Generalstaatsanwalts Wiktor Schokin wurden von Joseph Biden verhindert, Schokin wurde vom Parlament entlassen.[146]

Indessen verarmte die Bevölkerung immer mehr, und wer sich nicht anpasste, wurde verfolgt. Etwa 200 000 Personen wurden

---

[145] Vgl. Börse Online, 24.8.2022; www.boerse-online.de/nachrichten/meinungen/Das-kann-gut-gehen-1000254382. Sowie: Telepolis, 15.5.2014; www.heise.de/tp/news/Polen-Wie-sauber-ist-die-ukrainische-Burisma-Holding-2190614.html2

[146] Vgl. Ukraine Crisis, 27.9.2019; https://uacrisis.org/de/73460-burisma (15.9.2022)

im Laufe weniger Jahre wegen »antiukrainischer Propaganda« oder »Verrat des Vaterlandes« auf eine »Mirotworez« (Friedensstifter) genannte Schwarze Liste gesetzt und viele von ihnen durch Todesschwadronen ermordet.[147] In den westlichen Medien wurden diese entsetzlichen Zustände verschwiegen, ob wissentlich, aus Opportunismus oder aus Unkenntnis, sei dahingestellt. Jedenfalls gab es über die Morde an den regierungskritischen ukrainischen Journalisten Oles Busyna und Pawel Scheremet nur kurze, nichtssagende Meldungen.

Proteste der Bundesregierung, Steinmeiers, der EU oder des Europarats blieben aus, ebenso Forderungen nach unverzüglicher Aufklärung. Angehörige einer »Ukrainischen Aufstandsarmee«, die sich zur Liquidierung Busynas am 16. April 2015 bekannte, wurden nach kurzer Inhaftierung wieder freigelassen. Scheremet, der am 20. Juli 2016 durch eine Autobombe getötet wurde, hatte kurz zuvor veröffentlicht, dass rechte Freiwilligenbataillone Gerichtsverhandlungen gegen korrupte Geschäftsleute verhinderten.[148]

Am 4. September 2016 wurde der in russischer Sprache sendende Fernsehkanal »Inter« mit Molotowcocktails in Brand gesetzt, weil er Programme mit russischen Schlagerstars gebracht hatte.[149] Das war in den westlichen Medien nicht der Rede wert, obwohl die Mitarbeiter nur knapp mit dem Leben davonkamen. Niemand wurde zur Rechenschaft gezogen, die in den Führungspositionen von Polizei, Geheimdienst und Innenministerium sitzenden Nationalisten, Faschisten und Mörder verhinderten jegliche Aufklärung. Auch die Morde auf dem Maidan-Platz und in Odessa blieben unaufgeklärt.

---

[147] Vgl. RT DE, 12.9.2022: »Feinde der Ukraine« – Wie eine Webseite ungehindert Todeslisten und Mordaufrufe veröffentlicht; https://pressefreiheit.rtde.tech/europa/148662-feinde-ukraine-wie-webseite-ungehindert/ (12.9.2022)

[148] Vgl. Telepolis, 29.11.2017; www.heise.de/tp/features/Warum-Journalisten-und-Andersdenkende-in-der-Ukraine-Angst-haben-3904197.html?seite=all

[149] Vgl. Telepolis, 6.9.2016; www.heise.de/tp/features/Kiewer-Fernseh-Kanal-Inter-wegen-Russlandfreundlichkeit-in-Brand-gesteckt-3314389.html

Die Mordserie nahm kein Ende. Oppositionelle, die nicht ins Ausland geflüchtet waren, wurden von Geheimkommandos nach und nach umgebracht. Sieben ehemalige hohe Amtsträger, Funktionäre und Politiker, die der Partei der Regionen des gestürzten Ministerpräsidenten Wiktor Janukowytsch angehörten, begingen angeblich Selbstmord, sie fielen aus dem Fenster oder wurden mit Schusswunden tot ausgefunden: der ehemalige Vorsitzende des Regionalrates in Charkiw, Nikolai Sergienko, der ehemalige Bürgermeister von Melitopol, Sergej Walter, der Polizeichef von Melitopol, Sergey Bordyuga, und der ehemalige Abgeordnete Stanislaw Melnyk. Der frühere Parlamentsabgeordnete Oleg Kalaschnikow wurde in seinem Kiewer Haus mit Schusswunden tot aufgefunden; der ehemalige Leiter des staatlichen Grundstücksfonds, Michael Chechetow, stürzte am 27. Februar 2015 aus einem Fenster seiner Wohnung; am 12. März wurde der ehemalige Gouverneur von Saporischschja, Alexander Peklushenko, mit einem Genickschuss tot aufgefunden. Obwohl es keine Abschiedsbriefe gab und die Umstände auf Mord schließen ließen, lautete die offizielle Version des ukrainischen Innenministeriums bei Chechetow und der Kriminalpolizei bei Peklushenko »Selbstmord«.[150] Kaum einen der westlichen Politiker oder Journalisten, die sonst bei jedem Zwischenfall, der den Russen angelastet werden konnte, Zeter und Mordio schrien, kümmerte das.

Die Kiewer Ukraine hatte sich zu einem Schurkenstaat entwickelt, in dem es sich die neuen Machthaber unter Protektion der USA gut gehen ließen und jede Opposition erstickten. Das Land war bankrott und hing nur noch am Tropf des Internationalen Währungsfonds (IWF) und der Europäischen Union, ein sogenannter Failed State – gescheiterter Staat –, in dem Milliarden an

---

[150] Vgl. RT DE, 16.4.2015; https://pressefreiheit.rtde.tech/17071/international/mordserie-gegen-oppositionspolitiker-in-der-ukraine-haelt-an-und-die-westlichen-medien-schweigen/ (11.9.2022); Zeit online, 17.4.2015; www.zeit.de/politik/ausland/2015-04/ukraine-morde-busina-upa

Zuwendungen versickerten. Indessen wurden die Sanktionen gegen »den Feind im Osten« ständig verschärft. Das verlangten die »Freunde« in der Ukraine und jenseits des Atlantiks insbesondere von der Berliner Regierung, die willfährig entgegen den Interessen der eigenen Bevölkerung und der Wirtschaft mitwirkte.

Nach Recherchen der Journalisten Friedhelm Klinkhammer und Volker Bräutigam, ehemalige Mitarbeiter des Norddeutschen Rundfunks, verließen bis Mitte 2018 etwa acht Millionen Ukrainer ihre Heimat auf der Flucht vor Armut und Arbeitslosigkeit. Im August 2018 stellten die Autoren fest, dass die Ukraine mit 13 Milliarden Euro bei der EU und mit weiteren 11 Milliarden US-Dollar beim Internationalen Währungsfonds verschuldet war. Sie folgerten: *»Wie das Poroschenko-Regime jedoch die im nächsten Jahr fälligen ersten Rückzahlungsraten aufbringen und seinen Tilgungsverpflichtungen nachkommen will, ist völlig unklar ... Die EU und der IWF machen Druck, dass die ukrainische Regierung endlich die Beschränkungen für den Verkauf von Ackerland [den wertvollen »Schwarzen Böden«[151]] aufhebt, an dem internationale Investoren der Agrarindustrie großes Interesse haben. Außerdem soll das Ausfuhrverbot für Rundhölzer demnächst abgeschafft werden. Die ukrainischen Wälder dürften bald Vergangenheit sein.«* Die Situation in der Ukraine Mitte 2018 war unerträglich und unhaltbar: *»Sein bis ins Mark korruptes Regime des Oligarchen Poroschenko hält sich nur mithilfe der USA, der EU und besonders Deutschlands sowie per Kollaboration mit faschistoidem Gesindel mühsam im Amt. Wie lange noch?«*[152] Die entsetzlichen Zustände wurden von westlichen Politikern und Medien völlig ignoriert. Stattdessen wurde ein »Ukraine-Hype« inszeniert, vor allem in Deutschland.

---

[151] Vgl. Zeit online, 16.3.2015; www.zeit.de/wirtschaft/2015-03/ukraine-landwirtschaft-schwarzerde-monsanto

[152] Zit. wie Neue Rheinische Zeitung, 22.8.2018; www.nrhz.de/flyer/beitrag.php?id=25127

Mit der Wahl von Wolodymyr Selenskyj im Mai 2019 zum Präsidenten der Ukraine änderte sich nichts, obwohl er zuvor versprochen hatte, die grassierende Korruption und den Krieg im Donbass zu beenden. Er wurde schnell auf Linie gebracht, in die Machenschaften der Nationalisten und US-Strategen einbezogen und konnte dabei seine schauspielerische Begabung voll zum Einsatz bringen.

Der Bürgerkrieg um Donezk und Luhansk weitete sich aus und wurde immer wieder aufs Neue befeuert. An der Grenze der Volksrepubliken waren neben der von US-Militärs »beratenen« regulären ukrainischen Armee Freiwilligenbataillone, darunter das faschistische Asow-Regiment, und auch amerikanische »Berater« und Söldner im Einsatz. Alle Versuche, diesen Brandherd vor der Tür Russlands zu löschen, schlugen fehl. Die Kiewer Regierung hielt sich nicht an das Minsker Abkommen zur Beilegung des Konflikts, sondern forcierte den Bürgerkrieg noch mit Unterstützung der USA, in deren Belieben das Schicksal des Landes lag. Ein von den USA seit Jahren geplanter Stellvertreterkrieg mit Russland bahnte sich an.

Ruine des internationalen Flughafens in Donezk 2014

Die Ukraine als Provokateur und Mittel zum Zweck

Die Machthaber in Kiew haben den Krieg gegen ihre russischsprachigen Landsleute in der Ostukraine unmittelbar nach dem Putsch von 2014 im Einvernehmen mit den USA vom Zaun gebrochen. Sie haben gegen Russland gehetzt und aufgerüstet, das Nachbarland bedroht, und nachdem sich Russland wehrte, haben sie Geld und Waffen und noch schärfere Sanktionen gefordert, womit sie wesentlich zur Schwächung Deutschlands beitrugen. Durch die herbeigeführte Energiekrise gingen viele Unternehmen in Konkurs, wachsende Inflation und Arbeitslosigkeit führten zunehmend zu Verarmung weiter Kreise der Bevölkerung.

Die permanenten Zumutungen und Dreistigkeiten gegenüber Deutschland wurden von Politik und Medien widerspruchslos hingenommen und nicht als solche benannt. Beim Antrittsbesuch von Bundeskanzler Olaf Scholz am 7. Februar 2022 in Washington erlaubte sich US-Präsident Joseph Biden – unter Missachtung der Souveränität Deutschlands –, ein Ende von Nord Stream 2 zu bestimmen, falls Russland die Ukraine angreifen sollte.[153] Scholz schaute wortlos zu, auch noch als Biden auf die Frage, wie er das anstellen wolle, antwortete: *»I promise you, we'll be able to do it« – »Ich verspreche Ihnen, wir werden in der Lage sein, es zu tun.«*[154] Zu dieser Zeit bemühte sich Wladimir Putin noch, mit Biden über berechtigte Sicherheitsgarantien zu verhandeln, um den Krieg gegen die Ukraine zu vermeiden.

Jahrelang wurde um die für die langfristige Energieversorgung Deutschlands wichtige zweite Ostsee-Pipeline, gegen die die USA, die Ukraine und Polen Sturm liefen, gerungen und gescha-

---

153 Vgl. ZDF-heute, 8.2.2022; www.zdf.de/nachrichten/politik/ukraine-krise-scholz-biden-washington-100.html

154 Zit. wie YouTube, 7.2.2022; www.youtube.com/watch?v=jwnoKjgcHmA, ab 1:43 (12.9.2022)

chert. Die Ukraine und Polen wollten die Milliarden an Durchleitungsgebühren, die Deutschland zahlte, nicht verlieren, die USA wollten Russland schädigen und Deutschland mit teurem Frackinggas beliefern. Auch die Phalanx US-affiner deutscher Politiker polemisierte gegen Nord Stream 2, so der damalige Vorsitzende des Auswärtigen Ausschusses im Deutschen Bundestag, Norbert Röttgen (CDU), der Grünen-Europapolitiker Reinhard Bütikofer und der bayerische Europapolitiker Manfred Weber (CSU), der für das Amt des EU-Kommissionspräsidenten kandidiert hatte.

Der damalige US-Botschafter Richard Grenell, der ständig mit anmaßenden Äußerungen auffiel, drohte im Januar 2019 offen mit Sanktionen gegen die am Bau der Pipeline beteiligten Unternehmen und erklärte: *»Deutschland muss aufhören, die Bestie zu füttern, während es zugleich nicht genug für die Nato zahlt.«*[155] Doch Bundeskanzlerin Angela Merkel beharrte darauf, es handele sich um ein wirtschaftliches Projekt in deutschem Interesse, das nicht politisch-strategisch beurteilt werden sollte.[156] Dennoch wurde die Weiterarbeit in der Endphase aufgrund von Protesten der Ukraine und Interventionen der USA mehrmals unterbrochen, bis es schließlich 2020 zur Bereitstellung, aber nicht zur Inbetriebnahme kam.

Die USA hatten nämlich in letzter Minute den ultimativen Dreh zur Verhinderung der Pipeline gefunden: den Einmarsch Russlands in die Ukraine, den sie mithilfe der Selenskyj-Regierung provoziert haben. Und der deutschen Regierung blieb scheinbar nichts anderes übrig, als darauf einzugehen. Eine groteske Situation, denn die Röhren waren gefüllt, das Gas hätte

---

[155] Zit. wie Handelsblatt, 26.5.2020; www.handelsblatt.com/politik/international/ostseepipeline-abschiedsgruss-von-us-botschafter-grenell-neue-drohung-gegen-nord-stream-2/25861262.html?ticket=ST-3458578-anP3Fu7qlXICX4pTh9vr-ap2

[156] Vgl. Deutschlandfunk, 20.12.2915; www.deutschlandfunk.de/nord-stream-2-koalition-streitet-ueber-geplante-gasleitung-100.html

fließen können, und die überhöhten Gas- und Strompreise wären ebenso wie die Milliardenverluste der beteiligten Unternehmen vermieden worden.

Trotz der Notlage, in die deutsche Unternehmen und die Bevölkerung gerieten, wütete Außenministerin Annalena Baerbock in geradezu fanatischer Weise weiter gegen Russland und versprach der Ukraine Deutschlands bedingungslosen Beistand bis zum Sieg. Baerbock, Robert Habeck und Ursula von der Leyen fuhren nach Kiew, um die Regierung Selenskyj in ihrem Kriegsfuror zu bestärken. Milliarden über Milliarden, die der deutschen Bevölkerung verloren gingen, wurden gezahlt und ständig neue Waffen geliefert, mit denen der zerstörerische Krieg aufrechterhalten werden konnte: Panzerfäuste, Handgranaten, Panzerhaubitzen, Mehrfachraketenwerfer, Luftabwehrraketen, Flugabwehrkanonenpanzer, Ortungsgeräte usw.

Mitte September 2022 forderte Verteidigungsministerin Christine Lambrecht dauerhaft höhere Ausgaben für die Bundeswehr: *»Allein mit Bedächtigkeit, mit dem Rückgriff auf bewährte bundesrepublikanische Traditionen werden wir in Zukunft nicht mehr sicher leben können.«*[157] Deutschland müsse – auch in militärischen Fragen – eine Führungsrolle in Europa übernehmen und die USA, den bisherigen Sicherheitsgaranten für Europa, entlasten. Bundeskanzler Olaf Scholz erklärte, man habe *»sehr effiziente Waffen«* geliefert, die Ukraine müsse gegen Russland gewinnen.[158]

Wie verlogen und verbrecherisch das alles ist und wie es geplant wurde, beweist unter anderem eine Äußerung des Sekretärs des Nationalen Sicherheits- und Verteidigungsrates der Ukraine, Oleksiy Danilov. Im Juli 2022 gab er zu, dass die Behörden des Landes seit Dezember 2019 auf einen militärischen Konflikt mit

---

[157] Zit. wie ARD-Tagesschau, 12.9.2022; www.tagesschau.de/inland/lambrecht-ukraine-waffenlieferungen-101.html

[158] Vgl. ebd.

Russland abgezielt haben, nachdem Selenskyj auf dem Normandie-Gipfel in Paris alle Kompromissoptionen zur Lösung der Situation im Donbass abgelehnt hatte: *»Wir haben uns auf den Krieg vorbereitet, sehr kraftvoll vorbereitet. Und die Tatsache, dass wir heute bereits 180 Tage Krieg hinter uns haben und uns auf unserem Territorium befinden, dass wir es nicht aufgegeben haben, zeigt noch mal, dass wir uns auf den Krieg vorbereitet haben. Und zwar begannen unsere Vorbereitungen für den Krieg nach dem 8. und 9. Dezember 2019 ... Als unser Präsident Selenskyj in Paris den Bedingungen, die Russland, Frankreich und Deutschland uns am 8. und 9. Dezember 2019 angeboten haben, nicht zustimmte, sagte er, um es gelinde auszudrücken: ›Nein, Freunde, es wird kein Minsk-3 geben, wir werden für unser Land kämpfen‹, haben wir am nächsten Tag begonnen zu verstehen, dass ein großer Krieg mit Russland bevorstand.«*[159]

Der Krieg begann wie vorhergesehen, und er ging weiter und kostete inzwischen schon Zehntausende Menschenleben und Milliarden über Milliarden Euro. Ganze Landstriche wurden in Schutt und Asche gelegt, Millionen Menschen flüchteten, Millionen wurden traumatisiert. Europa verarmte, und die US-Wirtschaft erholte sich. Die deutsche Regierung nahm die Missachtung der deutschen Souveränität, die Dreistigkeiten und Zumutungen hin, und die Medien schwiegen dazu und machten weiter Stimmung gegen Russland. Die Hauptlast dieser verbrecherischen Politik trägt die deutsche Bevölkerung, die seit Langem schon indoktriniert und chaotisiert ist und in ihrer Mehrheit nicht merkt, wie sie betrogen wird.

Beim Antrittsbesuch von Olaf Scholz in Washington war etwas überdeutlich zutage getreten, was die USA seit 1945 mehr

[159] Zit. wie Das Gelbe Forum: Kiew beschloss 2019, Minsk II nicht umzusetzen und bereitete sich auf Krieg mit Russland vor; 14.10.2022; www.dasgelbeforum.net/index.php?mode=thread&id=621987 (20.10.2022). Vgl. auch: В Совбезе Украины заявили, что страна готовилась к военному конфликту с РФ с 2019 года; https://tass.ru/mezhdunarodnaya-panorama/15572271

oder weniger verdeckt praktizieren: ihre Vormundschaft über Deutschland. Während dies ebenso wie die ständigen Völkerrechtsbrüche der USA in Deutschland ein Tabu sind, wird es in anderen Ländern durchaus gesehen und ausgesprochen. Zum Beispiel sagte der britische Nobelpreisträger für Literatur, Harold Pinter (1930–2008), in seiner Rede am 13. Oktober 2005: *»Den Vereinigten Staaten liegt nichts mehr am low intensity conflict. Sie sehen keine weitere Notwendigkeit, sich Zurückhaltung aufzuerlegen oder gar auf Umwegen ans Ziel zu kommen. Sie legen ihre Karten ganz ungeniert auf den Tisch. Sie scheren sich einen Dreck um die Vereinten Nationen, das Völkerrecht oder kritischen Dissens, den sie als machtlos und irrelevant betrachten ... Ihre offiziell verlautbarte Politik definiert sich jetzt als ›full spectrum dominance‹.«*[160]

Das haben die USA bei der Unterwanderung und Übernahme der Ukraine in die Vasallenschaft gezeigt. Aber es wurde vernebelt, und korrumpierte oder naive Politiker, Journalisten und Wissenschaftler stellen es der indoktrinierten Bevölkerung immer noch als Verteidigung der Freiheit und westlicher Werte dar. Es dürfte nicht einfach sein, diese Lügenblase zum Platzen zu bringen.

Satire auf Twitter

[160] Zit. wie www.nobelprize.org/prizes/literature/2005/pinter/25626-harold-pinter-nobelvorlesung/

Selbstverteidigung Russlands?

Artikel 51 der Charta der Vereinten Nationen

Mit dem Umsturz in Kiew begann nach längeren Vorbereitungen durch die CIA, westliche Geheimdienste und Nichtregierungsorganisationen, die sich die zunächst friedliche Maidan-Bewegung westlich orientierter Ukrainer zunutze gemacht hatten, der neue kalte Krieg gegen Russland. Die USA ließen den schon überwunden geglaubten West-Ost-Konflikt zur Lösung ihrer innerstaatlichen Probleme und um die gigantische Aufrüstung und ihre Aggressionspolitik zu rechtfertigen, wieder aufleben. Das nächste Hauptziel ist – falls es nicht zum »großen Krieg« kommt, vor dem schon Michail Gorbatschow warnte[161] – der Regime Change in Moskau.

Der Einmarsch Russlands in die Ukraine im Februar 2022 hatte einen gewaltigen Aufschrei in der von den USA angeführten westlichen Welt bewirkt. Ignoriert wurde alles, was vorher geschehen ist. Wladimir Putin sei ein bösartiger Kriegstreiber, ein Verbrecher (wie Joseph Biden ihn nannte), der einen Nachbarstaat überfallen habe, er führe einen gnadenlosen, imperialistischen, völkerrechtswidrigen Angriffskrieg. Das war überall zu lesen und zu hören. Es wäre zu prüfen gewesen, ob das wirklich der Fall war. Aber schon die Frage zu stellen, zieht Schmähungen und Bedrohung nach sich.

---

[161] Vgl. Der Spiegel, 11.1.2015; www.spiegel.de/politik/ausland/gorbatschow-warnt-vor-grossem-krieg-in-europa-a-1012201.html

In der Charta der Vereinten Nationen heißt es in Artikel 51: *»Diese Charta beeinträchtigt im Falle eines bewaffneten Angriffs gegen ein Mitglied der Vereinten Nationen keineswegs das naturgegebene Recht zur individuellen oder kollektiven Selbstverteidigung, bis der Sicherheitsrat die zur Wahrung des Weltfriedens und der internationalen Sicherheit erforderlichen Maßnahmen getroffen hat. Maßnahmen, die ein Mitglied in Ausübung dieses Selbstverteidigungsrechts trifft, sind dem Sicherheitsrat sofort anzuzeigen; sie berühren in keiner Weise dessen auf dieser Charta beruhende Befugnis und Pflicht, jederzeit die Maßnahmen zu treffen, die er zur Wahrung oder Wiederherstellung des Weltfriedens und der internationalen Sicherheit für erforderlich hält.«*[162]

Der Artikel gewährt also im Falle eines bewaffneten Angriffs ein Recht zur Selbstverteidigung und zur Nothilfe (zur kollektiven Selbstverteidigung). Darauf berief sich Russland beim Einmarsch in die Ukraine, die aufgerüstet wurde, um gegen die Volksrepubliken Donezk und Luhansk sowie gegen die mittlerweile zur Russischen Föderation gehörende Krim militärisch vorzugehen.

Ab Mitte Februar 2022 kulminierte der Bürgerkrieg, und es fand ein massiver Angriff auf Donezk und Luhansk statt. Es drohte ein Genozid an der russischsprachigen Bevölkerung im Osten der Ukraine, wo bis Anfang 2021 bereits mehr als 13 000 Menschen getötet,[163] etwa eine Million in die Flucht getrieben und Städte und Dörfer zerstört worden waren. Demnach war Nothilfe nach Artikel 51 der UN-Charta aus der Sicht Russlands geboten. Allerdings hatte kein militärischer Angriff auf dem Territorium Russlands stattgefunden, Selbstverteidigung traf also nicht zu. Dabei ist aber zu berücksichtigen, dass die Ukraine von den USA mit modernsten Waffen ausgerüstet worden war und

---

162 https://unric.org/de/charta/

163 Vgl. ARD-Tagesschau, 14.4.2021; www.tagesschau.de/ausland/europa/krieg-ukraine-101.html

dass Selenskyj zudem damit gedroht hatte, sich Atomwaffen zu beschaffen.[164] Außerdem hatten die USA Russlands berechtigte Forderung nach Sicherheitsgarantien abgelehnt. Die Frage, auf die letztlich alles hinausläuft, ist, ob ein Land einer unmittelbar drohenden Gefahr militärisch begegnen darf, obwohl es noch nicht militärisch angegriffen wurde. Vereinfacht ausgedrückt: Darf jemand mit Gewalt gegen einen Verbrecher vorgehen, der an seiner Tür rüttelt? Die Kiewer Regierung ging ja in unmenschlicher Weise mit Artillerie und Panzern gegen die Zivilbevölkerung in den Volksrepubliken Donezk und Luhansk vor und brachte Tausende Menschen um. Das erfüllt den Tatbestand des Völkermords (Genozid) nach Paragraf 6 des Völkerstrafgesetzbuches: *»Wer in der Absicht, eine nationale, rassische, religiöse oder ethnische Gruppe als solche ganz oder teilweise zu zerstören, ein Mitglied der Gruppe tötet, einem Mitglied der Gruppe schwere körperliche oder seelische Schäden, insbesondere der in § 226 des Strafgesetzbuches bezeichneten Art, zufügt, die Gruppe unter Lebensbedingungen stellt, die geeignet sind, ihre körperliche Zerstörung ganz oder teilweise herbeizuführen ... wird mit lebenslanger Freiheitsstrafe bestraft.«*[165]

Demnach könnte sich Russland bei seiner humanitären Intervention auch auf seine Schutzverantwortung (Responsibility to Protect, kurz RtoP) [166] für die russischsprachige Bevölkerung in der Ostukraine berufen, ein völkerrechtlich allgemein anerkanntes Gebot zur Verhinderung schwerer Menschenrechtsverletzungen.[167] Die ukrainische Armee sowie Freiwilligenverbände und faschistische Truppen haben die Menschen in Donezk und

[164] Vgl. Berliner Zeitung, 21.2.2022; www.berliner-zeitung.de/welt-nationen/selenskyj-sagt-zwischen-den-zeilen-allen-anderen-f-you-li.212916

[165] Völkerstrafgesetzbuch in der Fassung vom 26.6.2022; www.gesetze-im-internet.de/vstgb/VStGB.pdf

[166] Dazu: Andreas von Arnauld: Völkerrecht. Heidelberg 2016, S. 134

[167] RtoP ist allerdings eine problematische Doktrin, die ursprünglich von den USA und der NATO ins Völkerrecht eingebracht wurde, um den Angriffskrieg gegen Jugoslawien zu rechtfertigen.

Luhansk jahrelang beschossen und bombardiert, ohne dass der UN-Sicherheitsrat einschritt. Da im Februar 2022 ein Großangriff erfolgte, sah sich Russland veranlasst, zum Schutz der ostukrainischen Bevölkerung militärisch einzugreifen und unter Berufung auf Artikel 51 der UN-Charta den angegriffenen Volksrepubliken Nothilfe zu leisten.

Beim Einmarsch in die Ukraine hatte die russische Regierung den UN-Sicherheitsrat informiert, wie es Artikel 51 der Charta verlangt. Wladimir Putin hatte sich zu den Gründen seines Vorgehens in einer Rede an die Nation gewandt und diese Rede zusammen mit der Anzeige über den Militäreinsatz an die Vereinten Nationen gegeben. Doch die UN-Vollversammlung missbilligte den Einmarsch am 2. März 2022 aufs Schärfste und beschloss mit fünf Gegenstimmen (Belarus, Eritrea, Nord-Korea, Russland, Syrien), dass Russland seine Kampfhandlungen beenden und sich aus der Ukraine zurückziehen müsse.[168]

Es kann davon ausgegangen werden, dass auf der UN-Vollversammlung, auf der regelmäßig die USA und ihre Vasallen dominieren, nicht sämtliche Fakten und die Entwicklung in der Ukraine berücksichtigt wurden. Außerdem ist es den Vereinten Nationen selbst nicht gelungen, ihre Charta gegen NATO-Staaten durchzusetzen, die mehrfach eklatant dagegen verstoßen haben. Dazu nahm Wladimir Putin im September 2022 Stellung.

Wladimir Putin am 7. September 2022 auf einer Plenartagung des Östlichen Wirtschaftsforums in Wladiwostok

»Heute sagen viele, Russland verstoße gegen das Völkerrecht. Ich glaube, dass dies in keiner Weise der Realität entspricht.

[168] Vgl. Resolution ES-11/1 der UN-Generalversammlung, 18.3.2022; www.un.org/depts/german/gv-notsondert/a-es11-1.pdf

Wer hat den Krieg im Irak ohne Erlaubnis der Vereinten Nationen begonnen? Wer hat Jugoslawien unter fadenscheinigen Vorwänden zerstört? Wer war das? Wer hat mit der Bombardierung von Belgrad einen Krieg im Zentrum Europas entfesselt? Niemand wollte sich damals an die Grundsätze des Völkerrechts erinnern.
Ich werde eine einfache, auf das Völkerrecht bezogene Argumentation vortragen, um die Gültigkeit unserer Handlungen zu beweisen:
Die UN-Charta enthält eine Bestimmung über das Recht der Nationen auf Selbstbestimmung. Während der Kosovo-Krise entschied der Internationale Gerichtshof, dass, wenn ein Teil eines Territoriums – ein Teil eines Landes – die Unabhängigkeit erklärt, es die Zentralregierung dieses Landes nicht um Erlaubnis fragen muss. Dies war der Fall mit dem Kosovo.
Ist die Situation mit der Republik Donezk und der Republik Luhansk nicht das Gleiche? Es ist das Gleiche. Da sie dieses Recht haben – und sie haben es gemäß der UN-Charta und dem Recht auf Selbstbestimmung – haben sie davon Gebrauch gemacht und ihre Unabhängigkeit erklärt. Haben sie dieses Recht nach internationalem Recht und der UN-Charta? Das haben sie, und dieses Recht wird durch das entsprechende Urteil des UN-Gerichtshofs in Bezug auf den Kosovo bestätigt. Es ist ein Präzedenzfall.
Wenn sie dieses Recht haben, das sie anwandten, haben wir oder irgendein anderes Land dann das Recht sie anzuerkennen? Wir haben es. Also haben wir sie anerkannt. Wenn wir sie anerkennen, können wir mit ihnen einen internationalen Vertrag über Freundschaft, Zusammenarbeit und gegenseitigen Beistand abschließen? Natürlich können wir das. Und wir haben es getan. Dieser Vertrag wurde vom Parlament der Russischen Föderation und ihren jeweiligen Parlamen-

ten ratifiziert, und Russland hat darin bestimmte Verpflichtungen, wie zum Beispiel ihnen Hilfe, auch im Falle einer Aggression, zukommen zu lassen.
In diesem Fall kam die Aggression vom Kiewer Regime, das eigentlich illegitim ist, weil es auf einem Putsch beruht, der heute die ultimative Quelle der Macht in der Ukraine darstellt.
Das ist es, was wir machen. Ist das mit der UN-Charta vereinbar? Es ist. Es gibt Artikel 51 der UN-Charta, der Verteidigung und Selbstverteidigung abdeckt. Als Vertragspartei dieses Vertrags und in Übereinstimmung mit dieser Klausel und diesem Artikel der UN-Charta sind wir verpflichtet, unseren Verbündeten Hilfe zu leisten. Das tun wir.
Hier ist eine einfache Argumentation, die vollständig mit dem Völkerrecht übereinstimmt. Das ist alles, was dazu gehört. War die Situation beispielsweise im Irak dieselbe? Sie bombardierten dieses Land und zerschmetterten es. Dasselbe geschah in Libyen, das ebenfalls zertrümmert wurde. Wo blieb da das Völkerrecht? Es war dort nirgendwo zu sehen. Jeder, der solches tat, ist sich voll und ganz bewusst, dass dies nicht mit internationalem Recht vereinbar ist. Deshalb sprechen sie immer wieder von einigen weit hergeholten Regeln. Welche Regeln? Was haben sie sich ausgedacht? Von wo haben sie diese Regeln hervorgeholt? Sollen Sie doch selbst nach diesen Regeln leben.«[169]

---

[169] Zit. wie Unser Mitteleuropa, 9.9.2022; https://unser-mitteleuropa.com/putin-mit-rede-und-antwort-am-eastern-economic-forum-in-wladiwostok/

Irreversible Veränderungen der internationalen Beziehungen

Putin ging in Wladiwostok auch auf die Situation in der Weltwirtschaft ein, im Einzelnen auf die Rohstoff- und Energiekrise des Westens sowie die wachsende Inflation und den Verlust des Vertrauens in das Finanzsystem. Er verurteilte *»das Sanktionsfieber des Westens und seine unverhohlenen und aggressiven Versuche, anderen Ländern Verhalten aufzuzwingen, sie ihrer Souveränität zu berauben und sie ihrem Willen unterzuordnen«*. Diese Politik, deren Urheber die USA seien, hätten zu irreversiblen *»tektonischen Veränderungen im gesamten System der internationalen Beziehungen«* geführt und eine *»Trennung der westlichen Eliten von den Interessen ihrer eigenen Bürger«* bewirkt. Aber die Rolle dynamischer, vielversprechender Staaten und Regionen der Welt, vor allem des asiatisch-pazifischen Raums, habe deutlich zugenommen. *»Seine Länder wurden zu neuen Zentren des wirtschaftlichen und technologischen Wachstums, zu Anziehungspunkten für Personal, Kapital und Produktion.«* Dennoch bemühten sich die westlichen Länder, so Putin, *»die alte Weltordnung zu bewahren, die nur für sie von Vorteil ist, um alle zu zwingen, nach den berüchtigten ›Regeln‹ zu leben, die sie selbst erfunden haben, selbst und regelmäßig verletzen und sich je nach aktueller Situation ständig für sich selbst ändern«.*[170]

Die Kommentatoren der deutschen Medien hielten es nicht für nötig, sich auf die Inhalte der Rede einzulassen. Die Schlagzeilen lauteten etwa »Ungebrochener Größenwahn«, »Putins wirres Gerede«, »Putins Lügen im Ukraine-Krieg«, »Putins Parallelwelt«, »Putin teilt gegen den Westen aus«, »Märchenstunde für sein krudes Weltbild«, »Putins Propagandashow«.

Zu betonen ist, dass es nicht darum gehen kann, das russische Vorgehen in der Ukraine zu befürworten – Krieg ist immer

---

[170] Ebd.

schrecklich. Vielmehr ist festzustellen, dass das Friedensgebot der UN-Charta allgemeine Gültigkeit beansprucht, in den vergangenen Jahren jedoch des Öfteren verletzt wurde, insbesondere von den USA, die schon lange das Recht verwirkt haben, sich auf Menschenrechte und die Verteidigung demokratischer Freiheiten zu berufen. Sie haben in Afghanistan eine westlich orientierte sozialistische Regierung mithilfe der Mudschaheddin gestürzt, die Zerstörung Libyens und des Irak zu verantworten, den Iran völkerrechtswidrig sanktioniert, und sie zündeln überall in der Welt, wo sie sich einen strategischen oder wirtschaftlichen Vorteil versprechen.

Russland vorzuwerfen, es führe einen mörderischen Angriffskrieg, ist an Heuchelei nicht zu überbieten. Das Land wird seit Jahren mit Raketen, Panzern und Artillerie umstellt, der Bürgerkrieg im Donbass wurde ständig angeheizt, die Kiewer Regierung hetzte und provozierte ohne Unterlass. Aber nach den Verlautbarungen in Politik und Medien hat der Krieg in der Ukraine ohne Vorgeschichte erst am 24. Februar 2022 begonnen. Zu dieser verlogenen Berichterstattung sagte der bekannte australische Journalist und Dokumentarfilmer John Pilger[171]: *»Die Nachrichten über den Krieg in der Ukraine sind meist keine Nachrichten, sondern eine einseitige Litanei aus Hurrapatriotismus, Verzerrung und Auslassung. Ich habe schon über eine Reihe von Kriegen berichtet und noch nie eine so pauschale Propaganda erlebt.«* Und er fuhr fort: *»Im Februar marschierte Russland in die Ukraine ein und reagierte damit auf fast acht Jahre des Tötens und der kriminellen Zerstörung in der russischsprachigen Region Donbass an ihrer Grenze.«*[172]

---

[171] John Pilger, der etwa 60 Filme gedreht hat, wurde mehrmals als Reporter, Journalist und Dokumentarfilmer ausgezeichnet, er erhielt den Emmy Award, den Preis der Royal Television Society und zweimal die höchste britische Auszeichnung für Journalismus.

[172] Zit. wie Sicht vom Hochblauen, 8.5.2022; http://sicht-vom-hochblauen.de/die-laemmer-zum-schweigen-bringen-wie-propaganda-funktioniert-von-john-pilger/

Ukrainisches Militär beschießt eine Schule in Donezk

Die Bundestagsabgeordnete Sevim Dagdelen (Die Linke) ist der Ansicht, es gehe der NATO nicht *»um irgendeine Art von Verständigung und Frieden zwischen der Ukraine und Russland. Es geht darum, einen Verständigungsfrieden zu torpedieren. Der Krieg in der Ukraine soll als Abnutzungskrieg Russland in die Knie zwingen.«* Der Versuch, Russland mit einem globalen Wirtschaftskrieg und einem Stellvertreterkrieg in der Ukraine zu schlagen und zu ruinieren, ziele nicht nur auf Russland selbst, sondern in letzter Instanz auf den neuen Hauptfeind China: *»Ist Russland einmal aus der Allianz mit China herausgebrochen, wird sich Beijing kaum mehr im Indopazifik behaupten können, so das Machtkalkül der NATO. Zudem soll China durch eine Allianzbildung der NATO mit asiatischen Staaten bekämpft werden. Dabei setzt die Militärallianz insbesondere auf die ›AP4‹ – die ›Asia-Pacific Four‹ (Australien, Japan, Südkorea und Neuseeland) –, um sie gegen Peking in Stellung zu bringen.«* Das Ziel sei nicht *»die direkte Inkorporierung in die NATO«*. Vielmehr gehe es um enge Militärabkommen mit den »AP4«, damit diese Staaten *»ertüchtigt werden, den Konflikt mit China stellver-*

tretend für die USA und die europäischen NATO-Mitglieder zu führen«.[173]

Insbesondere im Fall von Japan zeichne sich aber bereits ab, *»dass die Kombination aus exorbitant steigenden Militärausgaben – seit 2015 um über 25 Prozent auf 54 Milliarden US-Dollar im Jahr 2021 und einer Ankündigung, sie in den nächsten fünf Jahren auf mehr als 100 Milliarden Dollar nahezu verdoppeln zu wollen – einer Beteiligung am Wirtschaftskrieg gegen Russland wie auch ersten Sanktionen gegen China geeignet ist, die japanische Wirtschaft zu zerstören.«* So ziehe der Weltwirtschaftskrieg wie der Stellvertreterkrieg gegen Russland unmittelbar gar nicht beteiligte Länder mit in den Abgrund.[174]

Der ehemalige Parlamentarische Staatssekretär im Verteidigungsministerium und Vizepräsident der Parlamentarischen Versammlung der OSZE, Willy Wimmer, schrieb zu diesem Aspekt: *»Die bisherige Entwicklung lässt es zu, die unterschiedlichen Ebenen im Zusammenhang mit dem Krieg in der Ukraine festzustellen. Die gegen Russland und China übergriffige amerikanische Politik kollidiert im Fall Russland mit dem politischen Ansatz auf gleichberechtigte Position als souveräner Staat in der globalen Bedeutung und das im Verbund mit anderen aufstrebenden Mächten, die sich keinesfalls einer Weltordnung nach amerikanischem Diktat unterwerfen wollen. Das Geschehen in der Ukraine und die Auswirkungen auf Russland dürften entscheidende Auswirkungen auf die Frage haben, ob künftig die Charta der Vereinten Nationen oder US-Sonderrecht die Welt bestimmen.«*[175]

Zu erkennen ist, dass die Hybris der USA, das Weltgeschehen in ihrem Sinne zu regeln, auf immer mehr Abwehr stößt und die

---

[173] Zit. wie Junge Welt, 6.10.2022: »Permanente Auseinandersetzung«; www.jungewelt.de/artikel/436087.im-kriegswahn-permanente-auseinandersetzung
[174] Ebd.
[175] World Economy, 9.10.2022: www.world-economy.eu/nachrichten/detail/marco-polo-arnheim-remagen-kertsch-bruecken-und-ihre-bedeutung/

Vorstellung des Westens, Russland könne von ihm ruiniert werden, sich zunehmend als Selbsttäuschung entlarvt. Zu verzeichnen ist eine Verschiebung der »Geotektonik« auch dadurch, dass sich die Vereinigten Arabischen Emirate, also die Erdöl-Länder am Golf, dem Erdöl exportierenden Russland annähern,[176] was eine Abkehr von der »geschäftsschädigenden« Politik der USA und Westeuropa mit weitreichenden Folgen bedeutet. Europa und insbesondere das Exportland Deutschland werden sich umorientieren müssen, wenn sie nicht der Bedeutungslosigkeit anheimfallen wollen.

[176] Vgl. ZDF-heute-journal, 11.10.2022; www.zdf.de/nachrichten/heute-journal/heute-journal-vom-11-oktober-2022-100.html

Eskalation

Am 19. September 2022 rief der russische Präsident eine Teilmobilmachung aus. Es war die Reaktion auf die mit westlichen Waffenlieferungen erreichten Erfolge der ukrainischen Armee bei der Rückeroberung von Gebieten östlich von Charkiv, was bei deutschen Politikern und Medien regelrechte Beifallsorgien ausgelöst hatte. Der russische Verteidigungsminister Sergei Schoigu erklärte, es würden von den zur Verfügung stehenden 25 Millionen Reservisten etwa 300 000 eingezogen, darunter weder Studenten noch Wehrpflichtige.[177]

Putin, Biden, Scholz und Lawrow

Um der Kritik im eigenen Land zu begegnen und seine Handlungen zu erklären, hielt Wladimir Putin am 21. September 2022 zur angespannten Situation eine bedeutungsschwere Rede. Der westlichen Allianz warf er vor, sie habe das Ziel, Russland *»zu schwächen, zu spalten und letztlich zu zerstören«*. Direkt ausgesprochen worden sei, *»dass es ihnen 1991 gelungen sei, die Sowjetunion zu spalten, und dass es nun an der Zeit sei, dass Russland selbst in eine Vielzahl von Regionen und Gebieten zerfällt, die tödlich miteinander verfeindet sind«*.

Putin fuhr fort mit Vorwürfen zur westlichen Aggressionspolitik: *»Sie haben die totale Russophobie zu ihrer Waffe gemacht und*

---

[177] Vgl. ARD-Tagesschau, 21.9.2022; www.tagesschau.de/ausland/europa/putin-teilmobilmachung-101.html

jahrzehntelang gezielt den Hass auf Russland geschürt, vor allem in der Ukraine, für die sie das Schicksal eines antirussischen Brückenkopfes vorgesehen haben. Und sie haben das ukrainische Volk zu Kanonenfutter gemacht und es in den Krieg mit unserem Land getrieben.« Mit seiner *»aggressiven antirussischen Politik«* habe der Westen alle Grenzen überschritten. Ständig seien Drohungen *»gegen unser Land, unser Volk«* zu hören, einige unverantwortliche Politiker im Westen redeten über Pläne zur Lieferung von Langstrecken-Offensivwaffen an die Ukraine; es seien Systeme, die Angriffe auf die Krim und andere Regionen Russlands ermöglichen würden. In Washington, London und Brüssel dränge man Kiew dazu, militärische Operationen auf russisches Gebiet zu verlegen. Man verstecke sich nicht länger und spreche davon, *»dass Russland mit allen Mitteln auf dem Schlachtfeld besiegt werden muss«*. Dem solle *»die Aberkennung politischer, wirtschaftlicher, kultureller und überhaupt jeglicher Art von Souveränität und die vollständige Ausplünderung unseres Landes«* folgen.

Jetzt habe auch eine atomare Erpressung begonnen, so Putin weiter. Er spreche *»nicht nur von dem vom Westen geförderten Beschuss des Atomkraftwerks Saporischschja, durch den eine nukleare Katastrophe droht, sondern auch von den Äußerungen einiger hochrangiger Vertreter führender Nato-Länder, ob es möglich und zulässig ist, Massenvernichtungswaffen – Atomwaffen – gegen Russland einzusetzen«*.

Die westlichen Bellizisten sprach Putin hinsichtlich des Einsatzes von Atomwaffen gegen Russland ganz direkt an: *»Diejenigen, die sich solche Äußerungen gegenüber Russland erlauben, möchte ich daran erinnern, dass auch unser Land über verschiedene Zerstörungsmittel verfügt, von denen einige Komponenten fortschrittlicher sind als die der Nato-Länder. Wenn die territoriale Integrität unseres Landes bedroht ist, werden wir natürlich alle uns zur Verfügung stehenden Mittel einsetzen, um Russland und unser Volk zu verteidigen. Dies ist kein Bluff.«*

Über die Kiewer Regierung und den Einmarsch in die Ukraine sagte Putin: »*Nachdem das derzeitige Kiewer Regime tatsächlich öffentlich auf eine friedliche Lösung des Problems des Donbass verzichtet und darüber hinaus seine Ansprüche auf Atomwaffen erklärt hatte, wurde absolut klar, dass eine neue, noch größere Offensive im Donbass zu erwarten war. Und dann, genauso erwartbar, würde es einen Angriff auf die russische Krim geben – auf Russland. In dieser Hinsicht war die Entscheidung über eine präventive militärische Operation absolut notwendig und die einzig mögliche.*«[178]

Als Antwort beschlossen die USA und die EU ein achtes Sanktionspaket. Wolodymyr Selenskyj forderte eine »Bestrafung« Russlands, Annalena Baerbock rief die internationale Staatengemeinschaft zu »entschlossenem Handeln« auf, und Joseph Biden bezichtigte Russland, die Ukraine mit seinem »schamlosen« Verstoß gegen die UN-Charta vernichten zu wollen: »*In diesem Krieg geht es schlicht und einfach darum, das Existenzrecht der Ukraine als Staat auszulöschen.*«[179]

In theatralischer Weise appellierte Biden am 21. September 2022 vor der UN-Vollversammlung an die Weltgemeinschaft: »*Wer auch immer Sie sind, wo auch immer Sie leben, was auch immer Sie glauben, das sollte Ihnen das Blut in den Adern gefrieren lassen.*« Für Kriegsverbrechen in der Ukraine müsse Moskau zur Rechenschaft gezogen werden, forderte Biden, es habe noch mehr »entsetzliche Beweise« dafür gegeben. Von Russland sowie von Nordkorea und anderen Ländern geäußerte »nukleare Drohungen« verurteilte er scharf: »*Ein Atomkrieg kann nicht gewonnen werden und darf niemals geführt werden.*« Als seien die USA, die gerade ihr Atomarsenal erneuert haben, ein Vorbild für Friedfertigkeit.

---

[178] Zit. wie ARD-Tagesschau, 21.9..2022; www.tagesschau.de/ausland/europa/rede-putin-101.html

[179] Zit. wie YouTube, 21.9.2022: Joe Biden: Putins Teilmobilmachung? So reagiert der US-Präsident vor der UN in New York; www.youtube.com/watch?v=Nmf-QLmUvhI (5.10.2022)

Da konnte Bundeskanzler Olaf Scholz nicht zurückstehen. Er nahm die Gelegenheit wahr, die deutsche Bewerbung um einen Sitz im UN-Sicherheitsrat zu erneuern. Russland warf er zum soundsovielten Mal *»blanken Imperialismus«* vor: *»Putin wird seinen Krieg und seine imperialen Ambitionen nur aufgeben, wenn er erkennt: Er kann diesen Krieg nicht gewinnen ... Er zerstört dadurch nicht nur die Ukraine, er ruiniert auch sein eigenes Land.«* Man werde keinen russischen »Diktatfrieden« akzeptieren und auch keine »Scheinreferenden« in den »Separatistengebieten«. Scholz sagte der Ukraine zu, sie weiter zu unterstützen *»mit aller Kraft: finanziell, wirtschaftlich, humanitär und auch mit Waffen«.*[180]

Trotz der gegen Russland aufgebauten aggressiven Stimmung legte Außenminister Sergei Lawrow unmissverständlich den Standpunkt Russlands dar: *»Wir haben keinen Zweifel daran, dass sich die Ukraine endgültig in einen totalitären Nazi-Staat verwandelt hat, in dem die Normen des humanitären Völkerrechts ungestraft missachtet werden. Kein Wunder, dass die ukrainischen Streitkräfte und nationalistischen Bataillone terroristische Taktiken anwenden und Zivilisten als menschliche Schutzschilde benutzen. Vor diesem Hintergrund ist die Haltung derjenigen Staaten, die die Ukraine mit Waffen und militärischer Ausrüstung vollpumpen und die ukrainischen Streitkräfte ausbilden, besonders zynisch. Das Ziel liegt auf der Hand (sie verbergen es nicht, sondern geben es bekannt): die Feindseligkeiten so lange wie möglich hinauszuzögern, trotz der Verluste und Zerstörungen, um Russland zu schwächen und auszuzehren.«*

Lawrow machte deutlich, wie nüchtern die russische Regierung die Kämpfe in der Ostukraine beurteilt: *»Wir machen uns keine Illusionen darüber, dass die russischen Streitkräfte und die DVR- und LVR-Milizen heute nicht nur mit den neonazistischen Formationen des Kiewer Regimes konfrontiert sind, sondern auch*

---

[180] Zit. wie ARD-Tagesschau, 21.9.2922; www.tagesschau.de/ausland/amerika/scholz-rede-un-101.html

mit dem militärischen Apparat des ›kollektiven‹ Westens. Mithilfe von modernen Systemen, Flugzeugen, Schiffen, Satelliten und strategischen Drohnen versorgt die NATO die Streitkräfte in Echtzeit mit nachrichtendienstlichen Erkenntnissen, und sie werden dazu angestachelt, dass Russland auf dem Schlachtfeld besiegt (wie EU-Beamte ausdrücklich erklären) und zur Strafe jeglicher Souveränität beraubt werden muss.«

Der Ukraine warf Lawrow den massiven Beschuss von Siedlungen im Donbass vor, wobei verbotene Waffen wie Lepestok-Antipersonenminen eingesetzt würden. Dass die Kiewer Regierung straffrei bleibe, verdanke sie Deutschland, Frankreich und den USA. Deutschland bezeichnete Lawrow als einen »Kurator« Kiews und warf der Bundesregierung Zynismus vor. Anstatt die Umsetzung der Minsker Vereinbarungen zu fordern, habe sie *»die Augen vor den offenen Drohungen Kiews verschlossen, das ›Donbass-Problem‹ mit Gewalt zu lösen«.*[181]

Zum deutschen Ukraine-Engagement sagte der ehemalige Offizier für Aufklärung der US-Marineinfanterie und UN-Waffeninspekteur, Scott Ritter, in einem Interview mit RT DE Wegweisendes: *»Die Bundesregierung sollte aufhören, sich um die Ukraine zu sorgen, sondern sich besser fragen, ob ihr eigenes Land überlebt. Ich halte es für kriminell, was die NATO tut, indem sie die Ukraine mit diesen modernen Waffen ausstattet. Und das nicht, weil ich glaube, dass der Ukraine die Möglichkeit der Selbstverteidigung verwehrt werden sollte, sondern weil die NATO diesen Kampf begonnen hat. Es war die NATO-Erweiterung, die der Grund dafür ist, dass die Ukraine heute in dieser Lage ist. Und es ist Heuchelei höchsten Grades, den Kampf zu entfachen und dann in dem Wissen, dass die Ukraine Russland nicht besiegen kann, ihr weiterhin falsche Hoffnungen zu machen … Und wenn ich ein deutscher Politiker wäre, würde ich mir – anstatt mir Sorgen darüber zu machen, ob die*

[181] Die komplette Rede ist im Anhang abgedruckt.

ukrainische Armee gegen Russland erfolgreich sein kann – Gedanken über mein eigenes politisches Überleben machen.«[182]

Zum Recht auf Selbstbestimmung der Ostukrainer

Ende September 2022 fanden in Donezk, Luhansk, Cherson und Saporischschja Referenden über den Beitritt der Gebiete zur Russischen Föderation statt. Dort starben jeden Tag Zivilisten. Aber die Politiker und Medien unterschlugen dem deutschen Publikum die Wahrheit über die Ursachen dessen, was dort geschah. Es seien Scheinreferenden, war zu hören und zu lesen, eine Farce, Annexion, Landraub, und das Ergebnis stehe schon vorher fest.[183]

In der Tat entschied sich eine große Mehrheit für den Anschluss an Russland. Doch das lag nicht an Zwang oder Wahlfälschung, sondern an dem menschenverachtenden, brutalen Verhalten der Kiewer Regierung gegenüber der Bevölkerung in den abtrünnigen Gebieten. Diese unterdrückten Menschen haben von ihrem Recht Gebrauch gemacht, über ihr Schicksal selber zu bestimmen. Vor Ort waren westliche Wahlbeobachter, die bezeugten, dass die Wahlen überwiegend korrekt verlaufen sind.[184]

Am 30. September 2022 unterzeichnete Wladimir Putin die Verträge über den Beitritt der Gebiete zur Russischen Föderation, am 4. Oktober stimmte der Föderationsrat zu, und Putin unterzeichnete das entsprechende Gesetz. Das hatte gravierende Auswirkungen, denn es bedeutet, dass Angriffe auf diese Gebiete

---

182 Zit. wie RT DE, 19.9.2022; Scott Ritter: Die Bundesregierung sollte sich besser fragen, ob ihr eigenes Land überlebt; https://pressefreiheit.rtde.tech/kurzclips/video/149300-scott-ritter-bundesregierung/ (20.9.2022)

183 Vgl. FAZ net, 23.9.2022; www.faz.net/aktuell/politik/ausland/scheinreferenden-in-der-ukraine-putins-landraub-18338852.html

184 Vgl. YouTube, 27.9.2022; www.youtube.com/watch?v=6xfBXHgAEhs (30.11.2022)

künftig als Angriff auf Russland gewertet werden können und dass gegebenenfalls auch atomar geantwortet werden kann.

Zur Unterzeichnung der Abkommen hielt Putin in Moskau eine Rede, in der er das Kiewer Regime dazu aufrief, *»mit dem Krieg aufzuhören, den es 2014 entfesselt hat«*, und an den Verhandlungstisch zurückzukehren. Die russische Regierung sei dazu bereit, wie bereits mehrmals gesagt worden sei. Aber die Entscheidungen über die Gebiete, die Russland beigetreten sind, stünden nicht zur Disposition, diese Wahl sei getroffen, und Kiew sollte *»diese freie Willensäußerung der Menschen respektieren«*. Das entspreche dem Recht auf Selbstbestimmung nach Artikel 1 der Charta der Vereinten Nationen, und nur so könne es einen Weg zum Frieden geben. Putin betonte erneut: *»Wir werden unser Land mit allen uns zur Verfügung stehenden Mitteln verteidigen.«* Er ging in die Vergangenheit zurück: *»Es ist bekannt, dass man mehrmals Interventionen nach Russland plante. Dazu versuchte man, die Wirren zu Beginn des 17. Jahrhunderts und die Zeit der Umbrüche nach 1917 zu nutzen. Am Ende des 20. Jahrhunderts schaffte es der Westen doch, sich den Zugang zu Russlands Reichtum zu verschaffen. Damals nannte man uns mal Freunde, mal Partner. In Wirklichkeit aber sah man uns als nichts anderes als Kolonie an. Aus unserem Land wurden Billionen US-Dollar abgezapft und das unter Zuhilfenahme verschiedener Tricks. Wir wissen das noch und haben nichts vergessen.«*

Auf die Zeit nach 1945 eingehend, sagte Putin: *»Dank des Profits aus dem Zweiten Weltkrieg konnten die USA endgültig die Folgewirkungen der Depression überwinden, zur weltweit größten Volkswirtschaft aufsteigen, der ganzen Welt die Macht des Dollars als der globalen Reservewährung aufzwingen. Die daraus resultierende Krise der 80er-Jahre des vergangenen Jahrhunderts – damals gab es auch eine Zuspitzung – wurde vom Westen in vielerlei Hinsicht dadurch überwunden, dass man sich das Erbe und die Ressourcen der damals im Zerfall befindlichen und letztendlich zerfallenen Sowjetunion aneignete.«*

Nach dem Zerfall der Sowjetunion habe der Westen beschlossen, *»dass die Welt und wir alle uns mit seinem Diktat für immer abfinden müssen. Damals, 1991, rechnete der Westen damit, dass Russland sich von diesen Erschütterungen nicht mehr erholen und von alleine zerfallen würde. Das wäre beinahe geschehen. Wir erinnern uns immer noch an die 90er-Jahre, die schreckliche Zeit des Hungers, der Kälte und der Hoffnungslosigkeit.«* Aber Russland habe überlebt, Russland sei *»auferstanden, stärker geworden«* und habe *»erneut einen gebührenden Platz auf der Weltbühne eingenommen«*.

Inzwischen suche der Westen immer wieder nach neuen Chancen, *»Russland einen Schlag zu versetzen, Russland zu schwächen und zu zerstückeln«*. Es laufe darauf hinaus, *»dass alle Staaten ihre eigene Souveränität an die USA abgeben«*. Regierungsspitzen einiger Länder machten das auch freiwillig und würden freiwillig zu Vasallen. Andere ließen sich kaufen oder einschüchtern. *»Wenn es nicht klappt, werden ganze Staaten zerstört. Daraus folgen humanitäre Katastrophen, Leid und Ruin, Millionen zerstörter Biografien, Opfer, terroristische Enklaven, Gebiete sozialen Elends, Protektorate, Kolonien und Halbkolonien. Es ist ihnen egal. Hauptsache, man schlägt daraus Profit ... Sie wollen keine Freiheit für uns. Sie wollen uns als Kolonie. Sie wollen keine gleichberechtigte Zusammenarbeit, sondern uns ausplündern.«*

Das seien die Grundsätze, auf denen die militärischen Doktrinen der USA und der NATO aufbauten. Sie verlangten nicht mehr und nicht weniger als totale Dominanz. Washington verhänge immer neue Sanktionen gegen Russland, und die meisten europäischen Politiker stimmten dem gehorsam zu. *»Denen muss jedoch klar sein, dass die USA, während sie auf einen kompletten Verzicht der EU auf russische Energieträger und sonstige Ressourcen drängen, faktisch auf eine Deindustrialisierung von Europa hinarbeiten und den europäischen Markt unter ihre Herrschaft bringen wollen.«* Die europäischen Eliten verstünden das alles, zögen es jedoch vor, sich in den Dienst fremder Interessen zu stellen. Dabei gehe es nicht mehr um Servilität, das sei ein Verrat am eigenen Volk. *»Wir hören immer wieder von überall: ›Der Westen setzt sich für die regelbasierte Weltordnung ein‹. Wo kommen diese Regeln her? Wer hat sie vereinbart? Das ist absolut irrsinnig, Betrug und doppelte, ja dreifache Moral! Nur für Dummköpfe gedacht.«*

Immer wieder schlug Putin auch patriotische Töne an: *»Russland ist eine große Macht, ein Land, das seit tausend Jahren besteht und eine eigene Zivilisation aufgebaut hat. Russland wird diesen verlogenen und gefälschten Spielregeln nicht folgen.«* Die USA hätten mit Flächenbombardements, Brand- und Chemiewaffen eine furchtbare Spur in der Erinnerung der Völker in Korea und Vietnam hinterlassen. Deutschland, Japan, die Republik Korea und andere Länder stünden de facto unter ihrer Besatzung. Die westlichen Staaten *»wollen noch mehr fremde Reichtümer plündern und dadurch ihre eigenen Löcher stopfen«*, so Putin weiter. *»Sollte es misslingen, ist es nicht ausgeschlossen, dass sie am Ende versuchen werden, das System zum Kollaps zu bringen, der dann als Ursache für alle Missstände dargestellt wird, oder – Gott behüte – zur bekannten Formel greifen: ›Der Krieg schreibt alles ab.‹«* Die Welt erlebe einen revolutionären, grundlegenden Wandel. Es entstünden neue Wachstumszentren, und diese vereinigten die Mehrheit der Weltgemeinschaft auf sich, die bereit sei, nicht nur ihre Interessen offen zu bekunden, sondern sich auch dafür einzusetzen.[185]

Putin ging in seiner Rede dezidiert auf die westliche Aggressionspolitik und die Befindlichkeiten Russlands ein, doch die Reaktionen in den deutschen Medien waren ignorant und bösartig: *»Das waren 45 Minuten Kampfansage, ein Rundumschlag gegen den Westen« (Welt,* Nachrichtensender), *»Nationalismus und Angriffe ...« (Stern), »Es ist ein Zeichen von Panik« (Süddeutsche Zei-*

[185] Zit. wie RT DE, 1.10.2022: »Russland bleibt für immer Russland« – Wladimir Putins große Beitrittsrede im Wortlaut; https://pressefreiheit.rtde.tech/international/150407-russland-bleibt-fur-immer-russland/ (2.10.2022)

tung), »Die Guten, die Bösen und viel Pathos« *(ARD-Tagesschau),* *»So wurde Jubel bei Putin-Rede gekauft«* (ntv).

Desinformation und Indoktrination

Viele Menschen wundern sich über den grassierenden Hass auf Russland und die zunehmende Verdummung der Gesellschaft. In welchem Maße die Bundesregierung und untergeordnete Behörden das mit zu verantworten haben, ist durch ein internes Papier der Bundesregierung ans Licht gekommen. Ein den *NachDenkSeiten* zugespielte Dokument mit dem Titel »Laufende Aktivitäten der Ressorts und Behörden gegen Desinformation im Zusammenhang mit RUS Krieg gegen UKR« listet eben diese Aktivitäten mit Stand vom 27. Juni 2022 genauestens auf, insgesamt sind es zehn Seiten. Danach soll das Bundesministerium des Innern *»federführend und ressortübergreifend«* die *»Erkennung und Abwehr hybrider Gefahren«* koordinieren.[186] Zuständig dafür ist eine ministerielle Unterarbeitsgruppe, die UAG RUS/UKR.

Als ersten Punkt nennt der Journalist Florian Warweg, der über den Skandal berichtet, die konzertierte *»Verlinkung zu Faktencheckern auf den Webseiten der Bundesregierung«.*[187] Über einen privaten, hauptsächlich vom US-Milliardär und eBay-Gründer Pierre Omidyar finanzierten Faktenchecker namens »Correctiv« hat Warweg bereits im Juni 2022 berichtet.[188] Dazu gehört aber auch der beitragsfinanzierte »Faktenfinder« der angeblich unabhängigen, staatsfernen ARD.

Als Desinformation wird alles verstanden, was der russischen Position entspricht. Dagegen sind ukrainische oder US-amerikanische Sichtweisen nach Auffassung der Bundesregierung keiner

---

[186] Vgl. NachDenkSeiten, 29.9.2022; www.nachdenkseiten.de/?p=88618
[187] Ebd.
[188] Vgl. NachDenkSeiten, 10.6.2022; www.nachdenkseiten.de/?p=84691

Prüfung wert. Broschüren zu »Desinformation im Kontext des russischen Angriffskrieges gegen die Ukraine« sollen an Bundesministerien, Bundestagsabgeordnete, Länder und Kommunen verschickt werden sowie an Multiplikatoren der Zivilgesellschaft. Besondere Aufmerksamkeit soll dem »Outreach in den parlamentarischen Raum« gewidmet werden, also der Einflussnahme auf Abgeordnete in Bundestag und Landesparlamenten.

Außerdem wird in einem »Resilienz-Plan« die *»anlassbezogene«* Intensivierung der Kontakte und Gespräche mit den Plattformbetreibern sozialer Netzwerke betont, *»um diese für staatlich gesteuerte Desinformation zu sensibilisieren«.*[189] Gemeint sind Twitter, Meta, Google und Telegram. Es sollen Gespräche immerhin auf »Staatssekretär-Ebene« stattfinden. Des Weiteren ist beabsichtigt, Einfluss auf die *»Curricula in den Schulen sowie unter Einbindung der Volkshochschulen und ehrenamtlicher Strukturen«* zu nehmen. Neben dem Bundesinnenministerium wird das Auswärtige Amt (AA) mit dem »Kampf gegen Desinformationen« beauftragt. Warweg schreibt: *»Dabei fällt auf, dass bei dem gesamten Maßnahmenkatalog des AA ausschließlich von ›russischer Desinformation‹ die Rede ist und nachdrücklich der Eindruck erweckt wird, es käme ›Desinformation‹ und Narrativpflege weltweit nur aus einem einzigen Land.«*[190]

Das Auswärtige Amt unter Annalena Baerbock vernetzte sich wiederum »intensiv und bilateral« mit Desinformationsermittlern der USA wie dem International Partnership to Counter State-Sponsored Disinformation und der Counter Foreign Interference Group. Ferner ist die Förderung von Projekten des deutschen Auslandssenders Deutsche Welle geplant. Warweg fragt, wie das rechtlich zu vertreten sei, da das Deutsche-Welle-Gesetz eine »unabhängige Meinungsbildung« postuliert. Doch das sei *»nur eine von mehreren Fragen angesichts dieser im Dokument auf-*

[189] Zit. wie NachDenkSeiten, 29.9.2022; www.nachdenkseiten.de/?p=88618
[190] Ebd.

gedeckten Planungen«. Es werde unter anderem auf ein Projekt »Künstliche Intelligenz gegen Desinformation« der Deutschen Welle verwiesen. Dabei sollen *»KI-Module der Digitalen Forensik zur Verbesserung der (teil)automatisierten Identifizierung von Manipulationen und konzertierter Desinformationskampagnen«* eingesetzt werden. Anscheinend sind der Kreativität der staatlichen Desinformations-Ermittler keine Grenzen gesetzt, wobei für sie Recht und Gesetz offensichtlich bedeutungslos sind. Aber das trifft ja inzwischen auf viele »Obrigkeiten« zu.

Wenn weiter vorgesehen ist, dass die Vize-Regierungssprecher regelmäßig im *»bilateralen Austausch mit Google/YouTube, Twitter, Meta, Tiktok und LinkedIn«* stehen, um die *»jeweiligen Strategien der Plattformen zur Bekämpfung von Desinformationen, insbesondere im Kontext des Krieges in der Ukraine«*, zu besprechen, wirft das zusätzliche verfassungsrechtliche Fragen auf. Denn das bedeute, so Warweg, *»laut dem Dokument haben sowohl das Innen- und Außenministerium als auch das Bundespresseamt jeweils regelmäßige bilaterale Treffen (auf Staatssekretär-Level) mit den großen Plattformbetreibern zu ›russischer Desinformation‹ im Kontext des Ukraine-Krieges.«* Und den *»dadurch aufgebauten Konformitäts- und Zensurdruck«* könne man wohl als signifikant bewerten.

Zu dem unglaublich skandalösen Vorgang kommt dann noch die dem Kanzler direkt unterstellte »Beauftragte der Bundesregierung für Kultur und Medien« (BKM), Claudia Roth, als meinungsbildender Akteur hinzu. *»In dem den NachDenkSeiten vorliegenden internen Dokument ist unter anderem vom ›Aufbau einer russischen Exilredaktion in Riga‹ sowie ›wenn nötig, Aufbau einer Exilredaktion Ukrainisch in Krakau, Polen‹ die Rede. Beim ›EU-Medienministerrat‹ scheint das BKM dem Papier zufolge eine zentrale und proaktive Rolle beim ›Vorgehen gegen russische Propagandamedien‹ zu spielen.«*

Unverantwortlich ist ein Projekt, das den Einsatz von Kinderreportern ab sechs Jahren gegen »Desinformation« vorsieht.

In dem Regierungsdokument heißt es dazu: *»Kinderreporter – Stärkung Nachrichtenkompetenz und damit Resilienz gegenüber Desinformation 6- bis 14-Jähriger durch aktive Medienarbeit.«*[191] – *»Brave new world …«*, kommentiert Warweg, der noch berichtet, was den Whistleblower veranlasst hat, das Papier der Bundesregierung öffentlich zu machen. Er habe erklärt, dass er, *»als dieses Dokument auf seinem Arbeitsrechner eintraf, zutiefst erschrak«*. Für ihn sei das *»der konzentrierte Versuch einer Narrativ-Gleichschaltung«*. Dazu habe er sich wie folgt geäußert: *»In meinen Augen ist es ein Blick in den Abgrund der gebündelten Aktivitäten einer horizontalen (ressortübergreifenden) und vertikalen Integration moderner Staatspropaganda. Von den Ministerien und ihren Partnerschaften mit transatlantischen Denkfabriken wie dem ISD bis hinab in die Presse, ›Faktenchecker‹, Social Media, ›Multiplikatoren‹, ›kritische Zivilgesellschaft‹ und so weiter. Selbst vor der Einbindung von Schulen und Kindern im Grundschulalter machen sie nicht halt.«*[192] Wirklich beängstigend ist, wie der Insider die weitere Entwicklung von Desinformations-Ermittlung und Indoktrination beurteilt: Die deutsche Öffentlichkeit hätte keine Vorstellung davon, was sonst noch im Hintergrund dazu ablaufe.[193]

Eine der unglaublich skandalösen Planungen ist tatsächlich, wie Kinder in die Hetzkampagne gegen Russland einbezogen werden. Das ergibt sich zum Beispiel aus dem Link zu einer Lernbroschüre der Landeszentrale für politische Bildung Baden-Württemberg[194] im April 2022 mit dem PDF-Anhang: »Krieg in der Ukraine – Putins Angriff auf den Frieden«.[195]

---

[191] Zit. wie ebd.

[192] Ebd.

[193] Vgl. ebd.

[194] Vgl. Landeszentrale für politische Bildung Baden-Württemberg: www.lpb-bw.de/machs-klar

[195] Vgl. Landeszentrale für politische Bildung Baden-Württemberg: www.lpb-bw.de/fileadmin/lpb_hauptportal/pdf/machs_klar/2022/mk52/krieg_ukraine.pdf

Broschüre der Landeszentrale für Politische Bildung Baden-Württemberg, Heft 52/2022

Geworben wird wie folgt: *»Mach's klar! vermittelt politisches Basiswissen oder bearbeitet aktuelle politische und gesellschaftliche Themen. Mach's klar! richtet sich in erster Linie an Schülerinnen und Schüler an Haupt-, Werkreal-, Real- und Gemeinschaftsschulen, kann aber auch an Gymnasien gut eingesetzt werden. Vor allem durch die Entwicklung, dass Politik an Schulen oftmals in Fächerverbünden oder durch fachfremde Lehrer unterrichtet wird, entstand die Idee dieser Publikation. Unser Anspruch ist es, Themen sowohl für die Schülerinnen und Schülern interessant zu gestalten als auch für Lehrkräfte gut aufzubereiten. Mach's klar!, die unregelmäßig erscheinende vierseitige Unterrichtshilfe, kann als Printausgabe im ›Klassensatz‹ bestellt oder als PDF heruntergeladen werden.«*[196]

Was bei der verlogenen Instrumentalisierung der Kinder, die zum Hass erzogen werden, herauskommt, war zum Beispiel in den *ARD-Tagesthemen* zu sehen, wo ein Kommentar eines 12-jährigen Mädchens, Jurymitglied des KIKA-Awards, wiedergegeben wird. Der Feind heißt Putin. Er habe vergessen, dass Kinderrechte *»eine richtige und wichtige Sache«* sind, *»wie man gerade in der Ukraine sieht«.*[197]

Wie Kinder in der Ukraine in die Kriegspropaganda einbezogen werden, zeigte zudem ein Video bei Euronews, das sprachlos macht. Dabei geht es um russische Besatzer und Separatisten und

[196] Zit. wie www.lpb-bw.de/machs-klar

[197] Zit. wie Anti-Spiegel, 11.4.2022; www.anti-spiegel.ru/2022/nachrichten-oder-sesamstrasse-wie-die-tagesthemen-kinder-fuer-propaganda-missbrauchen/

warum auf sie geschossen werden dürfe.[198] Es ist entsetzlich, in welch niederträchtiger Weise Kinder für die verlogene Propaganda gegen Russland missbraucht werden.

Das Ziel: Regime Change in Moskau und Chaos in Deutschland

Als Joseph Biden 2014 davon sprach, Wladimir Putin müsse die Souveränität der Ukraine respektieren, sonst werde sich Russland *»zunehmenden Konsequenzen gegenübersehen«*, war der von den USA lange vorbereitete Staatsstreich in Kiew – unter Missachtung der Souveränität der Ukraine – bereits vollzogen, und der Bürgerkrieg in der Ostukraine hatte begonnen. Kurz darauf nötigte US-Präsident Barack Obama die führenden europäischen Politiker, Russland mit harten Sanktionen zu belegen.

Das war der Beginn einer gewollten Auseinandersetzung, in die Deutschland und die Europäische Union mehr und mehr hineingezogen wurden. Devote, korrumpierte, ideologisierte Politiker folgten den Anweisungen aus Washington zum Nachteil ihrer Länder. Sowohl die Berliner Regierung als »Speerspitze« als auch die EU mit der unsäglichen, aufgrund von Manipulationen an die Macht gekommenen Kommissionspräsidentin Ursula von der Leyen haben ihre Befugnisse bei Weitem überschritten, indem sie ihren primären Auftrag, Frieden und Sicherheit zu bewahren, verraten haben.

Dazu erklärte der russische Außenminister Sergei Lawrow: *»Seit Jahren schon führt der Westen einen regelrechten hybriden Krieg gegen Russland ..., und das Ziel wird offen erklärt: Die Wirtschaft zu zerstören und unser Land an den Rand der Weltpolitik zu drängen. In jüngster Zeit wird offen dazu aufgerufen, mit Sanktionen die*

[198] Vgl. https://de.euronews.com/2018/11/13/ukrainische-ferienlager-schiesst-auf-alle-separatisten

innenpolitische Stabilität zu untergraben ... Unsere absolute Priorität bleibt es, den Aufbau nachhaltiger Kooperationsbeziehungen mit allen interessierten ausländischen Partnern zu unterstützen, die auf den Grundsätzen einer konstruktiven, für beide Seiten vorteilhaften und respektvollen Zusammenarbeit beruhen.«[199]

Russland hat schon länger damit begonnen, sich vom Westen abzukoppeln, neue Wege mit neuen Partnern zu gehen und sich gegen die Aggressionspolitik der USA zur Wehr zu setzen, seit Februar 2022 auch mit militärischen Mitteln. Die Ukraine als Brückenland zwischen Russland und Westeuropa wurde zur Durchsetzung des Weltmachtanspruchs der USA zu deren Frontstaat gegen Russland und zum Schlachtfeld eines Stellvertreterkrieges. Ziel war und ist der Regime Change in Moskau. Während die USA ihr seit Jahren angesteuertes Ziel nicht aus den Augen verloren und von diesem angefachten Konflikt wirtschaftlich profitierten, geriet Westeuropa immer mehr in Bedrängnis und schließlich in eine Sackgasse. Wenn es nicht zu einem Politikwechsel kommt, könnte es in einer Katastrophe für ganz Europa enden.

Doch es ging erst einmal weiter, ganz im Sinne der Washingtoner Strategen. Politiker, Journalisten und Wissenschaftler begeisterten sich für die Erfolge der ukrainischen Armee, die Mitte September 2022 unter Einsatz der vom Westen gelieferten Mehrfachraketenwerfer, Panzerhaubitzen, Luftabwehrraketen, Ortungsgeräten und sonstigen Hightechwaffen erzielt worden waren. Von einem »Game Change« war die Rede, von enormen Rückeroberungen und vom bevorstehenden Sieg der Ukrainer. Der »Despot« Putin könnte von seinen aufständischen »Untertanen« gestürzt und wegen Hochverrats angeklagt werden, so die Spekulationen. Eine Wende, ein Kollaps der russischen Armee – die Propagandisten tobten sich aus, keine Diplomatie, keine Frie-

---

[199] Zit. wie odysee, 13.9.2022; https://odysee.com/@RTDE:e/lawrow-hybrider-krieg-des-westens-zielt-auf-zerst%C3%B6rung-der-russischen-wirtschaft:a (14.9.2022)

densgespräche. Außenministerin Annalena Baerbock beschwor im Chor mit der Phalanx der Kriegstreiber den Heldenmut der ukrainischen Soldaten, die Russland besiegen und das Völkerrecht durchsetzen würden. Viele starben, ganze Landschaften wurden zerstört.

Währenddessen stiegen die Gaspreise in Deutschland ins Unermessliche, Lebensmittel verteuerten sich von Woche zu Woche, und die Inflation verzehrte die Rücklagen der Menschen, die erstaunlicherweise in ihrer Mehrzahl zunächst noch stillhielten. Demonstrationen mit ein paar Tausend Teilnehmern gab es in Berlin, Leipzig, Kassel, Hamburg ... Die Forderungen lauteten zumeist:

- Nord Stream 2 sofort in Betrieb nehmen;
- Sanktionen und Wirtschaftskrieg beenden;
- keine Waffenlieferungen an die Ukraine;
- nationale Selbstbestimmung statt Fremdbestimmung durch USA/NATO und EU;
- Frieden mit Russland und eine europäische Friedensordnung.

Kundgebung auf dem Bremer Marktplatz anlässlich des Hiroshima-Tages am 6. August 2022

Wenn überhaupt darüber berichtet wurde, waren die Teilnehmerzahlen mit ein paar Hundert angegeben. Aber allmählich verstanden mehr Menschen, warum Russland in den ukrainischen Bürgerkrieg eingegriffen hatte. Trotz allem war weiterhin herrschende Meinung, dass Russland heimtückisch, bösartig und völkerrechtswidrig die friedliche Ukraine überfallen habe. Selbst die von der eigenen Partei gemobbte Linken-Politikerin Sahra Wagenknecht sprach in einer Rede vor dem Deutschen Bundestag am 8. September 2022 von einem verbrecherischen Krieg und Völkerrechtsbruch. Damit übernahm sie – offenbar »der Not gehorchend« – die Diktion der USA, in deren Politik es noch nie um das Völkerrecht ging, soweit es die eigenen Angelegenheiten betraf. Abgesehen davon war Wagenknechts Rede aber eine Sternstunde deutscher Politik in dunkelster Zeit.

In Deutschland bahne sich eine soziale und wirtschaftliche Katastrophe an, so Wagenknecht. *»Millionen Menschen haben Angst vor der Zukunft, vor explodierenden Lebenshaltungskosten, vor Horrorabrechnungen und immer mehr auch um ihren Arbeitsplatz.«* Sie redete Tacheles: *»Wir haben wirklich die dümmste Regierung in Europa«*, die einen *»beispiellosen Wirtschaftskrieg gegen unseren wichtigsten Energielieferanten«*, Russland, führe. Millionen Menschen würden dadurch in Armut gestürzt, die deutsche Wirtschaft werde zerstört, und die USA profitiere davon. Deutschland brauche *»auf absehbare Zeit russische Rohstoffe und russische Energie«.*[200] Da Deutschland nicht unabhängig sei, müsse über die Gaslieferungen verhandelt werden.

Kurz darauf ging Wagenknecht in einem Interview auf die Frage ein, ob die Ukraine NATO-Mitglied werden könne und ob dort möglicherweise Raketen stationiert würden, die Moskau noch schneller erreichen könnten als die von den Raketenbasen aus Polen und Rumänien. Wagenknecht war der Meinung, man

---

[200] Zit. wie www.youtube.com/watch?v=oRYkODSC-WU (9.9.2022)

sollte Moskau in dieser Frage entgegenkommen. Sie werfe dem Westen vor, *»dass es gar keine diplomatischen Bemühungen gibt«*. Es gebe keinen Plan, wie der Krieg, der bis zum Einsatz nuklearer Waffen eskalieren könnte, beendet werden könne: Alle redeten *»immer nur über Waffen, aber wo soll das hinführen?«*[201]

In gleicher Weise nahm der ehemalige SPD-Parteivorsitzende und Kanzlerkandidat (1990) Oskar Lafontaine in der *Berliner Zeitung* vom 30. August 2022 Stellung: *»Ein erster Schritt wäre das Drängen auf einen Waffenstillstand, die Vorlage eines Friedensplanes und die Inbetriebnahme von Nord Stream 2.«* Zur Frage der Sicherheitsinteressen Russlands führte Lafontaine aus, die USA hätten spätestens mit dem Putsch auf dem Maidan 2014 gezeigt, *»dass sie nicht bereit waren, auf die Sicherheitsinteressen Russlands Rücksicht zu nehmen. Sie setzten eine US-Marionettenregierung ein und taten alles, um die Streitkräfte der Ukraine in die Nato-Strukturen einzubinden. Gemeinsame Manöver wurden abgehalten und die ständigen Einwände der russischen Regierung wurden überhört.«* In diesem Zusammenhang werde *»das verlogene Argument herangezogen, jeder Staat habe das Recht, sein Bündnis frei zu wählen. Aber kein Staat sollte an der Grenze einer Atommacht Raketen einer rivalisierenden Macht ohne Vorwarnzeiten aufstellen und das blauäugig mit der freien Bündniswahl begründen.«* Europa müsse sich von den Vereinigten Staaten abkoppeln und eine vermittelnde Funktion zwischen den rivalisierenden Weltmächten einnehmen, so Lafontaine. Die Fortsetzung der aktuellen Politik führe zu einer Verarmung großer Teile der Bevölkerung, zerstöre ganze Branchen der deutschen Industrie und setze Deutschland der Gefahr aus, in einen Atomkrieg verwickelt zu werden.

Doch die Berliner Regierung zeigte sich von der zunehmenden Kritik unbeeindruckt. Die Bedrängnisse und Leiden der

---

[201] Zit. wie Berliner Zeitung, 24.9.2022; www.berliner-zeitung.de/politik-gesellschaft/sahra-wagenknecht-wir-muessen-begreifen-dass-die-sanktionen-unsinn-sind-li.270150

Menschen nahmen zu, der Unmut verwandelte sich in Empörung und Wut. In einer Erklärung zum Antikriegstag 2022 protestierte der Deutsche Freidenker-Verband *»gegen die unvernünftige, schädliche und gefährliche Konfrontationspolitik der Bundesregierung gegen Russland«* sowie *»gegen die selbstmörderische Sanktionspolitik«* und nicht zuletzt *»gegen die Lügen, mit denen wir dazu gebracht werden sollen, an die Berechtigung oder gar Alternativlosigkeit dieser Politik zu glauben«*. Weiter hieß es: *»Wir protestieren gegen einen 100-Milliarden-Kriegskredit, den wir in Form von Steuererhöhungen zurückzahlen sollen. Wir protestieren gegen die Waffenlieferungen an die Ukraine, die einen nicht gewinnbaren Krieg unter gewaltigen Opfern sinnlos verlängern und ausweiten ... Wenn man der Regierungspropaganda glaubt, brach am 24. Februar zum ersten Mal seit 1945 Krieg in Europa aus, und diesmal habe Russland angefangen, indem es aus heiterem Himmel völlig unprovoziert die Ukraine überfiel. Um den ganzen Irrsinn unserer Politik zu verstehen, ist es notwendig, dieser Erzählung die historischen Tatsachen gegenüberzustellen. Warum Russland in den Krieg eingriff:*

- *Das Vorrücken der NATO bis an die Grenzen Russlands;*
- *der vom Westen unterstützte anti-russische Putsch in Kiew mit wachsendem Einfluss der Bandera-Faschisten;*
- *der von Kiew seit 2014 gegen die russische Bevölkerung im Donbass geführte Krieg, der 14.000 Menschenleben kostete;*
- *das Dekret Selenskys 2021, die Donbass-Republiken und die Krim militärisch zurückzuerobern;*
- *die Rückendeckung der Garantiemächte Deutschland und Frankreich für die Verweigerung Kiews, das Minsk II-Abkommen umzusetzen;*
- *die Aufrüstung der Ukraine zum Bollwerk der NATO für einen Konflikt mit Russland;*
- *die seit 2021 verweigerte Rückgabe spaltbaren Materials aus ukrainischen AKW unter die Aufsicht der Internationalen Atomenergiebehörde IAEO;*

- *Selenskys Drohung in München 2022, das ›Budapester Memorandum‹ zum Verzicht auf Atomwaffen aufzukündigen;*
- *die Konzentration von über 100.000 ukrainischen Soldaten im Donbass und*
- *die massive Zunahme deren Angriffe laut OSZE auf Wohngebiete im Februar 2022;*
- *die Vorbereitung des ukrainischen Militärs mit seinen Nazi-Bataillonen, den Donbass im März 2022 zu überfallen und ethnisch zu säubern.«*[202]

Demgegenüber verrieten Stimmen deutscher Politiker eine beschämende Haltung zulasten der eigenen Wählerschaft. Bundeskanzler Olaf Scholz bot der Ukraine noch mehr finanzielle und militärische Unterstützung an, Wirtschaftsminister Robert Habeck wollte immer noch »dienend führen«, und Außenministerin Annalena Baerbock wollte Russland weiter ruinieren. Der niedersächsische Ministerpräsident Stephan Weil äußerte gegenüber der Deutschen Presse-Agentur die Ansicht: *»Nord Stream 2 wird nie in Betrieb gehen … Die Russen haben längst alle Brücken abgebrochen, und zwar indem sie das wichtigste Gut einer Partnerschaft zerstört haben: Vertrauen.«* Wer sich doch noch auf eine Zusammenarbeit mit Russland einließe, müsste fürchten, hereingelegt zu werden, so Weil. *»Diese Kooperation ist unwiederbringlich zerstört. Und der Westen wird sich davon schneller erholen als Russland.«*[203]

Damit folgte Weil wie andere den Lügen aus Washington, die Deutschland in den Ruin führen. Ist es Unbedarftheit, mangelnde Geschichtskenntnis, oder sind es Lügen, wenn deutsche Politiker die Ursachen, die zum Einmarsch Russlands in die

---

[202] Siehe: Freidenker Hessen, 31.8.2022; www.freidenker-hessen.de/vorabend-veranstaltung-zum-antikriegstag-2022-am-31-august/ (11.9.2022)

[203] Zit. wie Welt, 19.9.2022; www.welt.de/politik/deutschland/article241133803/Nord-Stream-2-wird-nie-in-Betrieb-gehen-sagt-Stephan-Weil.html

Ukraine geführt haben, einfach ausblenden? Wenn zum Beispiel Stephan Weil behauptet, *»Nord Stream 2 zu beerdigen, war eine der Maßnahmen des Westens, auf diesen Angriff zu reagieren«.*[204] Die Inbetriebnahme der Pipeline zu verhindern war seit Jahren ein Hauptanliegen der USA, und Russland hat selbst auf dem Höhepunkt des Kalten Krieges seine vertraglichen Verpflichtungen eingehalten.

Auf die desolate Lage eingehend, wurde von einigen mehr linksorientierten, der Vernunft verpflichteten Politikern und Intellektuellen erwogen, eine neue Partei zu gründen. Der Herausgeber der *NachDenkSeiten,* Albrecht Müller, schrieb: *»Es bleibt also nur der Weg, auf eine neue Partei und ein neues Gesicht zu setzen ... In dieser Situation dürfte es möglich sein, eine ausreichend große Zahl von Mitbürgerinnen und Mitbürgern anzusprechen und zu mobilisieren.«* Müller begründete das wie folgt: *»Heute ist sichtbar, dass das Große Geld und insbesondere die Rüstungswirtschaft unsere Außen- und Sicherheitspolitik bestimmt und uns in kriegerische Auseinandersetzungen treibt, und darüber hinaus ist sichtbar, dass diese Politik zu einem großen Konflikt mit Russland geführt hat und die Sanktionspolitik zu Gegenmaßnahmen geführt hat, die uns wirtschaftlich und sozial zu ruinieren drohen. Sehr viele Menschen werden in Bedrängnis geraten. Also betroffen sein. Außerdem ist sichtbar, dass die herrschenden Medien offenbar den Verstand verloren haben und die geistige Aufrüstung mitmachen und fördern. Es gibt also einen klaren Interessengegensatz zwischen der von den Medien hergestellten Öffentlichkeit und den Interessen der Mehrheit. Das ist eine gute Ausgangsbasis dafür, eine Gegenöffentlichkeit aufzubauen.«*[205]

Nicht nur die Betroffenheit und die Wut der Bevölkerung sind gestiegen. Im Herbst 2022 kam es zu Großdemonstrationen. Nachdem Baerbock Mitte 2022 vor Volksaufständen ge-

---

[204] Zit. wie Göttinger Tageblatt, 20./21.8.2022

[205] Zit. wie NachDenkSeiten, 23.9.2022; www.nachdenkseiten.de/?p=88463

warnt hatte,[206] stellte das Verteidigungsministerium mit Wirkung vom 1. Oktober 2022 ein »Territoriales Führungskommando der Bundeswehr« (TerrFüKdoBw) für Inlandeinsätze in Dienst. Man berief sich auf den russischen Einmarsch in die Ukraine, der die Notwendigkeit unterstrichen habe, *»die Führungsorganisation der Streitkräfte beschleunigt auf die Anforderungen der Landes- und Bündnisverteidigung auszurichten«*. Das TerrFüKdoBw ist verantwortlich *»für die operative Führung nationaler Kräfte im Rahmen des Heimatschutzes, einschl. der Amts- und Katastrophenhilfe sowie der Zivil-Militärischen Zusammenarbeit. Es nimmt die Aufgaben als ›Aufmarsch führendes Kommando‹ für nationale Verlegungen gemäß den Planungen der NATO zur Landes- und Bündnisverteidigung wahr. Das Kommando organisiert die Verlegung alliierter Kräfte durch Deutschland in enger Abstimmung mit den NATO-Kommandos.«*[207]

Generalleutnant Carsten Breuer, der bereits den Corona-Krisenstab im Kanzleramt geleitet hatte, will die Reaktionsfähigkeit der Bundeswehr im Inland auf eine *»gezielte Destabilisierung«* zügig verbessern. Verteidigungsministerin Lambrecht zeigte sich zufrieden: *»Mit dem neuen Kommando können wir über die rein militärischen Aufgaben hinaus sehr schnell die nötigen Kräfte für einen nationalen Krisenstab bereitstellen, wenn das notwendig ist – etwa im Falle von Hochwasserkatastrophen oder wie in der Covid-Pandemie.«*[208] Oder bei Volksaufständen, lässt sich hinzufügen, die anscheinend nicht ausgeschlossen werden.

Wie unhaltbar die Lage ist, zeigt sich daran, dass die Schere zwischen Arm und Reich immer weiter auseinandergeht. Obwohl Millionen Menschen trotz eines Rettungsschirms der Bun-

---

[206] Vgl. Tagesspiegel, 21.7.2022; www.tagesspiegel.de/politik/baerbock-warnt-vor-volksaufstanden-bei-lieferstopp-5152558.html

[207] www.bmvg.de/de/presse/bundeswehr-stellt-territoriales-fuehrungskommando-auf-5446786

[208] Zit. wie ntv, 13.6.2022; www.n-tv.de/politik/Bundeswehr-bekommt-Kommando-fuer-Heimatschutz-article23395557.html

desregierung von 200 Milliarden Euro nicht mehr ihre Mieten, Gas- und Stromrechnungen bezahlen können, wachsen die Einkommen der ohnehin schon Reichen in schwindelnde Höhen. Die Aktien der Rüstungskonzerne erreichten zuletzt Höchstwerte, und die Profiteure des Krieges und der Armut sorgten dafür, dass aus dem Ukraine-Krieg ein Dauerzustand wurde.

Platz	Name	Land	Vermögen
1.	Elon Musk	USA	268,1 Mrd. Dollar
2.	Jeff Bezos	USA	188,0 Mrd. Dollar
3.	Bernard Arnauld	Frankreich	187,7 Mrd. Dollar
4.	Bill Gates	USA	134,5 Mrd. Dollar
5.	Larry Ellison	USA	120,1 Mrd. Dollar
6.	Larry Page	USA	119,4 Mrd. Dollar
7.	Mark Zuckerberg	USA	117,5 Mrd. Dollar
8.	Warren Buffet	USA	116,9 Mrd. Dollar
9.	Sergey Brin	USA	115,1 Mrd. Dollar
10.	Steve Ballmer	USA	98,5 Mrd. Dollar
Insgesamt			**1,466 Bill. Dollar**

Tabelle der reichsten Menschen der Welt für 2022[209]

Russland suchte sich Verbündete. Am 12. September 2022 traf sich Wladimir Putin in der usbekischen Hauptstadt Samarkand mit dem chinesischen Staatschef Xi Jinping, dem er für dessen neutrale »ausgeglichene Position« hinsichtlich des Ukraine-Konflikts dankte. Xi erklärte, sie wollten zusammen für *»Stabilität und positive Energie in einer chaotischen Welt«*[210] sorgen. Kurz darauf kamen in Usbekistan die Staatschefs der Mitgliedstaaten der Schanghaier Organisation für Zusammenarbeit (SOZ) zu-

[209] Handelsblatt, 14.9.2022: Forbes-Ranking 2022; www.handelsblatt.com/unternehmen/forbes-liste-2022-das-sind-die-zehn-reichsten-menschen-der-welt-/25725996.html

[210] Zit. wie ARD Tagesschau, 15.9.2022; www.tagesschau.de/ausland/asien/putin-xi-127.html

sammen, der neun Länder angehören: die Volksrepublik China, Indien, der Iran, Kasachstan, Kirgisistan, Pakistan, Russland, Tadschikistan und Usbekistan. Auf der Tagesordnung stand die Vertiefung der Zusammenarbeit. Obwohl weitreichende Beschlüsse für die politische und wirtschaftliche Entwicklung auf dem eurasischen Kontinent gefasst wurden, berichteten westliche Medien kaum darüber.[211] Offenbar ist westlichen Medien und Politikern entgangen, dass sich die Mehrheit der Menschheit nicht mit der Arroganz und Kriegslüsternheit der USA und ihrer Vasallen abfinden und andere Wege gehen will.

[211] Zit. wie RT DE, 18.9.2022: Für die »Tagesschau« bedeutungslos: Der Gipfel der Schanghaier Organisation für Zusammenarbeit; https://test.rtde.tech/podcast/149349-tagesschau-bedeutungslos-gipfel-schanghaier-organisation-fur-zusammenarbeit/

Aggression, Aufrüstung, Konfrontation

Am 22. Juni 1941 begann das nationalsozialistische Regime den Krieg gegen die Sowjetunion. Etwa vier Millionen Soldaten waren von deutscher Seite im Einsatz gegen den »jüdischen Bolschewismus«, wie es im Hitler-Jargon hieß, und viele sahen Deutschland nicht wieder. Auf sowjetischer Seite verloren etwa 26 Millionen Menschen ihr Leben in diesem furchtbaren Krieg. In Deutschland waren es mehr als sieben Millionen, viele Soldaten trugen bleibende physische wie psychische Schäden davon, etwa 13 Millionen Menschen wurden aus ihrer angestammten Heimat vertrieben, und die Großstädte und Industriestandorte lagen in Trümmern.

Aber das Gedächtnis der Menschen ist kurz, das der tonangebenden Politiker und Journalisten offenbar am kürzesten. Die Bellizisten in den USA und Europa rüsten auf, es wird gehetzt, intrigiert und gedroht. Protagonisten dieser die Existenz der Menschheit durch einen dritten Weltkrieg gefährdenden Politik sind die NATO mit ihrem Generalsekretär, aktuell Jens Stoltenberg, und die US-Regierung mit Präsident Joseph Biden, wobei davon auszugehen ist, dass die NATO aus Washington gesteuert wird und Joseph Biden von den Drahtziehern im Hintergrund.

Schon seit den 1950er-Jahren zwingen die USA andere Staaten, immer mehr in die Aufrüstung zu investieren. Die Zahlen der Militärhaushalte erreichen schwindelerregende Höhen. 2021 waren die Militärausgaben der NATO-Länder auf weit mehr als eine Billion US-Dollar gestiegen. Allein die USA gaben 801 Milliarden aus, Deutschland 56 Milliarden, China 293 Milliarden, Russland lediglich 65,9 Milliarden.[212] Es ist Geld, das in den Haushalten an anderer Stelle fehlt. Aber Abrüstung ist eine Illusion, dafür sorgen die USA, genauer: der militärisch-industrielle Komplex, eine der bestimmenden Kräfte hinter der US-Regierung.

Die USA, nach eigenem Verständnis »God's own Country«, sind kein Vorbild für Frieden und Freiheit. Seit 1798 haben sie weltweit 469 Interventionen zu verantworten, einschließlich 251 seit dem Ende des ersten kalten Krieges im Jahr 1991. Darunter sind keine verdeckten Aktionen oder die vielen Fälle erfasst, in denen US-Streitkräfte seit dem Zweiten Weltkrieg in fremden Ländern als Besatzungstruppen oder bei militärischen Unterstützungs- oder Ausbildungsoperationen beteiligt waren. Ebenso wenig werden Spezialoperationen, verdeckte Aktionen und Inlandseinsätze mitgezählt, auch nicht die Indianerkriege und »ethnischen Säuberungen« oder die militärischen Einsätze während des Unabhängigkeitskrieges gegen das britische Empire oder im Verlauf des Amerikanischen Bürgerkrieges.

Die Daten über die Interventionen, militärischen Einmischungen und Kriege wurden am 8. März 2022 vom Congressional Research Service (CRS) in einem Dokument mit dem Titel »Instances of Use of United States Armed Forces Abroad 1798–2022« (Einsatzfälle der Streitkräfte der Vereinigten Staaten im Ausland 1798–2022) veröffentlicht.[213] Der CRS, ein Thinktank, ist eine durch Gesetz legitimierte Agentur für Politikforschung des US-Kongresses, genauer: der Kongressbibliothek.

---

212 Vgl. https://de.statista.com/statistik/daten/studie/157935/umfrage/laender-mit-den-hoechsten-militaerausgaben/

213 Siehe: Multipolarista, 13.9.2022; Die USA starteten 251 militärische Interventionen seit 1991 und 469 seit 1798; https://multipolarista.com/2022/09/13/us-251-military-interventions-1991/ (11.10.2022)

Die Liste der Länder, gegen die von den USA seit 1945 unter dem Vorwand der Einführung von Demokratie und Freiheit militärisch vorgegangen wurde, ist lang:

- China 1945/1946
- Korea 1950–1953
- China 1950–1953
- Guatemala 1954
- Indonesien 1958
- Kuba 1959/1960
- Guatemala 1960
- Belgisch Kongo 1964
- Guatemala 1964
- Dominikanische Republik 1965/1966
- Peru 1965
- Laos 1964–1973
- Vietnam 1961–1973
- Kambodscha 1969/1970
- Guatemala 1967–1969
- Libanon 1982–1984
- Grenada 1983/1984
- Libyen 1986
- El Salvador 1981–1992
- Nicaragua 1981–1990
- Iran 1987/1988
- Libyen 1989
- Panama 1989/1990
- Irak 1991
- Somalia 1992–1994
- Iran 1998
- Sudan 1998
- Afghanistan 1998
- Serbien 1999
- Afghanistan 2001

– Irak 2003
– Libyen 2011
– Syrien 2014

Seit Anfang des 19. Jahrhunderts vertraten amerikanische Präsidenten stets die Meinung, die USA dürften als »Weltpolizei« ihr Militär nach Belieben und grenzenlos einsetzen. Woodrow Wilson (Präsident von 1913–1921) reklamierte für die Vereinigten Staaten zur Gewährleistung ihres freien Handels über die nationalen Grenzen hinweg die Berechtigung, auch verschlossene Türen aufsprengen zu dürfen, selbst *»wenn die Souveränität widerspenstiger Nationen dabei verletzt«*[214] werde. Und der so freundlich daherkommende Barack Obama meinte: *»Wir müssen gelegentlich den Arm von Ländern umdrehen, die nicht das tun, was wir von ihnen wollen ... Wir sind das größte, mächtigste Land der Erde ... wir haben niemanden Ebenbürtiges im Sinne von Staaten, die die Vereinigten Staaten angreifen oder provozieren könnten.«*[215] Den imperialen Anspruch der USA formulierte Obama in einer Rede vor der US-Militärakademie Westpoint am 28. Mai 2014 wie folgt: *»Von Europa bis Asien sind wir der Dreh- und Angelpunkt aller Allianzen, unübertroffen in der Geschichte der Nationen ... So sind und bleiben die Vereinigten Staaten die einzige unverzichtbare Nation. Dies ist für das vergangene Jahrhundert wahr gewesen, und das wird für das nächste Jahrhundert gelten.«*[216]

Dass US-Präsident Joseph Biden die Maximen seiner Vorgänger verinnerlicht hat, bewies er in seiner politischen Laufbahn des

---

[214] Zit. wie Wilfried Röhrich: Politik als Wissenschaft. Ein Überblick. Opladen 1986

[215] Zit. wie RT DE, 12.2.2015; https://test.rtde.tech/11745/international/obamas-diplomatie-verstaendnis-wir-muessen-gewalt-anwenden-wenn-laender-nicht-das-machen-was-wir-wollen/ (12.9.2022); vgl. auch Der Freitag, 15.2.2015; www.freitag.de/autoren/hans-springstein/der-us-praesident-hat-wieder-klartext-geredet

[216] Zit. wie www.whitehouse.gov/the-press-office/2014/05/28/remarks-president-united-states-military-academy-commencement-ceremony

Öfteren. Er hat sämtliche Konflikte und Kriege der vergangenen Jahrzehnte als Senator, Präsidentenberater, Vizepräsident und Präsident mit zu verantworten, auch den Krieg in der Ukraine. Ginge es mit rechten Dingen zu, müsste Biden als Kriegsverbrecher und Menschenschlächter vor den Internationalen Gerichtshof gestellt werden. Aber die US-Regierung weiß sehr genau, warum sie dieses Gericht nicht anerkennt.

In seiner Nobelpreis-Rede sagte Harold Pinter: *»Die Verbrechen der Vereinigten Staaten waren systematisch, konstant, bösartig, unbarmherzig, aber nur sehr wenige Menschen haben wirklich darüber gesprochen. Das muss man den Amerikanern lassen. Sie haben weltweit eine ziemlich klinische Manipulation der Macht betrieben, und sich dabei als Streiter für das universelle Gute gebärdet. Es ist ein brillanter, sogar geistreicher, höchst erfolgreicher Akt der Hypnose ... Ich behaupte, die Vereinigten Staaten ziehen die größte Show der Welt ab, ganz ohne Zweifel. Brutal, gleichgültig, verächtlich und skrupellos, aber auch ausgesprochen clever. Als Handlungsreisende stehen sie ziemlich konkurrenzlos da, und ihr Verkaufsschlager heißt Eigenliebe.«* Das gilt vor allem für die »Neocons« in den USA, die es geschafft haben, »the Land of the Free and the Home of the Brave« nicht nur zu einem Armenhaus für große Teile der eigenen Bevölkerung zu machen, sondern auch zu einem Schrecken für den größeren Teil der Welt, wo man begriffen hat, wer das furchtbare Chaos, das überall herrscht, verursacht. Pinter sah das ganz klar: *»Die direkte Invasion eines souveränen Staates war eigentlich nie die bevorzugte Methode der Vereinigten Staaten. Vorwiegend haben sie den von ihnen sogenannten ›Low Intensity Conflict‹ favorisiert. ›Low Intensity Conflict‹ bedeutet, dass tausende von Menschen sterben, aber langsamer, als würde man sie auf einen Schlag mit einer Bombe auslöschen. Es bedeutet, dass man das Herz des Landes infiziert, dass man eine bösartige Wucherung in Gang setzt und zuschaut, wie der Faulbrand erblüht. Ist die Bevölkerung unterjocht worden oder totgeprügelt, es läuft auf dasselbe hinaus, und sitzen die*

Harold Pinter 2005 anlässlich der Verleihung des Nobelpreises für Literatur

eigenen Freunde, das Militär und die großen Kapitalgesellschaften bequem am Schalthebel, tritt man vor die Kamera und sagt, die Demokratie habe sich behauptet.«[217]

Die USA haben Jugoslawien völkerrechtswidrig bombardiert und zerstückelt, sie haben Libyen, das ehemals reichste Land Afrikas vollkommen zerstört, sie haben den Irak entstaatlicht, die Terrormilizen in Syrien unterstützt und mit Waffen versorgt, sie intrigieren und unterwandern in Venezuela, Kuba, Iran, Myanmar, Weißrussland, Georgien, Moldawien, Kasachstan und so weiter. Überall mussten und müssen die Menschen unter diesen Einmischungen und Interventionen leiden, auch die großen Fluchtbewegungen sind darauf zurückzuführen. Es wird Zeit, dass die »freie Welt« gegen den durch nichts begründeten Herrschaftsanspruch der USA aufsteht.

Wladimir Putin warnte den Westen auf der Münchner Sicherheitskonferenz von 2007 wie folgt: *»Ich denke, dass für die heutige Welt das monopolare Modell nicht nur ungeeignet, sondern überhaupt unmöglich ist. Nur nicht weil für eine Einzel-Führerschaft in der heutigen, gerade in der heutigen Welt weder die militärpolitischen, noch die ökonomischen Ressourcen ausreichen. Aber was noch wichtiger ist – das Modell selbst erweist sich als nicht praktikabel, weil es selbst keine Basis hat und nicht die sittlich-moralische Basis der modernen Zivilisation sein kann.«* Putin setzte hinzu: *»Heute beobachten wir eine fast unbegrenzte, hypertrophierte Anwendung von Gewalt in den internationalen Beziehungen. Damit ist alles, was heute in der Welt geschieht – und wir fangen jetzt erst an, da-*

[217] Zit. wie www.nobelprize.org/prizes/literature/2005/pinter/25626-harold-pinter-nobelvorlesung/

Wladimir Putin 2007 auf der Münchner Sicherheitskonferenz

rüber zu diskutieren – eine Folge der Versuche, solch eine Konzeption der monopolaren Welt, in der Welt einzuführen.« Auf seine rhetorische Frage nach dem Ergebnis dieser egozentrischen Politik gab Putin selber die Antwort: *»Einseitige, oft nicht legitime Handlungen haben nicht ein einziges Problem gelöst. Vielmehr waren sie Ausgangspunkt neuer menschlicher Tragödien und Spannungsherde.«*[218]

Immer wieder wurde behauptet, man müsse in der Ukraine westliche Werte und Demokratie verteidigen,[219] und zwar mit allen zur Verfügung stehenden Mitteln, wozu außer den Milliardenzahlungen auch Waffenlieferungen und womöglich, so mehrere Politiker, eine Beteiligung der NATO gehörten. Die Unvernunft – man kann auch Dummheit sagen – von Politikern, die sich bar jeglichen geopolitischen Verständnisses den Vorgaben aus Washington unterwarfen, war grenzenlos. Im Herbst 2022

[218] Zit. wie AG Friedensforschung, 14.2.2014: www.ag-friedensforschung.de/themen/Sicherheitskonferenz/2007-putin-dt.html

[219] Laut dem bedeutenden US-Thinktank Freedom House war die Ukraine 2021 ein »transitional or hybrid regime« (deutsch: Übergangs- oder hybrides Regime), aber keine Demokratie. Score 3,36 von 7!; https://freedomhouse.org/country/ukraine/nations-transit/2021

steht die Welt vor einem Scherbenhaufen. Ein dritter Weltkrieg ist zwar noch nicht ausgebrochen, aber es steht auf Messers Schneide.

Der Sicherheitsexperte Willy Wimmer meint, dass wir offensichtlich in einen großen Krieg gegen Russland hineingezogen werden sollen: *»Verantwortungsloser kann man Politik, auch deutsche Politik, überhaupt nicht betreiben, denn eins ist ja zu berücksichtigen. Wir verlieren unsere nationale Identität, wenn wir den Zweiten Weltkrieg und die Konsequenzen für die Sowjetunion aus unserem Gedächtnis ausklinken …«* Über den Zustand restdemokratischer Verhältnisse in Deutschland sagte Wimmer: *»Der Staatsbürger kommt im heutigen Deutschland an unterster Stelle. Über dem Staatsbürger sind die Nicht-Regierungs-Organisationen, darüber kommt die Europäische Union, darüber haben wir die NATO. Das heißt, der deutsche Staatsbürger, wie er am Reichstag verewigt ist als ›Dem deutschen Volke‹, hat, von all denen, die in diesem Staat etwas zu sagen haben, das wenigste zu sagen. Das politische Berlin ist insoweit der Untergang des Staatsbürgers in Deutschland … Wenn es anders wäre, dann würden wir Kriege nicht führen, das ist sicher, denn das ist die Empfindungslage der deutschen Bevölkerung. Wir wollen keinen Krieg. Krieg ist für uns der Tod und der Untergang.«*[220]

Die deutsche Seite unter Führung von der Bundeskanzlerin Angela Merkel sei noch *»auf die Befriedung der Ukraine mit ihren inneren Spannungen ausgerichtet«* gewesen, anders, so Wimmer, könne man »Minsk 2« und die Bemühungen um Frieden in der Ostukraine gar nicht verstehen. Dagegen sei die Politik der Vereinigten Staaten darauf aus gewesen – und das sei immer stärker exekutiert worden –, *»die Ukraine als ihr Instrument im Kampf gegen die Russische Föderation und das Vertreiben Russlands aus Europa zu benutzen«*. Die deutsche Politik von Merkel zusammen mit Mitterand und Macron sei *»krachend gescheitert«*. Nicht, weil

---

[220] World Economy, 20.9.2022; www.world-economy.eu/nachrichten/detail/dem-deutschen-volke-gilt-es-noch/

die Deutschen und die Franzosen nicht dahinter gestanden hätten, sondern, *»weil die Vereinigten Staaten ihr Drehbuch brutal durchziehen«*.

Wimmer hält Außenministerin Annalena Baerbock für verantwortungslos. Sie schwadroniere vom endgültigen Sieg der Ukraine, doch nehme sie den großen Krieg billigend in Kauf, man müsse sich also nicht wundern, *»wenn die Grenzziehungen ... in Ost- und Mittelosteuropa zur Disposition gestellt werden, mit der Konsequenz, dass wir in einem europäischen Blutbad landen. Und dazu haben die Grünen dann einen entscheidenden Beitrag geleistet.«*[221]

Aber offenbar hängen die Berliner Verantwortlichen der Illusion an, sich mit immer mehr Waffen schützen zu können, auch vor einem womöglich atomaren Raketenangriff. Wie Bundesverteidigungsministerin Christine Lambrecht am 13. Oktober 2022 bekannt gab, will Deutschland aufgrund der neuerlichen atomaren Bedrohung mit 14 anderen europäischen Staaten ein gemeinsames Luftverteidigungssystem aufbauen, einen »European Sky Shield«. Wozu, fragt sich. Niemand will Deutschland angreifen, und wenn sich die deutsche Führung defensiv verhielte, würde das auch so bleiben.

Deutschland habe die Initiative ergriffen und sei *»in die Führung gegangen«,* sagte Lambrecht mit irrationalem Stolz. Für das Projekt seien 20 Milliarden Euro veranschlagt.[222] Viel Geld, das woanders fehlt: für Soziales, Bildung, Kultur, die Erneuerung der Infrastruktur usw. Aber wenn es um Aufrüstung geht, kennt die Berliner Regierung keine Grenzen mehr, obwohl die Verschuldung ins Unermessliche gestiegen ist.

---

221 Ebd.

222 Vgl. ZDF-heute, 13.10.2022; www.zdf.de/nachrichten/politik/lambrecht-nato-putin-ukraine-krieg-russland-100.html

Die neue Realität

Wie gefährdet die Menschheit derzeit ist, zeigte sich in der Auseinandersetzung Russlands mit der von einer westlichen Allianz unter Führung der USA in einen Stellvertreterkrieg getriebenen Ukraine. Und wie weitgehend das öffentliche Leben durch obrigkeitliche Maßnahmen eingeschränkt werden kann, wurde deutlich während der von der WHO ausgerufenen Corona-Pandemie. Viele Menschen werden mit der Situation, in die sie von ideologisierten, zum Teil unfähigen und bösartigen Politikern gebracht worden sind, nicht mehr fertig.

Deutschland, ein rechtsfreier Raum

Wer hätte gedacht, dass in Deutschland eine Regierung an die Macht kommt, die den Ruin der Wirtschaft und die Verarmung weiter Teile der Gesellschaft betreibt? Wer hätte sich vorstellen können, dass Grundrechte per Verordnung außer Kraft gesetzt werden, dass zensiert und die freie Meinungsäußerung eingeschränkt wird, Andersdenkende drangsaliert, als »Querdenker« und Verschwörungstheoretiker diffamiert werden, dass sich eine ganze Gesellschaft derart verändert?

Deutschland hat sich zu einem rechtsfreien Raum entwickelt, da in prekären Fällen nicht nur die Legislative und die Exekutive, sondern auch die Judikative versagen. Nicht das Parlament beschloss zu Beginn der Corona-Pandemie die Aussetzung der Grundrechte, sondern die Regierung, allen voran die damalige Bundeskanzlerin Angela Merkel. Auf dem Verordnungswege wurden so essenzielle, unveräußerliche Bürgerrechte außer Kraft gesetzt. Ordnungsbehörden und Polizei verfolgten Abweichler, die sich auf Grundrechte beriefen; die weisungsgebundenen Staatsan-

Sogenannter Hygienespaziergang in Kiel im Dezember 2020; bundesweit fanden in vielen Städten ähnliche Demonstrationen statt

wälte ermittelten nicht wegen der Rechtsbeugung der Regierung, und die angeblich unabhängigen Gerichte urteilten entsprechend den Vorgaben der Regierung.

Das Bundesverfassungsgericht, das höchste deutsche Gericht, wurde entsprechend besetzt: Verfassungsgerichtspräsident Stephan Harbarth, Mitglied der Regierungspartei CDU, wirkte – noch als Bundestagsabgeordneter – bei seiner Wahl mit, ein eklatanter Verstoß gegen das Prinzip der Gewaltenteilung. Seine Berufung, die insofern de jure unwirksam war, erinnert an die der EU-Kommissionspräsidentin Ursula von der Leyen, die nicht einmal auf der Kandidatenliste stand. Es zeigt sich immer deutlicher, dass Führungsposten mit »genehmen« Vertretern besetzt werden. Das bewies sich mit der Entscheidung des Bundesverfassungsgerichts, welches der Regierung die Rechtmäßigkeit ihrer Handlungen hinsichtlich der Corona-Maßnahmen für die Vergangenheit (und für die Zukunft) attestiert hat. Die Gewaltenteilung in Legislative, Exekutive und Judikative – Grundvoraussetzung für eine Demokratie – ist also partiell nur noch formal vorhanden. Der Firnis schwindet, und die zutage tretende Realität ist ernüchternd.

Inzwischen ist vor den Grenzen Russlands ein monströses Militäraufgebot stationiert, und der Krieg in der Ukraine nimmt immer bedrohlichere Formen an. Politiker und Medien hetzen, Truppenkontingente der USA und der Briten halten sich – fast unbemerkt von der Öffentlichkeit – in Deutschland auf (die Truppen sind seit 1945 nie gänzlich weg gewesen). Kritiker, Friedensaktivisten und Impfgegner werden diffamiert, drangsaliert und verfolgt, viele der »Querdenker« sind registriert und werden vom Verfassungsschutz überwacht …

Das alles ballt sich zusammen, bedrängt die Menschen, türmt sich auf und erstickt das politische und gesellschaftliche Leben in Deutschland. Immer dringlicher stellt sich die Frage: Was tun? Nachdem weit mehr als die Hälfte der Bevölkerung die Maßnahmen der Regierung billigend in Kauf nimmt oder sogar befürwortet, würde derzeit selbst der Aufruf zu einem Generalstreik nichts nützen, die gut organisierte Indoktrination und Unterdrückung ist zu mächtig. Aber das könnte sich rasch ändern, wenn die Wut weiter steigt.

Auch der Zustrom von Flüchtlingen, besonders aus der Ukraine, bereitet ernste Probleme. Von Februar bis September 2022 kamen mehr als eine Million Ukrainer nach Deutschland. Viele von ihnen erhalten Unterstützung nach Hartz 4, Krankenversorgung und Eingliederungshilfen. Da die Schengen-Grenzen zur Ukraine aufgehoben sind, herrscht Reisefreiheit, niemand wird kontrolliert. Dadurch spitzt sich die Lage weiter zu, denn die Sozialsysteme geraten außer Kontrolle.

Der CDU-Vorsitzende Friedrich Merz sagte in einem Interview mit *Bild TV: »Wir erleben mittlerweile einen Sozialtourismus dieser Flüchtlinge – nach Deutschland, zurück in die Ukraine, nach Deutschland, zurück in die Ukraine.«*[223] Prompt reagierten die

[223] Bild TV, 26.9.2022; www.msn.com/de-de/nachrichten/politik/friedrich-merz-wirft-ukrainischen-flüchtlingen-„sozialtourismus"-vor/ar-AA12gWnp

Verfechter einer unbegrenzten Unterstützung der Ukraine. Das sei Stimmungsmache, billiger Populismus, ein Mittel zur eigenen Profilierung. Die Grünen-Bundesvorsitzende Ricarda Lang fragte per Twitter: *»Wie passt es eigentlich mit der viel beschworenen Solidarität der Union mit der Ukraine zusammen, dass Friedrich Merz im Kontext von Menschen, die vor diesem furchtbaren Angriffskrieg fliehen, von ›Sozialtourismus‹ spricht?«*[224]

Nicht untersucht wurde, warum so viele Ukrainer nach Deutschland kommen, obwohl ein großer Teil des Landes nicht direkt vom Krieg betroffen ist, und warum sie Sonderrechte erhalten. Außerdem weist Interpol auf einen schwunghaften Waffenhandel hin: *»Die EU-Mitgliedstaaten und die operativen Partner haben über Fälle berichtet, in denen kriminelle Netzwerke in der Region aktiv sind und den Schmuggel erheblicher Mengen von Schusswaffen und Munition, einschließlich militärischer Waffen, betreiben oder planen.«*[225] Ein Teil der Waffen gelangte nach Westeuropa in Bereiche des Extremismus und der organisierten Kriminalität.

Nachdem Politiker und Medien zwei Jahre lang Tag für Tag »Corona-Panik« erzeugten, ging es Anfang 2022 weiter mit der Russlandhetze und einer kriegsbegeisterten, völlig einseitigen Berichterstattung. Die *Tagesschau* brachte täglich fünf bis zehn Minuten »Nachrichten von der Front« aufgrund von Informationen der ukrainischen Regierung und dubioser »Service-Agenturen«, in denen gelogen und die ukrainische Armee einschließlich der faschistischen Truppen idealisiert wurde.

Ständig beweist sich, dass Politiker und Medien in Deutschland gegen die Interessen der Bevölkerung agieren und die deutsche Souveränität eine leere Hülse ist, sobald es darauf ankommt.

---

[224] Zit. wie Focus online, 27.9.2022: »Sozialtourismus«: Wie aus einem Gerücht die Merz-Aussage wurde; www.focus.de/politik/deutschland/keinerlei-beweise-fuer-behauptung-sozialtourismus-wie-aus-einem-geruecht-die-merz-aussage-wurde_id_154610557.html

[225] ARD Tagesschau, 21.7.2022; www.tagesschau.de/investigativ/swr/ukraine-krieg-waffenschmuggel-eu-101.html

Die USA machen in und mit Deutschland, was ihnen beliebt, und die EU-Kommission regiert in die deutsche Politik hinein. Während in anderen europäischen Ländern Sprache und Traditionen gepflegt und royale Ereignisse pompös gefeiert werden, propagieren deutsche Politiker »die deutsche Schuld« und tragen so dazu bei, dass die Abneigung gegen Deutschland wächst. Dagegen helfen auch die Millionen Euro nicht, die mit vollen Händen ausgestreut werden.

Die Zerstörung der Ostsee-Pipelines

Die Berliner Regierung scheint nicht einmal mehr willens zu sein, die eigene Infrastruktur zu schützen und die existenziellen Belange der Bürger zu vertreten. Am 26. September 2022, gerade in dem Moment, als viele Menschen für die Inbetriebnahme von Nord Stream 2 demonstrierten, um einer drohenden Notlage zu entgehen, wurde die Pipeline, zugleich mit Nord Stream 1, durch Sprengungen weitgehend unbrauchbar gemacht.[226] Nord Stream 2 war gefüllt und hätte jederzeit in Betrieb genommen werden können, die Einwilligung Russlands lag vor.

Wie kann sich Deutschland einen derartig gravierenden Angriff, der nach Einschätzung von Fachleuten nur von militärischen Spezialkräften ausgeführt worden sein kann, bieten lassen? Obwohl starke Explosionen festgestellt wurden, war tagelang nur zu hören, es könne sich um Sabotage handeln. Bundesverteidigungsministerin Christine Lambrecht versicherte lediglich: *»Unsere Marine wird sich mit ihrer Expertise bei der Aufklärung einbringen. Die Umstände dieses beunruhigenden Ereignisses müssen nun schnell geklärt und die Verantwortlichen identifiziert*

[226] Vgl. ARD-Tagesschau, 28.9.2022, www.tagesschau.de/ausland/europa/nord-stream-eins-druckabfall-109.html

Bundesverteidigungsministerin Christine Lambrecht am 8. September 2022 in Ramstein

werden.«[227] Zwar wäre es nicht opportun gewesen, deswegen mit Krieg zu drohen (wem auch, etwa den USA oder dem Vereinten Königreich?), aber die Beschädigung ziviler Infrastruktur durch einen anderen Staat wäre nach dem Völkerrecht ein Kriegsgrund.

Aus Brüsseler Kreisen wurde sogleich die Vermutung geäußert, Moskau könnte die Pipelines gesprengt haben, um Kiew damit zu belasten.[228] Besonders unsinnig und bösartig war die am 28. September 2021 im *heute-journal*, dem »Sturmgeschütz« des russophoben öffentlich-rechtlichen Fernsehens, vorgetragene Denunziation, dahinter stehe ein staatlich gesponserter Sabotageakt: *»Aus Russland? Es ist, was die meisten im Westen vermuten, unbeeindruckt vom Dementi aus Moskau … Es wäre nicht die erste Lüge aus dem Kreml.«*[229] Das lag auf der gleichen Propaganda-

[227] Zit. wie ebd.
[228] Vgl. Göttinger Tageblatt, 28.9.2022
[229] www.zdf.de/nachrichten/heute-journal/heute-journal-vom-28-september-2022-100.html

schiene wie die Behauptung Selenskyjs und anderer Propagandisten, Russland habe das von eigenen Truppen besetzte Atomkraftwerk Saporischschja beschossen. Wer seiner Sinne mächtig ist, dürfte kaum auf die Idee kommen, Russland würde seine eigenen Truppen beschießen und seine Infrastruktur zerstören. Derartige Vorgehensweisen entsprechen eher den Methoden der CIA, die nicht selten Sabotage verüben, um sie anderen anzulasten.

Die USA und die NATO blieben in den Systemmedien zunächst unerwähnt. Doch war klar, dass es sich bei der Sabotage um eine militärische Aktion gehandelt hatte, weil nur gut ausgebildete Spezialkräfte eine solche Sprengung in 80 bis 100 Metern Tiefe ausführen können. Ein mit enormem Aufwand, technischem Wissen und Einsatz von Kapital hergestelltes Werk wurde aus niederträchtigen politischen Gründen über Nacht zerstört. Da Salzwasser in die Röhren eingedrungen ist, sind die Pipelines nach Aussagen von Experten nur unter großem Aufwand zu reparieren.

Der Redakteur der *NachDenkSeiten,* Jens Berger, schrieb dazu: *»Die USA haben ein Motiv und die technischen Mittel, um diese Taten begangen zu haben, und sie haben im Vorfeld auch bereits erklärt, dass sie im Zweifel Nord Stream 2 ›ein Ende setzen werden‹. Auf einer gemeinsamen Pressekonferenz mit Bundeskanzler Scholz verkündete dies US-Präsident Biden. Auf die Frage, wie er das denn genau umzusetzen gedenke, da dieses Projekt doch innerhalb der deutschen Entscheidungsmacht liegt, antwortete er kühl: ›Ich verspreche Ihnen, dass wir in der Lage sind, dies zu tun‹ …«* Wer den Anschlag begangen hat, ließ sich erst einmal nicht nachweisen, aber Berger verwies zu Recht auf das geostrategische Interesse der USA, *»einen Keil zwischen Deutschland und Russland zu treiben. Man schlägt zwei Fliegen mit einer Klappe – den alten Feind Russland und den alten Konkurrenten Deutschland.«*[230]

[230] NachDenkSeiten, 27.9.2022: Die Anschläge auf Nord Stream und der Elefant im Raum; www.nachdenkseiten.de/?p=88560

Die NATO hat angekündigt, Ermittlungen aufzunehmen. Aber diese werden erfahrungsgemäß Jahre, wenn nicht Jahrzehnte dauern und aller Voraussicht nach ohne Ergebnis bleiben. Denn man macht hier den Bock zum Gärtner.

»Damit sind die Untersuchungen voll und ganz in den Händen einer Konfliktpartei«, hieß es bei German Foreign Policy. Und weiter: *»Der einstige polnische Außenminister und heutige Europaabgeordnete Radek Sikorski kommentierte gestern auf Twitter ein Foto vom Anschlagsort in der Ostsee erst mit den Worten ›Eine Kleinigkeit, aber so große Freude‹ und sodann mit ›Thank you, USA‹.«* Sikorski hatte in seiner Begeisterung für den Anschlag und in seinem Hass gegen Russland etwas unüberlegt reagiert, er nannte einen Täter. Dennoch ist mit *German Foreign Policy* davon auszugehen, dass eine westliche Untersuchung nicht zu einem anderen Ergebnis kommt *»als dem, hinter den Anschlägen stecke Russland«*, etwas anderes könne *»als ausgeschlossen gelten«.*[231]

Die Journalistin und Russlandexpertin Dagmar Henn schrieb auf RT DE, dem über Umwege einzigen für Deutschland noch erreichbaren russischen Auslandssender: *»Der Öffentlichkeit wird jedenfalls ein Drama vorgespielt, in dem eifrig gegen unbekannt ermittelt wird. Eine Inszenierung, die nur deshalb funktionieren kann, weil man auch in Zukunft damit rechnen muss, dass russische Erkenntnisse mit allen Mitteln aus dem deutschen Informationsraum ferngehalten werden, wie man es im Fall der Informationen über US-amerikanische Biolabore ausführlich verfolgen konnte. Vermutlich wird von dieser Seite in den nächsten Tagen einiges an die Öffentlichkeit gebracht werden …«* Doch das werden dann westliche Leser, Hörer und Zuschauer wohl nicht erfahren. Henn konstatierte: *»… die Ostsee ist eines der am besten überwachten Gewässer auf diesem Planeten. Nicht nur an der Oberfläche, wo sich kein Schiff bewegen dürfte, ohne jederzeit wahrgenommen zu werden, von bei-*

[231] www.german-foreign-policy.com/news/detail/9037 (28.9.2022)

den Seiten. Auch unter Wasser, wo Sonar und Unterwassermikrofone dazu dienen, Bewegungen von U-Booten zu überwachen.« Daraus folgert Henn: *»Klar ist auf jeden Fall, dass das NATO-Hauptquartier in Brüssel ebenso wissen müsste, wer verantwortlich ist, wie die Russen. In Brüssel laufen sämtliche Überwachungsdaten sämtlicher angrenzender NATO-Staaten zusammen …«*

Daraus ergab sich für Henn eine andere Frage: *»Denn Informationen, die vorliegen, womöglich mehrfach, können nur dann auch geheim gehalten werden, wenn die Besitzer dieser Informationen kooperieren. Anders formuliert, die Überwachungsdaten der NATO sind nur so lange unter Kontrolle, solange die politische Zustimmung der Beteiligten sicher ist. Oder, um es noch ein wenig schärfer zu formulieren, eine solche Sabotagehandlung gegen den Willen der Bundesregierung zu unternehmen und geheim zu halten, grenzt an Unmöglichkeit. Auch die Bundeswehr dürfte einige Mikrofone in der Ostsee hängen haben …«* Es könnte also sein, vermutete Henn, *»dass Scholz selbst einem solchen Akt zugestimmt hat, weil doch etwas Panik vor der erzürnten Bevölkerung besteht«* – die für die Inbetriebnahme von Nord Stream 2 demonstriert hat. Das wäre dann *»eine zusätzliche Runde Verrat durch diese Bundesregierung«.*[232] Natürlich streng geheim. Erstaunlich auch, dass nur wenige Tage nach der Sabotage an Nord Stream 1 und 2 die Baltic Pipe, eine Gaspipeline von Norwegen nach Polen, in Betrieb genommen wurde.[233]

Eine andere Sprengung ist allerdings nach Jahren doch noch ans Licht gekommen. Ältere Zeitgenossen erinnern sich, dass die USA schon einmal eine Pipeline gesprengt haben, um die Konkurrenz Russlands auszuschalten. In den 1980er-Jahren nutzten sie die neuen technologischen Möglichkeiten für groß angelegte

---

[232] Zit. wie RT DE, 27.9.2022: Wer hat die Nord-Stream-Röhren sabotiert? Die Liste der Verdächtigen ist vergleichsweise kurz; https://pressefreiheit.rtde.tech/meinung/150028-sabotage-bei-nord-stream-kampftaucher/ (28.9.2022)

[233] European Commission, 27.9.2022; https://commission.europa.eu/news/launch-baltic-pipe-2022-09-27_en

Sabotagemaßnahmen auf sowjetische Industrien durch das Einschleusen von Trojanern und Computerchips. 1982 wurde auf diese Weise die Jamal-Pipeline in Sibirien, durch die Erdgas im Wert von 30 Milliarden Dollar nach Europa, insbesondere nach Deutschland, fließen sollte, vom CIA in einer Geheimaktion in die Luft gesprengt. Experten sprachen von der größten nichtnuklearen Explosion, die jemals gezündet wurde. Dadurch entstanden der Sowjetunion gewaltige Schäden.[234] Parallelen zur Gegenwart sind unübersehbar.

Schon damals wollte man die Sowjetunion durch Sabotageakte, Terroranschläge, die Inszenierung von Aufständen und immense Nachrüstungskosten in den Staatsbankrott treiben. Und Schweden sollte in die NATO-Strategie einbezogen werden. Der damalige schwedische Ministerpräsident Olof Palme war dagegen. Er warb intensiv für eine Entspannungspolitik, und mit großer Sicherheit wurde er deswegen kurz vor einem Treffen mit Michail Gorbatschow ermordet.[235]

Wer von der verordneten Ideologie abweicht, wird gesperrt, diffamiert oder ermordet. Was im Wege ist, wird eliminiert, und das schon seit Jahrzehnten. Durch die Zerstörung der Ostseepipelines ist Deutschland einmal mehr der Willkür der USA ausgeliefert, seinem in kürzester Zeit zum Hauptgaslieferanten avancierten Energieversorger. Zusammen mit den gewaltigen Einnahmen aus der durch den inszenierten Ukraine-Krieg prosperieren Rüstungsindustrie konnten die USA ihre Wirtschaft, die vor dem Zusammenbruch stand, sanieren. Aber die Bundesregierung war erst einmal ratlos. Sie ist auch weiterhin desorientiert, hilflos und unfähig. Und sie ruiniert unter außerstaatlichem Einfluss das eigene Land.

---

[234] Siehe hierzu Wolfgang Bittner: Die Eroberung Europas durch die USA, S. 184 ff. mit weiteren Nachweisen

[235] Dazu: Dirk Pohlmann: »Die Methode Reagan«, YouTube; www.youtube.com/watch?v=lIdwUebHhjI (30.11.2022)

In einer Rede auf dem Forum »Russische Energiewoche« erklärte der russische Präsident knapp drei Wochen nach dem Terrorakt: *»Jeder versteht, wer dahinter steckt und wer der Nutznießer ist.«* Es seien diejenigen, *»die von Instabilität und Konflikten profitieren«*. Den europäischen Ländern könne jetzt das verflüssigte Erdgas aus den USA in noch größerem Umfang aufgezwungen werden. Man sei darauf aus, *»die Beziehungen zwischen Russland und der EU vollständig zu kappen, die politische Souveränität Europas zu untergraben, seine industriellen Kapazitäten zu schwächen und die Kontrolle über seine Märkte zu erlangen«*.[236]

Der Versuch, Russland in den »großen Krieg« zu zwingen

Im Oktober 2022 trat deutlich zutage, dass die USA und die von ihr gesteuerte NATO Russland mithilfe der Kiewer Regierung durch schwere Provokationen zu Reaktionen bringen wollten, die gravierende Folgen hätten. Der Krieg in der Ukraine wurde durch riesige Waffenlieferungen unter Einbeziehung westeuropäischer Vasallenstaaten forciert, die kriegshetzerische Rhetorik und die Affronts nahmen weiter zu, etwa durch die von Militärspezialisten durchgeführte Sprengung der Ostsee-Pipelines, den Angriff auf den Krim-Militärflugplatz und die Versenkung des Kreuzers »Moskwa« mit Seezielflugkörpern Mitte April 2022. Zu diesen Aktionen zählt auch das Eindringen des britischen Kriegsschiffes »HMS Defender« in russische Hoheitsgewässer vor der Krim im Juni 2021.

Ein erneuter Höhepunkt war der am 7. Oktober 2022 von der Ukraine und westlichen Spezialisten – ohne Wissen oder Mitwirkung der westlichen Dienste passiert in der Ukraine gar nichts

[236] Zit. wie RT DE, 12.10.2022: Putin gibt Hinweise auf die Verantwortlichen für die Sabotage von Nord Stream; https://pressefreiheit.rtde.tech/international/151406-putin-gibt-hinweise-auf-verantwortlichen/ (15.10.2022)

– durchgeführte Anschlag auf die Brücke von Kertsch.[237] Wladimir Putin machte aufgrund von Informationen der nationalen Ermittlungsbehörde den ukrainischen Geheimdienst SBU für die schweren Explosionen verantwortlich: *»Es gibt keine Zweifel. Das ist ein Terrorakt, der auf die Zerstörung kritischer ziviler Infrastruktur der Russischen Föderation ausgerichtet war.«*[238]

Obwohl Wolodymyr Selenkskyj zunächst jede Verantwortung zurückwies, sprachen der Jubel und die Häme der Nationalisten in Kiew für sich.[239] Im Westen verhaltene Schadenfreude und zur Entlastung der Ukraine vereinzelt sogar die absurde Vermutung, der Kreml könnte selber mit einer »Anti-Terroroperation« hinter dem Anschlag stecken, um *»die Zügel innenpolitisch anzuziehen«.*[240] Aber was ist davon zu halten, wenn die ukrainische Post eine Sonderbriefmarke mit einem Bild der brennenden Krim-Brücke ankündigte?[241]

Ein Anschlag auf die Brücke war bereits seit längerer Zeit vorgesehen. Unter anderem regte der einflussreiche Parlamentsabgeordnete und ehemalige Vizekommandeur des Asow-Regiments, Igor Mossijtschuk, 2018 vor der Werchowna Rada eine Sprengung der wichtigsten Verbindung der Krim mit dem Festland an.[242] Auch die extrem antirussische US-Denkfabrik Atlantic Council rief zu Terroranschlägen auf die Brücke auf: *»Die Ukraine sollte in Be-*

---

237 Vgl. WSWS.ORG, 11.10.2022; www.wsws.org/de/articles/2022/10/10/ymsa-o10.html

238 Zit. wie news.ORF.at, 9.10.2022; https://orf.at/stories/3288885/

239 Vgl. Süddeutsche Zeitung, 9.10.2022: Explosion auf Krim-Brücke: Genugtuung in der Ukraine; www.sueddeutsche.de/politik/ukraine-krieg-krim-bruecke-explosion-1.5671589; ntv, 8.10.2022; www.n-tv.de/mediathek/videos/politik/Explosion-auf-der-Krim-Bruecke-Wahnsinnig-viel-Schadenfreude-in-Odessa-article23637293.html

240 BR24, 8.10.2022; www.br.de/nachrichten/deutschland-welt/explosion-auf-krim-bruecke-ukrainer-spotten-putin-schweigt,TJgpgUX

241 Vgl.UKRINFORM,4.11.2022;www.ukrinform.de/rubric-other_news/3588875-crimean-bridge-done-ukrainische-post-bringt-briefmarke-zu-krimbrucke.html

242 Vgl. Mad Madursklix, 13.12.2018; www.youtube.com/watch?v=-T9I229WJcA (5.1.2019)

tracht ziehen, mit einer Spezialoperation die Brücke zu unterbrechen, die Moskau über die Straße von Kertsch gebaut hat, um die Krim mit Russland zu verbinden.« Atlantic Council ging noch weiter. Auf dessen Ukraine-Blog schrieb ein sogenannter Russland-Experte: *»Die Ukraine sollte die USA und Nato einladen, eine Flotte bewaffneter Schiffe nach Mariupol zu senden, der größten Stadt am Asowschen Meer, und Russland veranlassen zu schießen oder die Nato davon abzuhalten, ihr Recht auszuüben, ukrainische Häfen zu besuchen. Diese Schiffe sollten bewaffnet sein und über Luftunterstützung verfügen, aber sie sollten instruiert sein, nicht zu schießen, solange sie nicht selbst beschossen würden.«*[243] Es ging also schon im November 2018 darum, Russland zum »ersten Schuss« zu provozieren, um einen heißen Konflikt mit der USA/NATO zu beginnen.

Dazu kommentiert der Sicherheitsexperte Willy Wimmer, man gewinne den Eindruck, *»dass übergeordnete Fragen darüber entscheiden, welche Darstellung vom Anschlagsgeschehen es geben kann«*. Er stellte die Frage: *»Werden die dem Angegriffenen bekannten Fakten dazu benutzt, den offenen Krieg zwischen Russland und den USA zu erklären oder ordnen sich die bekannten Fakten in eine weitere strategischen Bedeutung ein, die weit über das Kriegsgeschehen in der Ukraine hinausgeht?«* Das russische Verhalten, *»rote Linien sehr flexibel zu handhaben«*, lasse ebenso darauf schließen wie die Annahme, dass aufseiten der USA alles unternommen werde, Russland die Verantwortung *»für einen direkten Kriegsausbruch zwischen beiden Staaten zuschieben zu können«*. Darin, so vermutet Wimmer, *»dürfte auch die öffentlichkeitswirksam betriebene Armageddon-Diskussion durch den Präsidenten Joe Biden einzubeziehen sein, mit der nuklearen Dimension inbegriffen«*. Der Angriff

---

[243] Atlantic Council, 26.11.2022; www.atlanticcouncil.org/blogs/ukrainealert/russia-s-provocations-in-the-sea-of-azov-what-should-be-done; vgl. auch Geld und mehr: Atlantic Council rät Ukraine, einen militärischen Zwischenfall zwischen Nato und Russland zu provozieren, 4.12.2018: https://norberthaering.de/news/atlantic-council-krim/

auf die Krim-Brücke müsse *»nach dem bisherigen Geschehen in der Zeit von US-Präsident Biden seit Amtsantritt unter Bezug auf den Midterm-Wahltermin am 8. November 2022 gesehen werden«.*[244]

In der Tat hat sich das Gefahrenpotenzial seit der Präsidentschaft Bidens vervielfacht. War er schon als Senator und Vizepräsident eine ernste Bedrohung für den Weltfrieden, steigerte sich sein aggressives Vorgehen gegen Russland und auch gegen China ins Extrem, sobald er an der Macht war. Es hat den Anschein, als wolle er die Präsidentschaft nutzen, endlich sein Hauptziel zu erreichen, nämlich die monopolare Stellung der USA mit allen zur Verfügung stehenden Mitteln zu erhalten und zu festigen. Wobei ihn offenbar völlig kalt lässt, dass den USA inzwischen ein großer Teil der asiatischen, afrikanischen und südamerikanischen Staaten ablehnend bis feindlich gegenüberstehen.

Noch vor dem Anschlag auf die Krim-Brücke hatte Biden mehrmals von atomaren Drohungen des russischen Präsidenten gesprochen und zugleich beschwichtigt: Es gebe keine Erkenntnisse über konkrete Schritte zu einem russischen Atomwaffeneinsatz, der zu einem Armageddon führen könnte. Allerdings scherze Putin nicht, wenn er damit drohe.[245]

Aber Putin zieht den Einsatz von Atomwaffen erst nach atomaren Drohungen durch die USA und die Ukraine sozusagen als letzte Verteidigungsoption in Betracht. Diese Position bekräftigte nochmals der russische Außenminister Lawrow in einer Stellungnahme am 13. Oktober 2022: *»Der russische Präsident Wladimir Putin hat wiederholt erklärt, dass wir in unserer Nukleardoktrin ausschließlich Antwortmaßnahmen vorsehen, die verhindern sollen, dass die Russische Föderation durch direkte Nuklearschläge oder durch Schläge mit anderen Waffen, die die Existenz des russischen*

---

[244] World Economy, 9.10.2022; www.world-economy.eu/nachrichten/detail/marco-polo-arnheim-remagen-kertsch-bruecken-und-ihre-bedeutung/

[245] Vgl. ARD-Tagesschau, 7.10.2022; www.tagesschau.de/ausland/amerika/atomwaffen-biden-usa-101.html

Staates selbst bedrohen, zerstört wird.« Er hoffe, dass diejenigen, *»die ständig über das Thema Atomkrieg und die ›Organisation von Provokationen‹ seitens der Russischen Föderation mit Massenvernichtungswaffen spekulieren, sich ihrer Verantwortung bewusst sind.«*[246]

Es fragt sich also, was Biden beabsichtigte, als er das Thema der Atomkriegsgefahr in den Vordergrund schob. Zuzutrauen ist ihm alles, auch die Anzettelung eines Atomkrieges gegen Russland, wie es schon mehrmals erwogen wurde. Entsetzlich genug, wenn es zu einem konventionellen Krieg der USA/NATO mit Russland käme. Aber vor der direkten Konfrontation wich Wladimir Putin trotz der überschrittenen roten Linien erst einmal taktisch klug zurück, und er ignoriert bis dato, dass sich die USA/NATO – wenn auch nicht offiziell, so doch de facto – bereits im Krieg mit Russland befinden. Offensichtlich wollte er – die US-Kongresswahlen im Auge – abwarten, wie sich die Lage weiter entwickelt.

Bidens vorrangiges Ziel, in Moskau subversiv sowie mithilfe der missbrauchten Ukraine einen Regime Change herbeizuführen, um dann weiter gegen den erstarkenden Konkurrenten China vorzugehen, folgt einer hochgefährlichen Strategie. In Russland, das durch die Bedrohungen in seiner Entwicklung zurückgeworfen wurde, ist neben Putin und seinen Unterstützern ein nationalistisches Führungspersonal entstanden, das den Dreistigkeiten, Beleidigungen und permanenten Aggressionen durch die USA ein Ende mit Schrecken setzen könnte.

Am 10. Oktober 2022 antwortete Russland auf die teilweise Zerstörung der Krim-Brücke mit etwa 80 Raketen auf Infrastrukturobjekte und militärische Ziele in der ganzen Ukraine.[247]

---

[246] Zit. wie RT DE, 13.10.2022; https://test.rtde.tech/kurzclips/video/151414-lawrow-nukleardoktrin-sieht-ausschliesslich-antworten/ (15.10.2022). Vgl. auch Handelsblatt, 13.12.2022; www.handelsblatt.com/politik/international/ukraine-die-lage-am-morgen-putin-atomwaffen-dienen-nur-der-verteidigung-scholz-sieht-geringere-atom-gefahr/28858226.html

[247] Vgl. ZDF-heute, 11.10.2022; www.zdf.de/nachrichten/politik/neue-raketen angriffe-ukraine-krieg-russland-100.html

Staatsbesuch in der Ukraine im September 2021. US-Präsident Joseph Biden twitterte: »Anlässlich meines heutigen Besuchs bei Präsident Selensky habe ich die Unterstützung der Vereinigten Staaten für die Souveränität und territoriale Integrität der Ukraine angesichts der russischen Aggression, unsere enge Zusammenarbeit bei der Energiesicherheit und unsere gemeinsamen demokratischen Werte bekräftigt.«

Auch danach fanden weitere Raketen- und Drohnenangriffe auf die Infrastruktur statt, wodurch in großen Teilen der Ukraine die Elektrizitätsversorgung ausgesetzt war. Für den Fall erneuter ukrainischer Terrorangriffe drohte Putin noch härtere Reaktionen an. Es folgte ein Aufschrei der Empörung in der Ukraine und im Westen. Jetzt war von Terrorismus die Rede, allerdings von russischem, und wieder von dem »brutalen Vernichtungskrieg« gegen die Ukraine. Ex-Botschafter Andrij Melnyk forderte: *»Dieser Terror-Staat Russland muss eliminiert werden.«*[248] Wolodymyr Selenskyj verlangte noch mehr Waffen und Geld, Olaf Scholz, Annalena Baerbock und weitere führende Politiker ereiferten sich und versprachen Unterstützung.

---

[248] Zit. wie Twitter, 10.10.2022; https://mobile.twitter.com/welt/status/1579430074931384320 (15.10.2022)

Joseph Biden sprach über die *»äußerste Brutalität«* von Putins *»illegalem Krieg«* und sagte Kiew *»fortschrittliche Luftabwehrsysteme«* zu: *»Die Luftabwehr ist derzeit die oberste Priorität unserer Zusammenarbeit im Verteidigungsbereich.«* Die USA würden die Ukraine weiterhin mit allem versorgen, *»was sie für ihre Verteidigung benötigten«*. Selenskyj zeigte sich zufrieden und twitterte von einem *»produktiven Gespräch«* mit Biden.[249]

Die Einsicht, dass westlich gesteuerte Terroranschläge nur noch größere Verwüstungen und noch mehr Menschenleben zur Folge haben würden, fehlt bei den führenden Politikern völlig. Nur hier und da sind Bedenken zu vernehmen und die Aufforderung, zu verhandeln. Aber in der Ukraine sowie auch im Westen sind Psychopathen am Werk, Kriegstreiber, die sich gegenseitig bestätigen und zu denen an vorderster Front Joseph Biden, Wolodymyr Selenskyj, die im Oktober 2022 gescheiterte britische Premierministerin Liz Truss und Annalena Baerbock gehören. Niemanden interessiert, dass Donezk und Luhansk acht Jahre lang bombardiert wurden, Krieg gegen Serbien, Libyen und den Irak geführt wurde und gegen Syrien und den Jemen immer noch Krieg mit entsetzlichen Opfern und Zerstörungen geführt wird. Fast alle Politiker und Journalisten gehen darüber hinweg, als sei das unwesentlich und kein Wort wert. Anstatt zu deeskalieren, wird in den Medien noch mehr gehetzt: *»Putin, der gefährliche Despot«* (ZDFinfo), *»Putins Terror ist teuer« (FAZ), »Weizen als Waffe«* (Tagesschau24), *»Russland eskaliert den Ukraine-Krieg« (ZDF-heute-journal).*

Die USA und im Gefolge Westeuropa mit der »Speerspitze« Deutschland gehen weiter in die Konfrontation. Es sieht katastrophal aus in der Welt, und die Zukunftsaussichten sind zum Fürchten.

---

249 Zit. wie ZDF-heute, 10.10.2022; www.zdf.de/nachrichten/politik/biden-luftabwehr-systeme-ukraine-krieg-russland-100.html

In der Bevölkerung kaum bekannt sind verstörende Pläne des einflussreichen Weltwirtschaftsforums (World Economic Forum; WEF) zu einer Neuordnung der Gesellschaft, sie werden überdeckt von einem die Menschen verwirrenden Informationschaos, der Corona-Krise und dem Krieg in der Ukraine. Das WEF, eine Stiftung und weltweit vernetzte Lobbyorganisation, hat seinen Hauptsitz in der Schweiz bei Genf und veranstaltet jährliche Treffen, zumeist in Davos, an denen die Elite der Welt teilnimmt. Es unterhält Büros in New York, Tokio und Peking. Die Macht dieser Organisation wird – ebenso wie die der »Bilderberg-Gruppe«[250] – oft unterschätzt. Denn es ist keine harmlose Honoratiorengesellschaft, die sich in den Schweizerischen Bergen trifft, um nett miteinander zu plaudern.

Ziel eines parallel zum Jahrestreffen stattfindenden Open Forum ist nach eigenem Bekunden, *»die Öffentlichkeit an den Diskussionen zwischen EntscheidungsträgerInnen aus Politik, Wirtschaft, Wissenschaft und Zivilgesellschaft teilhaben zu lassen«*. Weiter heißt es: *»Zu unsern Panelisten zählen wir regelmässig hochrangige RegierungsvertreterInnen, UnternehmensführerInnen, WissenschaftlerInnen, KünstlerInnen und AktivistInnen, welche ihre Geschichten und Sichtweisen mit dem Publikum teilen. Im Sinne des ›Spirit of Davos‹ soll das Open Forum den Dialog zwischen EntscheidungsträgerInnen aus unterschiedlichen Sparten und Lebenslagen fördern, um Lösungen zu den dringlichsten globalen Herausforderungen unserer Zeit zu suchen.«*[251]

---

[250] Die »Bilderberger« sind eine ebenfalls außerordentlich einflussreiche, informell zusammentreffende Gruppierung, die global agiert und deren Leitung dem Vorsitzenden eines Lenkungsausschusses obliegt. Der Teilnehmerkreis ist ähnlich dem beim WEF; vgl. Wikipedia, Bilderberg-Konferenz, https://de.wikipedia.org/wiki/Bilderberg-Konferenz#Organisation (2.10.2022)

[251] Zit. wie www.weforum.org/de/open-forum/pages/about

Das klingt keineswegs nach Verschwörung. Aber etwas deutlicher, und damit problematisch, wird die Zielsetzung, wenn das WEF in seinem »Global Redesign«-Bericht aus dem Jahr 2010 fordert, *»dass eine globalisierte Welt am besten von einer Koalition aus multinationalen Unternehmen, Regierungen (auch über das System der Vereinten Nationen (UN) und ausgewählten zivilgesellschaftlichen Organisationen (CSOs) gesteuert wird«*. Regierungen seien nicht mehr *»die überwältigend dominierenden Akteure auf der Weltbühne«*, sodass *»die Zeit für ein neues Stakeholder-Paradigma der internationalen Governance gekommen ist«*.[252]

Mit anderen Worten: Das WEF plant demokratische Organisationsformen, in denen die Macht im Staat vom Volk mittels gewählter Vertreter ausgehen soll, durch ein Herrschaftssystem zu ersetzen, in dem eine Gruppe von »Stakeholdern«, also »führenden Persönlichkeiten«, ein globales Entscheidungsgremium bildet. Positiv gesehen, wäre das eine Herrschaft der Weisen, wer auch immer das sein mag. Kritisch gesehen, bedeutet es eine plutokratische Diktatur in einer grenzenfreien, übernationalen Welt. Eine selbsternannte »Elite« würde also die Macht übernehmen und eine Art Weltregierung bilden. Insofern stellt sich das WEF als eine außerordentlich einflussreiche quasimafiöse Organisation dar, die eine Machtübernahme nicht demokratisch legitimierter »Führungspersönlichkeiten« in globalem Ausmaß vorbereitet. Zur Durchsetzung der Programmatik können dann Phasen globaler Instabilität genutzt werden, zum Beispiel die Corona-Pandemie, Hungersnöte oder die Auswirkungen des Krieges in der Ukraine. Der Kommunikationsforscher und Autor Nick Buxton, der sich eingehend mit den Absichten des WEF befasst hat,

---

[252] Zit. wie https://de.wikipedia.org/wiki/Weltwirtschaftsforum (18.8.2021); kritisch hierzu: Springer Link, 29.11.2019: The Role of Public and Private Actors and Means in Implementing the SDGs: Reclaiming the Public Policy Space for Sustainable Development and Human Rights; https://link.springer.com/chapter/10.1007/978-3-030-30469-0_12

kommt zu dem Ergebnis, *»dass wir zunehmend in eine Welt eintreten, in der Zusammenkünfte wie Davos keine lächerlichen Milliardärsspielplätze sind, sondern die Zukunft der Global Governance«*. Es sei *»nichts weniger als ein stiller Staatsstreich«*.[253]

Besonders deutlich werden Zielsetzung und die Macht des WEF, wenn man sieht, wer sich in welcher Weise am WEF beteiligt. Es sind etwa 1000 Mitgliedsunternehmen mit einem Umsatz von über fünf Milliarden US-Dollar,[254] darunter die wichtigsten Unternehmen ihrer Branche, die auch politisch eine Rolle spielen. Die Basis-Mitgliedergebühr beträgt 42 000 Schweizer Franken sowie eine Gebühr von 18 000 Schweizer Franken für die Teilnahme des jeweiligen Präsidenten am Jahrestreffen. Mitglieder aus der Industrie und strategische Partner bezahlen 250 000 Schweizer Franken bzw. 500 000 Schweizer Franken, um maßgeblich an den Initiativen des Forums mitwirken zu können.[255] Strategische Partner sind zum Beispiel BlackRock, die Gates Foundation, Goldman Sachs, Google, The Coca Cola Company, Allianz, Bank of America, BP Amoco, Credit Suisse, Deutsche Bank, Deutsche Post DHL, Facebook, der Pharmakonzern Johnson & Johnson, Mastercard, Mitsubishi Corporation, Paypal, SAP, Saudi Aramco, Siemens oder auch der Medienkonzern Thomson Reuters.[256]

1992 startete das WEF ein Programm für »Global Leaders of Tomorrow«, das seit 2004 »Young Global Leaders« heißt, zur Förderung geeigneter zukünftiger Führungskräfte. Dadurch entstand ein globales Netzwerk mit bedeutenden Führungskräften aus Politik, Wirtschaft, Medien, Kunst und Kultur, Adel und so weiter,

---

[253] Zit. wie Transnational Institute: Davos and its danger to Democracy, 18.1.2016; www.tni.org/es/node/22742

[254] Vgl. https://de.wikipedia.org/wiki/Weltwirtschaftsforum (26.1.2022)

[255] Vgl. Geoffrey Allen Pigman: The World Economic Forum. A multi-stakeholder approach to global governance. London 2007

[256] Vgl. World Economic Forum: Strategische Partner; www.weforum.org/communities/strategic-partnership-b5337725-fac7-4f8a-9a4f-c89072b96a0d (20.10.2020)

die sich für die Pläne des WEF engagieren. In einem Interview renommierte dessen Gründer Klaus Schwab: *»Worauf wir sehr stolz sind ..., dass wir mit unseren Young Global Leaders in die Kabinette eindringen.«*[257] Auf diese Weise nimmt das WEF weltweit Einfluss auf das öffentliche Leben.

Bereits am ersten Programm 1992 nahmen später sehr bekannt gewordene Persönlichkeiten teil wie Angela Merkel, Tony Blair, Nicolas Sarkozy, Manuel Barroso oder Bill Gates. In den folgenden Jahren kamen Hunderte hinzu, die nach und nach wichtige Positionen einnahmen: Emmanuel Macron, David Cameron, Sebastian Kurz, Annalena Baerbock, Mark Zuckerberg (Gründer von Facebook), Jacinda Ardern (Premierministerin von Neuseeland), Sanna Marin (Ministerpräsidentin von Finnland), Ida Auken (Ex-Umweltministerin von Dänemark), Kronprinz Haakon von Norwegen, Larry Page (Mitgründer von Google), Leonardo DiCaprio (Schauspieler), Niklas Zennström (Mitentwickler von Skype) und Jimmy Wales (Mitgründer von Wikipedia).

2019 wandten sich mehr als 400 zivilgesellschaftliche Organisationen und 40 internationale Netzwerke gegen ein Partnerschaftsabkommen zwischen dem WEF und den Vereinten Nationen. Der UN-Generalsekretär wurde aufgefordert, das Abkommen zu beenden, da es eine *»beunruhigende unternehmerische Vereinnahmung«* der UN sei, die *»die Welt gefährlich in Richtung einer privatisierten und undemokratischen Global Governance«* bewege.[258]

Die US-amerikanische Journalistin Diana Johnstone hält das WEF für eine *»Kombination aus kapitalistischer Beratungsfirma und gigantischer Lobby«*, konzentriert auf *»digitale Innovation, massive Automatisierung durch ›künstliche Intelligenz‹ und schließ-*

---

[257] Zit. wie BITCHUTE, 25.1.2022; www.bitchute.com/video/Md4l9RsMwxr5/ (26.1.2022)

[258] Zit. wie Transnational Institute: Hunderte zivilgesellschaftliche Organisationen weltweit verurteilen die Übernahme der UN durch das Weltwirtschaftsforum, 17.1.2020; www.tni.org/en/node/24855?content_language=es (20.9.2022)

lich sogar auf die ›Verbesserung‹ des Menschen, indem sie ihn künstlich mit einigen Eigenschaften von Robotern ausstatten: z. B. Problemlösung ohne ethische Ablenkungen.« Sie warnt vor der *»Stimme der Möchtegern-Global Governance«* und schreibt: *»Von oben entscheiden Experten, was die Massen wollen sollen, und verdrehen die angeblichen Wünsche des Volkes, damit sie in die Profitschemata passen, mit denen sie hausieren gehen.«*[259]

2021 meldete sich der ehemalige Präfekt der Kongregation für die Glaubenslehre, Kardinal Gerhard Ludwig Müller, zu Wort und kritisierte, dass Menschen wie Klaus Schwab *»auf dem Thron ihres Reichtums«* säßen und von den alltäglichen Schwierigkeiten und Leiden der Menschen durch die Corona-Pandemie nicht berührt würden. Vielmehr sähen sie in solchen Krisen eine Chance, ihre Programmatik eines meritokratischen globalen »Great Reset« mit zunehmender Kontrolle über die Gesellschaft durchzusetzen.[260] Müller kritisierte eine Unterstützung unter anderem aus Bereichen des Transhumanismus[261]. Ihm wurde Antisemitismus entgegengehalten.

Klaus Schwab und der französische Ökonom und »Globalstratege« Thierry Malleret schrieben in ihrem 2020 gemeinsam veröffentlichten Bestseller »Der große Umbruch« (Engl. »The Great Reset«) zu den Intentionen des WEF: *»Es geht darum, die Welt weniger gespalten, weniger verschmutzend, weniger zerstörerisch, integrativer, gerechter und fairer zu machen, als wir sie in der Zeit vor der Pandemie hinter uns gelassen haben.«* Es könne zu Veränderungen kommen, *»die vor dem Ausbruch der Pandemie unvorstellbar schienen«*, es werde eine *»neue Normalität«* geben.[262]

---

[259] Zit. wie apolut: The Great Pretext - Der große Vorwand für eine Dystopie, 5.12.2020; https://apolut.net/the-great-pretext-der-grosse-vorwand-fuer-eine-dystopie-von-diana-johnstone/

[260] Zit. wie Süddeutsche Zeitung, 15.12.2021; www.sueddeutsche.de/politik/antisemitismus-kritik-an-kardinal-mueller-1.5489031

[261] Transhumanismus = Ideologie zur Erweiterung der physischen, psychischen und intellektuellen menschlichen Möglichkeiten durch technologische Verfahren

[262] Zit. wie Klaus Schwab/Thierry Malleret: Covid-19. Der große Umbruch. Cologny/Genf 2020, S. 293

Klaus Schwab, Gründer des Weltwirtschaftsforums

In einem Interview vom 19. November 2020 nach seinen Vorstellungen für den beabsichtigten »globalen Neuanfang« gefragt, antwortete Schwab: *»Ich finde das Wort ›Reset‹ passend … Denn eines ist klar: Wir können nicht zur alten Normalität zurückkehren.«* Hinsichtlich der Bekämpfung der Corona-Pandemie vertrat er die Ansicht: *»Was wir also in unserer Welt brauchen, ist ein verstärkt systemischer Ansatz, … eine Reform des internationalen Systems.«*[263]

Die Phase der Corona-Pandemie wird demnach als Epochenwechsel angesehen, mit dem sich die Verhältnisse in der Welt entsprechend der dargestellten Agenda des WEF grundlegend ändern sollen. Wie das nach einer Beendigung des Ukraine-Krieges geschehen soll, bleibt abzuwarten. Inzwischen sind die Staaten völlig verschuldet, Wirtschaft und Finanzen sind zerrüttet, und viele Menschen wissen nicht ein noch aus, sodass die Vorstellungen der Sachwalter des Weltwirtschaftsforums zunehmend an Gewicht gewinnen, einerlei ob es den »großen Krieg« geben wird oder nicht.

---

[263] Zit. wie YouTube: Klaus Schwab: »Wir können nicht zur alten Normalität zurückkehren«, 19.11.2020; www.youtube.com/watch?v=q3M2CjHn5N8 (21.10.2022)

Letzte Meldungen

Hausdurchsuchung bei Andersdenkenden

Die Obrigkeit geht schon länger rigoros und rechtswidrig gegen Menschen vor, die nicht der Regierungslinie folgen. In Weimar etwa wurden das Büro, die Wohnung und das Auto eines Richters durchsucht sowie sein Handy beschlagnahmt, weil er die Maskenpflicht für Schüler an zwei Schulen aufgehoben hatte. Die Verantwortung lag dem Vernehmen nach beim thüringischen Justizminister Dirk Adams (Partei Bündnis 90/Die Grünen).[264] Hausdurchsuchungen fanden auch bei Spitzenvertretern der zugelassenen Partei dieBasis statt. Auch hier wurden Handys und Laptops beschlagnahmt.[265]

Tötung Oppositioneller »vorstellbar«

Verfassungsschutzpräsident Thomas Haldenwang sagte am 18. Oktober 2022 in einer Anhörung des Parlamentarischen Kontrollgremiums zum Thema »Nachrichtendienste warnen vor Gefahren durch Russland und China«, dass *»Oppositionellen-Beobachtung sehr viel stärker stattfinden wird und dass möglicherweise*

[264] Vgl. Die Unbestechlichen, 27.4.2021; https://dieunbestechlichen.com/2021/04/urteil-gegen-coronamassnahmen-hausdurchsuchung-bei-weimarer-richter-dettmar/

[265] Vgl. The Epoch Times, 30.6.2021; www.epochtimes.de/blaulicht/handy-weg-laptop-weg-hausdurchsuchung-bei-diebasis-spitzenkandidaten-und-weimarer-richter-a3546961.html

auch energisches Vorgehen gegen Oppositionelle bis hin zur Tötung vorstellbar erscheint«.[266]

»Volksverhetzung«

Fast unbemerkt von der Öffentlichkeit verabschiedete der Deutsche Bundestag am 20. Oktober 2022 eine Änderung von Paragraf 130 (Volksverhetzung) des Strafgesetzbuches.[267] Nach dem neu hinzugefügten Absatz 5 kann bestraft werden, wer gegen eine nationale Gruppe zu Hass oder Gewalt aufstachelt und gemäß Völkerstrafgesetzbuch strafbare Handlungen billigt, leugnet oder verharmlost und dadurch den öffentlichen Frieden stört.

Der für Laien kaum verständliche Paragraf lautet nun wie folgt: *»Mit Freiheitsstrafe bis zu drei Jahren oder mit Geldstrafe wird bestraft, wer eine Handlung der in den §§ 6 bis 12 des Völkerstrafgesetzbuches bezeichneten Art gegen eine der in Absatz 1 Nummer 1 bezeichneten Personenmehrheiten oder gegen einen Einzelnen wegen dessen Zugehörigkeit zu einer dieser Personenmehrheiten öffentlich oder in einer Versammlung in einer Weise billigt, leugnet oder gröblich verharmlost, die geeignet ist, zu Hass oder Gewalt gegen eine solche Person oder Personenmehrheit aufzustacheln und den öffentlichen Frieden zu stören.«*[268]

Diese verklausulierte Strafbestimmung ist in einer Weise auslegbar, die Staatsanwaltschaft und Gerichten einen sehr weiten Ermessensspielraum lässt. Im Klartext bedeutet das: Wer sich in einer Weise öffentlich äußert, die von der Obrigkeit missbilligt wird, kann womöglich streng bestraft werden – ein weiterer

---

[266] Zit. wie YouTube: Bitte was? Bis hin zur Tötung Oppositioneller?, 18.10.2022; www.youtube.com/watch?v=-k9-j0XPTxE (27.10.2022). Die gesamte Anhörung unter www.youtube.com/watch?v=gsCVpPlE4Lk (27.10.2022)
[267] Vgl. Deutscher Bundestag, 20.10.2022; www.bundestag.de/dokumente/textarchiv/2022/kw42-de-bundeszentralregister-915600
[268] Ebd.

Schritt zur Einschränkung von Grundrechten, insbesondere der Meinungsfreiheit, Pressefreiheit und Freiheit der Wissenschaft.

4000 Euro Strafe für das Zeigen eines »Z«

Ein 62-jähriger Hamburger wurde zu 4000 Euro Strafe verurteilt, weil er mit einem großen »Z« an der Heckscheibe seines Autos durch die Stadt gefahren war. Ihm wurde vorgeworfen, *»den russischen Angriffskrieg gegen die Ukraine«* gebilligt zu haben. So jedenfalls sah es eine Richterin am Hamburger Amtsgericht, die davon ausging, das »Z« sei das Symbol der russischen Kriegsführung in der Ukraine und die Botschaft des Angeklagten sei demnach gewesen: Ich stehe hinter Putin. Ein Sprecher des Gerichts erklärte: *»Darin liegt nach Auffassung des Gerichts über eine Solidarisierung mit Russland hinaus ein Gutheißen des Ukraine-Krieges vor, bei dem es sich um einen Angriffskrieg im Sinne des Völkerstrafgesetzbuches handelt.«*[269]

Friedenspreis des Deutschen Buchhandels geht an einen Hassprediger

Der Ukrainer Serhij Zhadan, Friedenspreisträger des Deutschen Buchhandels für das Jahr 2022, kann unangefochten in seinem prämierten Buch »Himmel über Charkow« schreiben: *»Die Russen sind Barbaren, sie sind gekommen, um unsere Geschichte, unsere Kultur, unsere Bildung zu vernichten ... Brennt in der Hölle, ihr Schweine.«*[270]

---

[269] Zit. wie NDR, 25.10.2022; www.ndr.de/nachrichten/hamburg/Mit-Z-Symbol-durch-Hamburg-gefahren-4000-Euro-Geldstrafe,ukraine3110.html ; vgl. auch ntv, 25.10.2022; www.n-tv.de/incoming/4000-Euro-Geldstrafe-fuer-Autofahrer-wegen-des-Zeigens-des-Z-Symbols-article23673328.html

[270] Zit. wie NachDenkSeiten, 24.10.2022; www.nachdenkseiten.de/?p=89603

Russen sind für Zhadan »Verbrecher«, »Tiere« oder »Unrat«. Der Autor wurde für seinen Rassismus und die Hasstiraden belobigt und belohnt, Anklage wegen Volksverhetzung wurde nicht erhoben. Und der unsägliche ukrainische Ex-Botschafter Andrij Melnyk durfte einen Kritiker des Friedenspreisträgers in einem Tweet öffentlich als *»moralischen Abschaum«* bezeichnen: *»Professor Dr. Harald Welzer ist ein echter Schandfleck für die deutsche Wissenschaft & ein moralischer Abschaum für die deutsche Gesellschaft. Pfui. Etwas läuft schief in der deutschen Erinnerungskultur.«*[271]

Weder von den Schriftstellerverbänden noch den Kulturverwaltern kam Kritik. Von Laudatoren und Medien wurden die Ausfälle des Autors mit seinen Kriegserlebnissen entschuldigt. Insofern ist diese Preisvergabe eines von zahlreichen Beispielen für Opportunismus und Ideologisierung in der deutschen Kulturlandschaft und auch für den zu verzeichnenden extensiven Kulturabbau.

Der Friedenspreisträger des Deutschen Buchhandels

[271] Twitter, 25.10.2022; https://twitter.com/MelnykAndrij/status/1584817485354000384 (26.10.2022).

Tobias Riegel schreibt in den *NachDenkSeiten,* die Auszeichnung sei *»ein deutliches Zeichen der Unterwerfung der Jury unter die sehr dominante und falsche offizielle Deutung des Ukrainekonfliktes durch Politik und viele Medien unter Leugnung einer langen Vorgeschichte«*. Er stellt die Frage: *»Was wird das wohl bei vielen russischen Bürgern auslösen gegenüber Deutschland und seinen Dichtern und Denkern?«*[272]

Steinmeier in Kiew

Im Frühjahr 2022 war Bundespräsident Frank-Walter Steinmeier vor einem geplanten Ukraine-Besuch wegen angeblich zu großer Nähe zu Russland ausgeladen worden. Nachdem er sich »reuig« gezeigt hatte, durfte er am 25. Oktober 2022 zu einem überraschenden Besuch nach Kiew aufbrechen und mit Wolodymyr Selenskyj und Vitali Klitschko sprechen. Bei seiner Ankunft erklärte er: *»Meine Botschaft an die Ukrainerinnen und Ukrainer ist: Wir stehen nicht nur an Eurer Seite. Sondern wir werden die Ukraine auch weiterhin unterstützen – wirtschaftlich, politisch und auch militärisch.«*[273] Zu fragen ist, wie der deutsche Bundespräsident dazu kommt, eine derartige Verbindlichkeit einzugehen. Im Namen des Volkes, das alles bezahlen muss, jedenfalls nicht.

Die Kiewer Regierung schätzt die Kosten eines Wiederaufbaus auf etwa 750 Milliarden Dollar und spricht von einem Marshallplan für die Ukraine. 300 bis 350 Milliarden Dollar sollen durch die Konfiszierung im Westen eingefrorener Vermögenswerte russischer Staatsbürger aufgebracht werden.[274] Von Deutschland wer-

---

[272] Zit. wie NachDenkSeiten, 24.10,2022; www.nachdenkseiten.de/?p=89603
[273] Zit. wie Deutsche Welle, 25.10.2022; www.dw.com/de/ukraine-aktuell-stein meier-trifft-klitschko-und-selenskyj-in-kiew/a-63545456
[274] Vgl. ntv, 6.7.2022; www.n-tv.de/politik/Ukraine-fordert-750-Milliarden-zum-Wiederaufbau-Geld-soll-von-russischen-Oligarchen-kommen-article 23441524.html

den für die Finanzierung der Ukraine etwa 500 Millionen Dollar pro Monat gefordert, von der EU rund zwei Milliarden Dollar pro Monat.[275] Die Ukraine rechnet in Dollar, nicht in Euro.

»Schmutzige Bombe«

Am 23. Oktober 2022 rief der russische Verteidigungsminister Sergei Schoigu seine Amtskollegen in Frankreich, der Türkei, Großbritannien und den USA an, was ungewöhnlich war. Er warnte vor einer »schmutzigen Bombe« die von der Ukraine zum Einsatz vorbereitet werde, also vor einem Sprengsatz, der radioaktive Substanzen enthält.[276] Die Warnung wurde von den USA, Frankreich und Großbritannien in einer gemeinsamen Erklärung umgehend als *»durchsichtig falsche Behauptung«* und Vorwand zur Eskalation zurückgewiesen. Wolodymyr Selenskyj forderte eine »harte« Reaktion und erklärte, Moskau habe selber *»etwas Schmutziges«* vor.[277]

Sofort meldete sich auch Verteidigungsministerin Christine Lambrecht zu Wort. Sie sprach von einem *»unerhörten Vorwurf gegenüber der Ukraine«*, für den es *»null Anhaltspunkte«* gebe, und beteuerte, das habe *»keine Auswirkungen auf die deutsche Unterstützung der Ukraine«*.[278] US-Präsident Joseph Biden antwortete auf die Frage, ob Russland den Einsatz einer nuklear verseuchten Bombe oder von Atomwaffen vorbereite: *»Russland würde einen unglaublich schweren Fehler begehen, wenn es taktische Atomwaffen einsetzen würde.«*[279]

[275] Vgl. Kronen Zeitung, 25.10.2022; www.krone.at/2840834
[276] Vgl. RT DE, 23.10.2022; https://pressefreiheit.rtde.tech/international/152324-warnung-vor-ukrainischer-schmutziger-bombe/ (27.10.2022)
[277] Zit. wie ZDF-heute, 24.10.2022; www.zdf.de/nachrichten/panorama/schmutzige-bombe-vorwurf-russland-ukraine-krieg-100.html
[278] Zit. wie YouTube, 24.10.2022; www.youtube.com/watch?v=m0aOOab0D1g (24-10.2022)
[279] Zit. wie ARD-Tagesschau, 26.10.2022; www.tagesschau.de/ausland/russland-resolution-sicherheitsrat-biowaffen-101.html

Vonseiten Moskaus wurde gefragt, warum Europa dem Vorwurf nicht nachgehe, und der UN-Sicherheitsrat zu einer Untersuchung aufgefordert.

Deutsch-Ukrainisches Wirtschaftsforum

Kanzler Olaf Scholz und der ukrainische Ministerpräsident Denys Schmyhal eröffneten am 24. Oktober 2022 das fünfte Deutsch-Ukrainische Wirtschaftsforum in Berlin. Scholz wie auch EU-Kommissionspräsidentin Ursula von der Leyen forderten einen internationalen *»Marshallplan des 21. Jahrhunderts«* für den Wiederaufbau der Ukraine. Das sei *»eine Generationenaufgabe, die jetzt beginnen muss«*. Sie waren sich darin einig, dass die Unterstützung der Ukraine *»in unserem ureigenen Interesse«* liege: *»Die Ukraine verteidigt auch die internationale regelbasierte Ordnung, die Grundlage unseres friedlichen Zusammenlebens und des Wohlstands weltweit.«*[280]

Provokativ wurde am 19. November 2022 der Petersburger Dialog aufgelöst, der 2001 als zivilgesellschaftliches Verständigungsgremium von Russlands Präsident Putin und dem damaligen Bundeskanzler Schröder ins Leben gerufen worden war. Bereits am 1. März 2022 war der SPD-Politiker Matthias Platzeck aufgrund des Einmarschs Russlands in die Ukraine von seinem Vorsitz beim Deutsch-Russischen Forum zurückgetreten.

---

[280] Zit. wie Deutsche Welle, 24.10.2022; www.dw.com/de/ukraine-aktuell-ein-marshallplan-für-die-ukraine/a-63534020

Waldai-Rede des russischen Präsidenten Putin

Anlässlich der traditionell alljährlich stattfindenden Konferenz des Waldai-Clubs hielt Wladimir Putin am 27. Oktober 2022 in Moskau eine Grundsatzrede.[281] Er erinnerte an die Vorschläge Russlands *»an die westlichen Partner zur Vertrauensbildung und zum Aufbau eines Systems kollektiver Sicherheit«* und beklagte, dass der sogenannte »Westen« auf die Macht über die Welt setze. Er wandte sich gegen die *»Aushöhlung der Grundsätze der kollektiven Sicherheit«* durch den Westen und die Ersetzung des Völkerrechts durch eine »regelbasierte Ordnung«, von der »überhaupt nicht klar« sei, *»wer sie ausgearbeitet habe und worauf diese Regeln beruhen«*.

Putin warnte: *»Dieses Spiel ist mit Sicherheit ein gefährliches, blutiges und, ich würde sagen, schmutziges Spiel. Es leugnet die Souveränität von Ländern und Völkern, ihre Identität und Einzigartigkeit und ignoriert die Interessen anderer Staaten.«* Die Vorschläge für gegenseitige Sicherheitsgarantien seien *»einfach beiseitegeschoben«* worden. Aber wer Wind säe, werde Sturm ernten. Die Krise sei global geworden und betreffe jeden. Die Menschheit habe jetzt *»im Wesentlichen zwei Möglichkeiten: entweder die Probleme weiter anzuhäufen, die uns alle unweigerlich erdrücken werden, oder zu versuchen, gemeinsam Lösungen zu finden, wenn auch unvollkommene, aber wirksame Lösungen, die unsere Welt stabiler und sicherer machen können«*.

Russland habe versucht, Beziehungen zu den führenden Ländern des Westens und zur NATO aufzubauen. Die Botschaft sei immer dieselbe gewesen: *»Lasst uns aufhören, Feinde zu sein, lasst uns als Freunde zusammenleben, lasst uns den Dialog aufnehmen, lasst uns Vertrauen aufbauen und damit Frieden schaffen.«* Putin betonte: *»Wir waren absolut aufrichtig, wir waren uns über die*

[281] Siehe: Anti-Spiegel, 28.10.2022; www.anti-spiegel.ru/2022/putin-ueber-die-neue-weltordnung-russland-reicht-allen-staaten-die-hand/

Komplexität dieser Annäherung im Klaren, aber wir sind den Weg gegangen. Und was haben wir als Antwort erhalten? Kurz gesagt, wir haben in allen wichtigen Bereichen der möglichen Zusammenarbeit ein ›Nein‹ erhalten. Wir haben ständig wachsenden Druck auf uns und die Schaffung von Spannungsherden in der Nähe unserer Grenzen erhalten.«

Putin: *»Und was geschieht jetzt? Die Nazis gingen seinerzeit so weit, dass sie Bücher verbrannten, und nun sind die westlichen ›Förderer des Liberalismus und des Fortschritts‹ so weit gegangen, dass sie Dostojewski und Tschaikowski verbieten. Die sogenannte ›Cancel Culture‹, die Kultur der Abschaffung ... [raubt] der Kultur alles Lebendige und Schöpferische und lässt das freie Denken in keinem Bereich zur Entfaltung kommen: nicht in der Wirtschaft, nicht in der Politik, nicht in der Kultur.«*

Zur »liberalen Ideologie«, die sich *»bis zur Unkenntlichkeit verändert«* habe, führte Putin aus: *»Verstand der klassische Liberalismus die Freiheit eines jeden Menschen ursprünglich als die Freiheit, zu sagen und zu tun, was man will, so begannen Liberale bereits im 20. Jahrhundert zu sagen, dass die sogenannte offene Gesellschaft Feinde hat – die offene Gesellschaft hat also Feinde – und dass die Freiheit dieser Feinde eingeschränkt oder sogar abgeschafft werden kann und muss. Inzwischen ist es sogar so absurd, dass jede alternative Sichtweise als subversive Propaganda und Bedrohung der Demokratie bezeichnet wird.«*

Putin betonte ausdrücklich, es gebe *»keine Alternative zur Demokratie«*, allerdings nicht nach westlichem Modell. Ein weiterer wichtiger Punkt in der Rede war die Forderung nach einer *»effizienten, profitablen und sicheren Abwicklung internationaler Transaktionen ohne den Dollar und andere sogenannte Reservewährungen«*, nachdem die USA und der Westen *»durch den Einsatz des Dollars als Waffe die Institution der internationalen Finanzreserven diskreditiert haben«*. Jeden Tag vergrößere sich das Chaos, so Putin, und selbst in den westlichen Ländern, die versuchten *»ir-*

gendeine Unabhängigkeit zu zeigen«, werde alles *»bis an die Wurzel unterdrückt und es werden Sanktionen gegen die eigenen Verbündeten verhängt – ohne jede Scham! Und die nehmen das alles mit gesenktem Kopf hin«*. Aber die Vorherrschaft des Westens sei am Ende, die monopolare Welt eine Fiktion. Die Welt von morgen werde *»viel mehr von Asien, Afrika und Lateinamerika abhängen, als man heute gemeinhin annimmt.«*

Trotz dieser Generalabrechnung mit dem Westen schloss Wladimir Putin seine Rede versöhnlich, geradezu überschwänglich: *»Die künftige Weltordnung nimmt vor unseren Augen Gestalt an. Und in dieser Weltordnung müssen wir jedem zuhören, jeden Standpunkt berücksichtigen, jede Nation, Gesellschaft, Kultur, jedes System von Weltanschauungen, Ideen und religiösen Überzeugungen, ohne jemandem eine einheitliche Wahrheit aufzuzwingen. Nur auf dieser Grundlage können wir im Verständnis für unsere Verantwortung für das Schicksal – das Schicksal der Nationen, des Planeten – eine Symphonie der menschlichen Zivilisation bauen.«*

Doch bei westlichen Politikern und Journalisten gab es auf diese bemerkenswerte Rede inhaltlich kaum Resonanz, und wenn doch, dann zumeist hämisch oder bösartig ablehnend.[282] Sie könnten sich – so sie dazu in der Lage und bereit wären – ein Beispiel nehmen.

Bundespräsident Steinmeiers Rede zur Lage der Nation

Während Putin in seiner Grundsatzrede vom 28. Oktober 2022 trotz der bedenklichen globalen Situation und der erschütternden Ereignisse der letzten Zeit eher positiv nach vorn schaute, wirkte

[282] Vgl. Bild, 27.10.2022; www.bild.de/politik/ausland/politik-ausland/kreml-tyrann-ueber-ukraine-krieg-so-luegt-sich-putin-sein-kriegsversagen-schoen-81756786.bild.html

die Rede zur Lage der Nation von Frank-Walter Steinmeier vom selben Tag beschämend geistlos und deprimierend. Er begann mit Schreckensbildern vom Krieg in der Ukraine und konstatierte sodann: »*Wir erfahren die tiefste Krise, die unser wiedervereintes Deutschland erlebt ... Die Jahre vor dem 24. Februar waren für Deutschland eine Epoche im Rückenwind.*« Das sei nun vorbei, so Steinmeier, denn Putin habe »*nicht nur die Regeln gebrochen und das Spiel beendet*«, sondern er habe »*das ganze Schachbrett umgeworfen*«.

Wie nicht anders zu erwarten, fuhr Steinmeier in der Diktion Washingtons fort: »*Russlands brutaler Angriffskrieg in der Ukraine hat die europäische Sicherheitsordnung in Schutt und Asche gelegt. In seiner imperialen Besessenheit hat der russische Präsident das Völkerrecht gebrochen, Grenzen in Frage gestellt, Landraub begangen.*« Der russische Angriff sei »*ein Angriff auf alle Lehren, die die Welt aus zwei Weltkriegen im vergangenen Jahrhundert gezogen hatte*«.

In üblicher Chuzpe setzte Steinmeier hinzu: »*An die Stelle des Austausches, der Suche nach dem Verbindenden tritt mehr und mehr das Ringen um Dominanz.*« Chinas wirtschaftlicher und politischer Machtanspruch sei dabei ein zentraler Faktor, und das werde die Zukunft der internationalen Beziehungen auf lange Sicht prägen. Die traurige Wahrheit sei leider: »*Die Welt ist auf dem Weg in eine Phase der Konfrontation – obwohl sie doch dringender denn je auf Kooperation angewiesen wäre.*«

Nicht ausbleiben konnte der Hinweis des Transatlantikers und NATO-Propagandisten[283] auf die »schützende Hand« der USA, die sie jahrzehntelang über Deutschland gehalten habe. Jetzt müsse Deutschland aber mehr Verantwortung in Europa und in der NATO übernehmen, und dazu gehöre auch eine starke Bundeswehr. Es habe »*eine Epoche im Gegenwind*« begonnen, »*es kommen härtere Jahre, raue Jahre auf uns zu*«. Deswegen brauche

[283] Vgl. Wolfgang Bittner: Der neue West-Ost-Konflikt, S. 273 ff.

Deutschland *»widerstandkräftige Bürger«*, die dem *»Gift des Populismus«* und der *»Gefahr des Auseinanderdriftens«* etwas entgegensetzten.

Trotz seiner pessimistischen Sicht konnte sich Steinmeier nicht enthalten aufzutrumpfen: *»Wir sind das starke Land in der Mitte Europas.«* Deswegen sei Deutschland in der Pflicht, seinen *»Beitrag zur Bündnisverteidigung zu leisten«*. Erwartet werde *»Führung im Interesse Europas«*, wobei *»nicht der Applaus des Publikums«* entscheidend sei. Bei einem Blick auf das Russland von heute sei *»eben kein Platz für alte Träume. Unsere Länder stehen heute gegeneinander«*.

Den Grund für die Konfrontation sieht Steinmeier ausschließlich bei Russland: *»Putin führt eine Invasionsarmee, und die Ukrainer verteidigen ihr Land, das sie seit ihrer Unabhängigkeit, seit dreißig Jahren aufbauen. Russlands Angriffskrieg hat Gorbatschows Traum vom ›gemeinsamen Haus Europa‹ zertrümmert. Es ist ein Angriff auf das Recht, auf die Prinzipien von Gewaltverzicht und unverletzlicher Grenzen. Er ist ein Angriff auf alles, wofür auch wir Deutsche stehen.«*

Man sei bereit zum Verhandeln, sagte Steinmeier und wandte an das Publikum: *»Ich kann Ihnen versichern: Niemand, der bei Sinnen ist, fehlt der Wille. Aber die Wahrheit ist: Im Angesicht des Bösen reicht eben guter Wille nicht aus.«* Dann ging Steinmeier mit den üblichen Verdächtigungen und Unterstellungen zum Generalangriff über: *»Denn nichts anderes sind Russlands brutale Attacken in den letzten acht Monaten: niederträchtig und menschenverachtend. Ein vermeintlicher Friede, der solches Handeln belohnt, ein Friede, der Putins Landraub besiegelt, ist kein Friede. Er würde für viele Menschen in der Ukraine eine Schreckensherrschaft bedeuten, würde sie der Willkür und Gewalt der russischen Besatzer überlassen. Schlimmer noch: Ein solcher Scheinfriede würde Putins Hunger noch vergrößern. Moldawien und Georgien, auch unsere Partner im Baltikum leben in Angst.«*

Steinmeier verdeutlichte nochmals die Rolle Deutschlands hinsichtlich der internationalen Auseinandersetzungen: *»Wir müssen konfliktfähig werden, nach innen wie nach außen.«* Dem ukrainischen Botschafter Makejev versicherte er, dass Deutschland die Ukraine unterstützen werde, *»solange es nötig sein wird«*, militärisch, finanziell und politisch sowie *»beim schnellen Wiederaufbau«*. Die »lieben Landsleute« stimmte er auf *»die neue Zeit«* ein, die jeden Einzelnen fordere: *»Klar ist: Wir müssen in den nächsten Jahren Einschränkungen hinnehmen. Das spüren die meisten längst. Jeder muss beitragen, wo er kann. Und diese Krise verlangt, dass wir wieder lernen, uns zu bescheiden.«*[284]

Wir? Die Rede Steinmeiers mit ihren Verdrehungen, Verbalattacken und Durchhalteparolen ist eine einzige Zumutung. Wenn jemand über das, was sich in der Ukraine abgespielt hat und weiter abspielt, Bescheid weiß, dann ist es Steinmeier. Er

Vitali Klitschko, Radoslaw Sikorski (poln. Außenminister), Frank-Walter Steinmeier, Oleg Tjagnibok, Arsenij Jazenjuk (v. l. n. r.) in Kiew am 20. Februar 2014

[284] www.bundespraesident.de/SharedDocs/Reden/DE/Frank-Walter-Steinmeier/Reden/2022/10/221028-Alles-staerken-was-uns-verbindet.html

hat sich als Außenminister 2014 in Kiew mit den Putschisten gemein gemacht. Er weiß, dass der Krieg in der Ukraine im April 2014 begonnen hat, als Machthaber Petro Poroschenko Panzer in den Donbass schickte und die dortige Bevölkerung bombardierte. Ihm ist bekannt, dass in Odessa am 2. Mai 2014 bei einem Massaker 42 Menschen ermordet wurden, die sich in das Gewerkschaftshaus geflüchtet hatten. Er war an den Verhandlungen zum Minsker Abkommen beteiligt und weiß, dass die Kiewer Regierung das Abkommen boykottiert hat. Insofern ist davon auszugehen, dass Steinmeier weiß, was Wladimir Putin mit »Entnazifizierung der Ukraine« gemeint hat.

Wenn er das alles verleugnet und sich rückhaltlos an die Seite der von den USA vereinnahmten Ukraine stellt, ist das eine Ungeheuerlichkeit, die er als Bundespräsident der deutschen Bevölkerung zumutet. Ginge es mit rechten Dingen zu, müsste er sich dafür verantworten – und da wäre er nicht der einzige Politiker.

In Tschechien demonstrierten Zehntausende

Am tschechischen Nationalfeiertag, dem 28. Oktober 2022, versammelten sich Zehntauende auf dem zentralen Wenzelsplatz in Prag und demonstrierten gegen die liberal-konservative Regierung von Ministerpräsident Petr Fiala. Sie forderten ein Ende der Unterstützung der Ukraine gegen Russland, militärische Neutralität für Tschechien und eine Beschränkung der Zuwanderung und weiteren Aufnahme von Flüchtlingen aus der Ukraine.[285] Die Organisatoren hatten die Veranstaltung unter das Motto »Tschechien an erster Stelle« gestellt. Auch in anderen Ländern gab es Demonstrationen gegen die Unterstützung der Ukraine.

[285] Vgl. ARD-Tagesschau, 28.10.2022; www.tagesschau.de/ausland/europa/prag-demonstration-ukraine-russland-101.html

Olaf Scholz traf Xi Jinping

Trotz vehementer Einwände US-affiner Politiker aus der Koalitionsregierung und dem Bundestag,[286] fuhr Bundeskanzler Olaf Scholz am 4. November 2022 zu einem »Antrittsbesuch« nach Peking, wo er mit dem gerade wiedergewählten chinesischen Staatspräsidenten Xi Jinping zusammentraf.[287] Begleitet wurde er von einer hochrangigen Wirtschaftsdelegation, der unter anderem die Vorstände von Siemens, BASF, Bayer, Volkswagen, BMW und der Deutschen Bank angehörten. Damit zeigte Scholz in Abweichung von der China-Strategie Washingtons, dass eine eigenständige deutsche Politik – wenn auch in eingeschränktem Maße – noch möglich ist.

»Terror-Staat« Russland?

Das EU-Parlament hat Russland mit einer Mehrheit von 494 (von 705) Abgeordneten wegen *»vorsätzlichen Angriffen und Gräueltaten«* gegen die Zivilbevölkerung in der Ukraine als »Terror-Staat« eingestuft.[288] Die deutschen Medien berichten tagtäglich, das russische Militär greife erbarmungslos Einrichtungen der zivilen Infrastruktur der Ukraine an, wodurch die Bevölkerung in eine grausame Notlage gebracht werde. Dazu äußerte sich der ehemalige Pentagon-Berater Colonel Douglas Macgregor in einem beachtenswerten Interview wie folgt: *»Wir reden immer von ziviler Infrastruktur. Aber wenn du im Krieg bist und das Stromnetz versorgt deine Armee, und du [die russische Armee] zerstörst das Strom-*

---

[286] Vgl. ARD-Tagesschau, 3.11.2022; www.tagesschau.de/inland/innenpolitik/deutschland-china-111.html

[287] Vgl. ARD-Tagesschau, 4.11.2022; www.tagesschau.de/ausland/asien/scholz-china-reise-103.html

[288] Vgl. wie ARD-Tagesschau, 23.11.2022; www.tagesschau.de/ausland/europa/eu-russland-terrorismus-101.html

netz, dann nicht, weil du der Bevölkerung schaden willst. Sondern du versuchst, das Militär vom Zugang zu Energie abzuschneiden. Also sollten wir eines verstehen: die Russen haben nicht absichtlich Zivilisten als Ziel ausgewählt – umgekehrt jedoch gibt es eine Menge Beweise, dass der amerikanische HIMARS-Raketenwerfer von den Ukrainern wissentlich zum Angriff auf Zivilisten in Donezk, Luhansk, der Krim und anderen Orten eingesetzt wurde. Darüber redet keiner, weil ja die Ukraine immer makellos, demokratisch und perfekt ist, und Russland böse, autoritär und fürchterlich. Aber in Wahrheit bietet die ukrainische Seite keinen schönen Anblick.«[289]

Einen Paradigmenwechsel in der Einschätzung des Ukrainekrieges auf westlicher Seite leitete der Vorsitzende des Vereinigten Generalstabs der Streitkräfte der USA, General Mark Milley, ein, als er am 10. November 2022 in einem Interview in der *New York Times* – entgegen der Politik Joseph Bidens – zu Verhandlungen mit Russland aufrief.[290] Die *NachDenkSeiten* kommentierten: *»Mehr als die Russen fürchtet er offenbar die Inkompetenz und Hybris der Bidens, Blinkens, Nulands, Selenskis und Baerbocks dieser Welt.«*[291]

Angela Merkel wollte Krieg. Russland fordert Reparationszahlungen

Krieg mit Russland war die Absicht, die der sogenannte Wertewesten von vornherein in und mit der Ukraine verfolgt hat. Das geht aus Interviews hervor, die Ex-Bundeskanzlerin Angela Merkel am 24. November 2022 und am 8. Dezember 2022 dem *Spiegel* und der *Zeit* gegeben hat. Offenbar um sich gegen Vor-

---

[289] Zit. wie NachDenkSeiten, 26.11.2022; www.nachdenkseiten.de/?p=90830
[290] Ebd. Siehe auch: www.nytimes.com/2022/11/10/us/politics/biden-ukraine-russia-diplomacy.html
[291] Ebd.

würfe zu wehren, sie sei in ihrer Russland-Politik zu naiv und russlandfreundlich gewesen, sagte sie, das Minsker Abkommen von 2015 sei unterzeichnet worden, um der Ukraine *»Zeit zu geben«*, und die Kiewer Regierung habe die Zeit genutzt, *»um stärker zu werden«.*[292] Nachdem die Kiewer Ukraine – offensichtlich im Einvernehmen mit den USA – 2014 vor der Haustür Russlands Feuer gelegt hatte, wurde der Bürgerkrieg im Donbass so weit angeheizt, dass es zu einem Krieg mit Russland kommen musste. Demnach haben Deutschland, Frankreich, die Ukraine und die USA in den Jahren vor dem russischen Einmarsch ein doppeltes Spiel getrieben, das heißt, intrigiert, gelogen und Kriegsvorbereitungen getroffen.

Der russische Präsident Wladimir Putin zeigte sich tief enttäuscht. Er beklagte einen Mangel an Ehrlichkeit und erklärte am 9. Dezember 2022 auf dem Gipfel der Eurasischen Wirtschafts-

Präsident Wladimir Putin mit Bundeskanzlerin Angela Merkel 2017

[292] Zit. wie Der Spiegel, 24.11.2022; www.spiegel.de/panorama/ein-jahr-mit-ex-kanzlerin-angela-merkel-das-gefuehl-war-ganz-klar-machtpolitisch-bist-du-durch-a-d9799382-909e-49c7-9255-a8aec106ce9c. Sowie: Die Zeit, 8.12.2022, www.zeit.de/angela-merkel-russland-fluechtlingskrise-bundeskanzler

union in der kirgisischen Hauptstadt Bischkek: »*Nach solchen Aussagen stellt sich die Frage: Wie können wir uns einigen? Und gibt es jemanden, mit dem man sich einigen kann? Welche Garantien gibt es?*« Er fügte hinzu: »*Das Vertrauen ist natürlich fast auf dem Nullpunkt ..., aber letztendlich muss eine Einigung erzielt werden ... Ich habe schon oft gesagt, dass wir zu einer Vereinbarung bereit und offen sind.*«[293]

Mit dem Minsker Friedensabkommen von 2015 sollte der Konflikt im Donbass durch Verhandlungen beigelegt werden. Nach den ans Licht gekommenen Machenschaften, machte der Vorsitzende der russischen Staatsduma, Wjatscheslaw Wolodin, am 19. Dezember 2022 im Nachrichtendienst Telegram Deutschland und Frankreich für das Scheitern des Friedensplans verantwortlich: »*Die im Voraus geplante Nichterfüllung der bei der Unterzeichnung eines internationalen Vertrags auf sich genommenen Verpflichtungen – das bedeutet nicht nur einen Vertrauensverlust, sondern ein Verbrechen*«, wofür sich die Unterzeichner des Minsker Abkommens – Merkel, Hollande und Poroschenko – verantworten müssten. Sie seien an der Energiekrise in Europa schuld, und außerdem müssten sie »*den Bewohnern des Donbass-Gebietes Kompensation zahlen*«. Die Lage in der Ukraine sei »*die Folge der verlogenen Politik der Führer dieser Staaten*«. Mit der Invasion vom 24. Februar 2022 habe Moskau eine Entmilitarisierung der Ukraine erreichen wollen.[294]

---

[293] Zit. wie ntv, 9.12.2022; www.n-tv.de/politik/Putin-gibt-sich-enttaeuscht-von-Merkel-article23774842.html

[294] Zit. wie Berliner Zeitung, 10.12.2022; www.berliner-zeitung.de/news/russische-staatsduma-fordert-von-deutschland-reparationszahlungen-an-donbass-li.296437

Resümee und Schlussfolgerungen

Nach dem Ende des Zweiten Weltkriegs wurde Deutschland als europäischer Brückenkopf der USA gegen die Sowjetunion in Stellung gebracht und nach deren Auflösung gegen Russland. Um zu begreifen, was sich heute geopolitisch abspielt und warum Deutschland in besonderer Weise betroffen ist, muss man dreierlei wissen:

Erstens

wird Deutschland bis heute von den Alliierten des Zweiten Weltkriegs – mit Ausnahme Russlands – ein Friedensvertrag verweigert. Theoretisch befindet sich Deutschland also immer noch im Krieg, denn 1945 wurde lediglich ein Waffenstillstand vereinbart. Dass dies so ist, geht auch aus der sogenannten Feindstaatenklausel in den Artikeln 53 und 107 der Charta der Vereinten Nationen hervor, wonach Deutschland gegenüber den Gegnern des Zweiten Weltkriegs immer noch ein Feindstaat ist. Angeblich hat das keine Bewandtnis mehr, aber wenn dem so wäre, hätte dieser Passus schon lange gestrichen werden können. Die Feindstaatenklausel besagt, dass Zwangsmaßnahmen ohne besondere Ermächtigung durch den UN-Sicherheitsrat verhängt werden könnten, falls Deutschland erneut eine aggressive Politik verfolgen würde, was gegebenenfalls militärische Interventionen einschließt. Zwar wurde Deutschland im Vereinigungsvertrag von

1990 (Zwei-plus-Vier-Vertrag) »volle Souveränität« zugesprochen, aber die Vereinbarung wurde durch Zusatzverträge, zum Beispiel über Truppenstationierungen und militärische Zusammenarbeit, wieder relativiert.

Wenn man diese Tatsachen hinsichtlich der geopolitischen Situation, in der wir uns befinden, bedenkt, wird vieles klarer: Washington hat erhebliche Möglichkeiten, Druck auszuüben und auf Entscheidungen der deutschen Regierung einzuwirken, was ständig zu beobachten ist. Anlässlich des Antrittsbesuchs von Kanzler Olaf Scholz am 8. Februar 2022 in Washington erklärte US-Präsident Joseph Biden einfach, die Pipeline Nord Stream 2 werde nicht in Betrieb genommen.

Zweitens

ist stets zu berücksichtigen, dass Deutschland nach wie vor stark von US-Interessen beeinflusst wird. Kaum bekannt ist, dass die USA neben kleineren Militärbasen über elf große Hauptstützpunkte auf deutschem Territorium verfügen. In Büchel in Rheinland-Pfalz sind Atomwaffen stationiert, und der Luftwaffenstützpunkt Ramstein ist die größte Militärbasis der US-Luftwaffe außerhalb der USA. Dort befindet sich die Kommandozentrale der Luftstreitkräfte der NATO, von Ramstein aus überwacht sie die Raketenabwehr des Bündnisses, und von dort steuern die USA den weltweiten Einsatz von Kampfdrohnen. Außerdem ist Deutschland ein Zentrum der US-Spionage.

Hinzu kommt, dass die USA die BRD seit 1945 mit mehr als hundert sogenannten Thinktanks, also mit Netzwerken überzogen haben, die US-amerikanische Interessen vertreten. Fast alle führenden Politiker und Journalisten sind Mitglieder dieser außerordentlich einflussreichen, gut finanzierten Organisationen, von denen die Atlantik-Brücke wohl die bekannteste ist. Außerdem sind viele dieser Einflusspersonen in den USA in Lehrgängen geschult worden.

verhindern die USA seit mehr als einem Jahrhundert – im Grunde schon seit der Gründung des Deutschen Reiches 1871 – systematisch eine Kooperation zwischen Deutschland und Russland. Das zeigt auch die bereits zitierte Passage der Rede des US-Sicherheitsexperten George Friedman, in der er konstatiert, dass die beiden Staaten, würden sie sich vereinen, als Einzige die Vormachtstellung der Vereinigten Staaten bedrohen könnten, indem sich *»deutsches Kapital und deutsche Technologie ... mit russischen Rohstoff-Ressourcen und russischer Arbeitskraft zu einer einzigartigen Kombination verbinden ...«*[295] Um das zu verhindern, haben die USA zwischen Westeuropa und Russland einen waffenstarrenden Korridor geschaffen und Russland isoliert.

2001 war es noch möglich, dass der russische Präsident Wladimir Putin eine Rede vor dem Deutschen Bundestag hielt. Er warb für eine Kooperation mit Westeuropa, insbesondere Deutschlands mit Russland, und wiederholte dieses Angebot im Laufe der Jahre noch mehrmals. Damals sagte er – und auch das wird von Politik und Medien inzwischen verschwiegen: *»Niemand bezweifelt den großen Wert der Beziehungen Europas zu den Vereinigten Staaten. Aber ich bin der Meinung, dass Europa seinen Ruf als mächtiger und selbstständiger Mittelpunkt der Weltpolitik langfristig nur festigen wird, wenn es seine eigenen Möglichkeiten mit den russischen ... vereinigen wird. Die ersten Schritte in diese Richtung haben wir schon gemeinsam gemacht. Jetzt ist es an der Zeit, daran zu denken, was zu tun ist, damit das einheitliche und sichere Europa zum Vorboten einer einheitlichen und sicheren Welt wird.«*

Wie könnte Europa dastehen, wenn man damals auf Putins Vorstellungen eingegangen wäre? Aber die weiteren Schritte haben die US-Strategen verhindert. Dem Angebot des russischen Präsidenten auf Zusammenarbeit und gute Nachbarschaft stand

[295] George Friedman: US-Strategie, 4.2.2015; zit. wie www.youtube.com/watch?v=vln_ApfoFgw (15.2.2022)

und steht der imperiale Anspruch der USA gegenüber. Es geht darum, Russland – und inzwischen auch China – als wirtschaftliche und militärische Konkurrenz auszuschalten und letztlich dem unipolaren Anspruch zu unterwerfen. Diese Hybris ist bestimmend für die Politik der USA, und sie hat dazu geführt, dass die ganze Welt zerrüttet ist: Chaos, Konflikte und Kriege, wohin man blickt.

Wenn man das alles weiß – und es sind Fakten und keine Verschwörungstheorien –, erklärt sich vieles, was heute geschieht, von selbst. Die USA verfolgen eine Langzeitstrategie, die allein ihren Interessen dient. Sie gehen dabei über Leichen, und ihre Vasallen – dazu gehört Deutschland – machen jede Gemeinheit mit.

Am 24. Februar 2022 marschierten russische Soldaten in die Ukraine ein, und am 4. Oktober wurden die Donezker sowie die Luhansker Volksrepublik, das Gebiet Cherson und das Gebiet Saporischschja in die Russische Föderation aufgenommen. Seither hat sich die weltpolitische Lage derart zugespitzt, dass ein Atomkrieg und damit ein dritter Weltkrieg nicht mehr ausgeschlossen werden kann. Dadurch würde die Welt, die sich bereits durch die Corona-Pandemie und den Krieg in der Ukraine mit nicht atomaren Hightechwaffen erheblich verändert hat, einen epochalen Umbruch erleben. Weite Gebiete der Erde würden unbewohnbar werden.

Aber auch wenn es nicht so weit kommt, sind von machtvollen Organisationen wie dem Weltwirtschaftsforum, in dem sich die einflussreichsten Persönlichkeiten der Welt versammeln, grundlegende gesellschaftliche Umbrüche beabsichtigt. Das optimal vernetzte WEF zielt auf eine globalisierte, privatrechtliche, also nicht demokratisch gesteuerte Weltordnung. Die Vorstellungen gehen nach Meinung informierter Kreise in Richtung einer umfassenden Digitalisierung, Zentralisierung und Überwachung.[296]

[296] Dazu: Wolfgang Bittner: Deutschland – verraten und verkauft, S. 252 ff., 260 ff.

Diese Planungen gilt es zu verhindern und den Blick auf humane, angemessenere Formen des menschlichen Zusammenlebens zu richten.

Anzustreben ist zuvorderst – ganz pragmatisch – Frieden mit Russland, China und anderen von den USA drangsalierten Ländern sowie der Austritt aus der NATO und die Besinnung auf deutsche Interessen, die es, ohne in nationale Egozentrik zu verfallen, zu vertreten gilt. Es kann dabei nicht darum gehen, sich von den USA abzuwenden, vielmehr müssen die auf Weltherrschaft ausgerichteten destruktiven Kräfte in die Schranken verwiesen werden. Des Weiteren sind sämtliche Verträge über Truppenstationierungen zu kündigen und die volle Souveränität Deutschlands muss – auch gegenüber der von den USA kontrollierten EU – hergestellt werden. Um Energiesicherheit zu gewährleisten, sind neben dem Ausbau erneuerbarer Energien sobald wie möglich die Gaslieferungen aus Russland wieder aufzunehmen, wozu die Ostsee-Pipelines unverzüglich repariert werden müssen.

Es wird schwer sein, mit Russland wieder ins Gespräch zu kommen, nachdem Bundeskanzler Olaf Scholz den russischen Präsidenten als Kriegshetzer bezeichnet hat, Außenministerin Annalena Baerbock ankündigte, Russland gemeinsam mit den USA ruinieren zu wollen, und Wirtschaftsminister Robert Habeck behauptete, aus dem Kreml kämen nur Lügen. Auch wenn das Vertrauen erst einmal verloren ist, muss auf einen Neubeginn hingewirkt werden.

Aber ein großer Teil der Bevölkerung nimmt lediglich die steigende Inflation und die zunehmende Armut wahr. Die Menschen sind indoktriniert und eingeschüchtert, es regt sich bis dato kein nennenswerter Widerstand. Um einen grundlegenden Politikwechsel zu erreichen, bedürfte es einer mächtigen Friedensbewegung, die in der Lage wäre, gegebenenfalls einen Generalstreik auszurufen. Danach sieht es zurzeit nicht aus. Dennoch wird die deutsche Regierung ihre destruktive Politik nicht ewig weiterführen können. So wie es ist, kann es nicht bleiben. Das Grundbedürfnis der Menschen ist, in Frieden zu leben. Und der wachsende Leidensdruck könnte ein Übriges tun.

Die Frage bleibt: Wie würde die Welt, wie würde Deutschland nach einem grundlegenden Politikwechsel aussehen? Dazu gibt es Vorstellungen von einer menschenfreundlich organisierten Wirtschaft, einem vernünftigeren Finanzsystem und einer auf Solidarität fußenden friedlichen Gesellschaft. Es ist alles abrufbar. Kluge, humane Menschen haben sich Gedanken gemacht, vieles steht bereits in Verfassungen oder Gesellschaftsverträgen wie der Charta der Vereinten Nationen.

Nach wie vor sind die bahnbrechenden programmatischen Postulate der Französischen Revolution »Liberté, Egalité, Fraternité« nicht verwirklicht, sie müssen ins kollektive Gedächtnis zurückgerufen und eingefordert werden: Freiheit, Gleichheit, Mitmenschlichkeit! Zu hoffen ist – wie auch immer die Geschichte sich entwickelt –, dass diese Vorstellungen dauerhaft durchgesetzt werden können. Sonst ist unsere Zivilisation, die schon länger nicht mehr Kultur genannt werden kann, am Ende.

Dokumentation

Rede des russischen Präsidenten Wladimir Putin vom 21. Februar 2022

Verehrte Bürger Russlands! Liebe Freunde!

Das Thema meiner Rede sind die Ereignisse in der Ukraine und warum das so wichtig für uns, für Russland ist. Meine Rede richtet sich natürlich auch an unsere Mitbürger in der Ukraine.
Ich werde mich ausführlich und detailliert äußern müssen. Das Problem ist sehr ernst. Die Lage im Donbass ist erneut kritisch und akut geworden. Und heute wende ich mich direkt an Sie, nicht nur um zu bewerten, was geschieht, sondern auch um Sie über die Entscheidungen, die getroffen werden, und mögliche weitere Schritte in dieser Richtung zu informieren.
Ich möchte noch einmal betonen, dass die Ukraine für uns nicht nur ein Nachbarland ist. Sie ist ein integraler Bestandteil unserer eigenen Geschichte, Kultur und unseres spirituellen Raums. Das sind unsere Freunde, unsere Verwandten, nicht nur Kollegen, Freunde und ehemalige Arbeitskollegen, sondern auch unsere Verwandten und engen Familienmitglieder.
Seit ältesten Zeiten nennen sich die Bewohner der südwestlichen historischen Gebiete des alten Russlands Russen und orthodoxe Christen. So war es auch im 17. Jahrhundert, als ein Teil dieser Gebiete mit dem russischen Staat wiedervereinigt wurde, und auch danach war das so.
Es scheint uns, dass wir das im Prinzip alle wissen, dass wir über bekannte Tatsachen sprechen. Um jedoch zu verstehen, was heu-

te geschieht, um die Motive des russischen Handelns und die Ziele, die wir uns gesetzt haben, zu erklären, ist es notwendig, zumindest ein paar Worte über die Geschichte des Themas zu verlieren.

Lassen Sie mich also mit der Tatsache beginnen, dass die moderne Ukraine vollständig von Russland geschaffen wurde, genauer gesagt, vom bolschewistischen, kommunistischen Russland. Dieser Prozess begann fast unmittelbar nach der Revolution von 1917, und Lenin und seine Mitstreiter taten das auf sehr grobe Weise mit Russland selbst – durch Sezession, indem sie Teile seiner eigenen historischen Territorien abtrennten. Natürlich hat niemand die Millionen von Menschen, die dort lebten, nach irgendetwas gefragt.

Dann, vor und nach dem Großen Vaterländischen Krieg, annektierte bereits Stalin einige Gebiete, die zuvor zu Polen, Rumänien und Ungarn gehörten, an die UdSSR und übertrug sie der Ukraine. Als eine Art Entschädigung gab Stalin Polen einige der angestammten deutschen Gebiete, und 1954 nahm Chruschtschow Russland aus irgendeinem Grund die Krim weg und gab sie der Ukraine. Auf diese Weise entstand das Gebiet der sowjetischen Ukraine.

Aber jetzt möchte ich besonders auf die Anfangszeit der Gründung der UdSSR eingehen. Ich denke, das ist für uns sehr wichtig. Wir werden, wie man so schön sagt, aus der Ferne beginnen müssen.

Ich möchte daran erinnern, dass die Bolschewiki nach dem Oktoberputsch von 1917 und dem anschließenden Bürgerkrieg mit dem Aufbau eines neuen Staatswesens begannen, und dass es zwischen ihnen recht heftige Meinungsverschiedenheiten gab. Stalin, der 1922 die Ämter des Generalsekretärs des Zentralkomitees der RKP und des Volkskommissars für Nationalitäten in Personalunion bekleidete, schlug vor, das Land nach den Grundsätzen der Autonomisierung aufzubauen, also den Republiken – den

künftigen administrativ-territorialen Einheiten – bei ihrem Beitritt zum Einheitsstaat weitreichende Befugnisse zu übertragen.
Lenin kritisierte diesen Plan und schlug vor, den Nationalisten, wie er sie damals nannte, Zugeständnisse zu machen – den »Unabhängigen«. Genau das waren Lenins Vorstellungen von einer im Wesentlichen konföderativen Staatsstruktur und dem Recht der Völker auf Selbstbestimmung bis hin zur Sezession, die die Grundlage der sowjetischen Staatlichkeit bildeten: zunächst 1922 in der Erklärung über die Union der Sozialistischen Sowjetrepubliken und dann, nach Lenins Tod, in der Verfassung der UdSSR von 1924.
Hier stellen sich sofort viele Fragen. Und die erste von ihnen ist eigentlich die wichtigste: Warum war es notwendig, irgendwelche grenzenlos wachsenden nationalistischen Ambitionen an den Rändern des ehemaligen Reiches zu befriedigen? Die Übertragung riesiger, oft willkürlich gebildeter Verwaltungseinheiten, die Unionsrepubliken, die oft keinen Bezug zu dem Gebiet hatten. Ich wiederhole: Sie wurden zusammen mit der Bevölkerung des historischen Russlands übertragen.
Darüber hinaus erhielten diese Verwaltungseinheiten faktisch den Status und die Form nationaler staatlicher Einheiten. Wieder einmal frage ich mich: Warum war es notwendig, so großzügige Geschenke zu machen, von denen die glühendsten Nationalisten vorher nicht einmal zu träumen wagten, und darüber hinaus den Republiken das Recht einzuräumen, sich ohne jegliche Bedingungen vom Einheitsstaat abzuspalten?
Auf den ersten Blick ist das völlig unverständlich, das ist Wahnsinn. Aber das ist nur auf den ersten Blick so. Dafür gibt es eine Erklärung. Nach der Revolution bestand die Hauptaufgabe der Bolschewiki darin, die Macht zu erhalten, und zwar um jeden Preis. Dafür haben sie alles getan: Sie haben die erniedrigenden Bedingungen des Brester Vertrages zu einer Zeit akzeptiert, als sich das kaiserliche Deutschland und seine Verbündeten in der

schwierigsten militärischen und wirtschaftlichen Lage befanden und der Ausgang des Ersten Weltkrieges eigentlich schon vorherbestimmt war, und sie sind allen Forderungen, allen Wünschen der Nationalisten im Inneren des Landes nachgekommen.

Im Hinblick auf das historische Schicksal Russlands und seiner Völker waren die leninistischen Prinzipien des Staatsaufbaus nicht nur ein Fehler, sondern weitaus schlimmer als ein Fehler. Nach dem Zusammenbruch der UdSSR im Jahr 1991 wurde das absolut offensichtlich.

Natürlich können die Ereignisse der Vergangenheit nicht geändert werden, aber wir müssen zumindest direkt und ehrlich, ohne Vorbehalte und ohne politische Färbung über sie sprechen. Ich kann nur hinzufügen, dass die Erwägungen der aktuellen politischen Konjunktur, so spektakulär und vorteilhaft sie zu einem bestimmten Zeitpunkt auch erscheinen mögen, unter keinen Umständen die Grundlage für die Grundprinzipien der Staatlichkeit bilden sollten oder können.

Ich will jetzt niemanden beschuldigen, die Situation im Land zu dieser Zeit und nach dem Bürgerkrieg, vor dem Bürgerkrieg war unglaublich schwierig und kritisch. Ich möchte heute nur sagen, dass es genau so war. Das ist eine historische Tatsache. Wie ich bereits gesagt habe, führte die bolschewistische Politik zur Entstehung der Sowjetukraine, die auch heute noch zu Recht als »Wladimir-Lenin-Ukraine« bezeichnet werden kann. Er war ihr Autor und Architekt. Das wird durch Dokumente in den Archiven vollständig bestätigt, einschließlich Lenins strenger Direktiven für den Donbass, der buchstäblich in die Ukraine hineingepresst wurde. Und nun haben die »dankbaren Nachkommen« Lenin-Denkmäler in der Ukraine abgerissen. Sie nennen das Entkommunisierung[297].

[297] Entkommunisierung meint die Tilgung von allem, was an den Kommunismus erinnert, ähnlich wie die Entnazifizierung in Deutschland nach dem Zweiten Weltkrieg (Anm. d. Übers.).

Sie wollen entkommunisieren? Nun, für uns ist das vollkommen in Ordnung. Aber Sie sollten nicht, wie man so schön sagt, auf halbem Weg stehen bleiben. Wir sind bereit, Ihnen zu zeigen, was eine echte Entkommunisierung für die Ukraine bedeutet.

Um auf die Geschichte zurückzukommen, wiederhole ich, dass die UdSSR 1922 auf dem Gebiet des ehemaligen Russischen Reiches gegründet wurde. Das Leben selbst jedoch zeigte sofort, dass es unmöglich war, ein so großes und komplexes Gebiet zu erhalten oder es nach den vorgeschlagenen amorphen, quasi konföderativen Prinzipien zu regieren. Sie waren völlig losgelöst von der Realität und der historischen Tradition.

Es ist nur logisch, dass der Rote Terror und der rasche Übergang zur stalinistischen Diktatur, die Vorherrschaft der kommunistischen Ideologie und das Machtmonopol der Kommunistischen Partei, die Verstaatlichung und das Planwirtschaftssystem in der Praxis die erklärten, aber nicht umsetzbaren Prinzipien der Staatlichkeit zu einer bloßen Erklärung, einer Formalität gemacht haben. In Wirklichkeit hatten die Unionsrepubliken keinerlei Souveränitätsrechte, diese Rechte existierten einfach nicht. In der Praxis wurde ein streng zentralisierter, völlig einheitlicher Staat geschaffen.

Stalin hat in der Tat nicht Lenins, sondern seine ganz eigenen Vorstellungen von Staatlichkeit in die Praxis umgesetzt. Aber er hat keine entsprechenden Änderungen in den systemischen Dokumenten, in der Verfassung des Landes vorgenommen, hat die verkündeten leninistischen Prinzipien des Aufbaus der UdSSR nicht formell überdacht. Offensichtlich gab es dafür keinen Grund – alles funktionierte unter dem totalitären Regime und es sah an der Oberfläche sehr schön, attraktiv und sogar superdemokratisch aus.

Dennoch ist es sehr schade, dass die abscheulichen, utopischen, von der Revolution inspirierten, aber für ein normales Land absolut zerstörerischen Fantasien nicht umgehend von den grundle-

genden, formell legalen Fundamenten, auf denen unsere gesamte Staatlichkeit aufgebaut wurde, entfernt wurden. Niemand hat, wie es bei uns früher so oft der Fall war, an die Zukunft gedacht. Die Führer der Kommunistischen Partei schienen davon überzeugt zu sein, dass es ihnen gelungen war, ein solides Regierungssystem zu bilden und dass sie die nationale Frage durch ihre Politik endgültig gelöst hatten. Aber die Verfälschungen, die Veränderungen von Begriffen, Manipulation des öffentlichen Bewusstseins und Täuschung waren, kamen teuer zu stehen. Der Bazillus des nationalistischen Ehrgeizes war nicht verschwunden, und die ursprüngliche Mine, die gelegt worden war, um die Immunität des Staates gegen die Ansteckung durch den Nationalismus zu untergraben, wartete nur darauf, zu explodieren. Diese Landmine, ich wiederhole das, war das Recht, sich von der UdSSR abzuspalten.
Mitte der 80er Jahre verschärfte sich vor dem Hintergrund wachsender sozioökonomischer Probleme und einer offensichtlichen Krise der Planwirtschaft die nationale Frage, deren Kern, wie immer, nicht die Erwartungen und unerfüllten Sehnsüchte der Völker der Union waren, sondern in erster Linie der wachsende Appetit der lokalen Eliten.
Doch anstatt die Situation gründlich zu analysieren und angemessene Maßnahmen zu ergreifen, vor allem in der Wirtschaft, sowie eine allmähliche, durchdachte und bewusste Umgestaltung des politischen Systems und der staatlichen Struktur vorzunehmen, beschränkte sich die KPdSU-Führung darauf, das leninistische Prinzip der nationalen Selbstbestimmung in Worte zu fassen.
Als sich der Machtkampf in der Kommunistischen Partei selbst entfaltete, begann jede der gegnerischen Seiten, um ihre Unterstützungsbasis zu verbreitern, rücksichtslos nationalistische Gefühle anzuregen, zu fördern und mit ihnen zu spielen, indem sie ihren potenziellen Anhängern versprach, was immer sie wünschten. Inmitten einer oberflächlichen und populistischen Rhetorik über Demokratie und eine strahlende Zukunft, die auf der Grund-

lage einer Markt- oder Planwirtschaft aufgebaut wurde, aber unter den realen Bedingungen der Verarmung und des totalen Defizits, dachte niemand an der Macht an die unvermeidlichen tragischen Folgen für das Land.

Und dann folgten sie dem ausgetretenen Pfad der Befriedigung der Ambitionen nationalistischer Eliten, die in ihren eigenen Parteireihen genährt wurden, und vergaßen dabei, dass die KPdSU – Gott sei Dank – nicht mehr über solche Instrumente wie Staatsterror und eine Diktatur nach Art Stalins verfügte, um die Macht und das Land selbst zu erhalten. Und so verschwand selbst die berüchtigte Führungsrolle der Partei selbst wie ein Morgennebel spurlos vor ihren Augen.

Im September 1989 verabschiedete das Plenum des Zentralkomitees der KPdSU ein im Grunde verhängnisvolles Dokument – die sogenannte nationale Politik der Partei unter modernen Bedingungen, die KPdSU-Plattform. Sie enthielt folgende Bestimmungen, ich zitiere: »Die Unionsrepubliken haben alle Rechte, die ihrem Status als souveräne sozialistische Staaten entsprechen.«

Eine weitere Klausel lautete: »Die obersten repräsentativen Machtorgane der Unionsrepubliken können die Erlasse und Anordnungen der Unionsregierung in ihrem Hoheitsgebiet anfechten und aussetzen.«

Und schließlich: »Jede Unionsrepublik hat ihre eigene Staatsbürgerschaft, die für alle ihre Einwohner gilt.«

War es denn nicht offensichtlich, wozu solche Formulierungen und Entscheidungen führen würden?

Dies ist weder der richtige Zeitpunkt noch der richtige Ort, um Fragen des Staats- oder Verfassungsrechts zu erörtern und den Begriff der Staatsbürgerschaft zu definieren. Dennoch stellt sich die Frage: Warum musste das Land unter diesen ohnehin schon schwierigen Umständen noch weiter erschüttert werden?

Schon zwei Jahre vor dem Zusammenbruch der UdSSR war ihr Schicksal praktisch besiegelt. Jetzt reklamieren die Radikalen und

Nationalisten, auch und vor allem in der Ukraine, die Erreichung der Unabhängigkeit für sich. Wie wir sehen, ist das ganz und gar nicht der Fall. Der Zusammenbruch unseres einigen Landes wurde durch historische, strategische Fehler der bolschewistischen Führer, der Führung der KPdSU, verursacht, die zu verschiedenen Zeiten beim Staatsaufbau, in der Wirtschafts- und Nationalpolitik gemacht wurden. Sie haben den Zusammenbruch des historischen Russlands, das den Namen UdSSR trug, auf dem Gewissen. Trotz all dieser Ungerechtigkeiten, des Betrugs und des offenen Ausraubens Russlands hat unser Volk die neuen geopolitischen Realitäten anerkannt, die nach dem Zusammenbruch der UdSSR entstanden sind, hat die neuen unabhängigen Staaten anerkannt. Und nicht nur das – Russland selbst, das sich zu dieser Zeit in einer sehr schwierigen Situation befand, half seinen GUS-Partnern, einschließlich seiner ukrainischen Kollegen, von denen bereits zum Zeitpunkt der Unabhängigkeitserklärung zahlreiche Ersuchen um materielle Unterstützung eingingen. Und unser Land hat diese Unterstützung unter Wahrung der Würde und Souveränität der Ukraine geleistet.

Nach Expertenschätzungen, die durch eine einfache Berechnung der Preise für Energieträger bestätigt werden, betrug das Volumen der Vorzugskredite und der Wirtschafts- und Handelspräferenzen, die Russland der Ukraine gewährt hat, sich für den ukrainischen Haushalt von 1991 bis 2013 auf etwa 250 Milliarden Dollar. Aber das ist noch lange nicht alles. Ende 1991 beliefen sich die Schuldverpflichtungen der UdSSR gegenüber dem Ausland und internationalen Fonds auf rund 100 Milliarden Dollar. Ursprünglich war man davon ausgegangen, dass diese Kredite von allen ehemaligen Sowjetrepubliken im Verhältnis zu ihrem wirtschaftlichen Potenzial solidarisch zurückgezahlt werden würden. Russland übernahm jedoch die gesamten sowjetischen Schulden und zahlte sie in voller Höhe zurück. Es hat diesen Prozess 2017 abgeschlossen.

Im Gegenzug sollten die neuen unabhängigen Staaten auf ihren Teil des sowjetischen Auslandsvermögens verzichten und im Dezember 1994 wurden entsprechende Vereinbarungen mit der Ukraine getroffen. Kiew ratifizierte diese Abkommen jedoch nicht und weigerte sich später einfach, es umzusetzen. Es erhob Anspruch auf den Diamantenfonds, die Goldreserve sowie Eigentum und andere Vermögenswerte der ehemaligen UdSSR im Ausland. Doch trotz der bekannten Probleme hat Russland immer offen, ehrlich und – ich wiederhole das – unter Wahrung seiner Interessen mit der Ukraine zusammengearbeitet, und unsere Beziehungen haben sich in einer Vielzahl von Bereichen entwickelt. So betrug der bilaterale Handelsumsatz im Jahr 2011 mehr als 50 Milliarden US-Dollar. Ich möchte darauf hinweisen, dass das Handelsvolumen der Ukraine mit allen EU-Ländern im Jahr 2019, also noch vor der Pandemie, unter dieser Zahl lag.
Dabei springt es ins Auge, dass die ukrainischen Regierungen es vorzogen, so zu handeln, dass sie in den Beziehungen zu Russland alle Rechte und Vorteile, aber keine Verpflichtungen hatten. Anstelle von Partnerschaft herrschte Abhängigkeit, die von den offiziellen Stellen in Kiew zuweilen geradezu als Kavaliersdelikt empfunden wurde. Es genügt, an die ständige Erpressung im Bereich des Energietransits und den banalen Diebstahl von Gas zu erinnern.
Ich sollte noch hinzufügen, dass Kiew versucht hat, den Dialog mit Russland als Vorwand zu nutzen, um mit dem Westen zu verhandeln, ihn mit einer Annäherung an Moskau zu erpressen und Vorteile für sich zu gewinnen: mit der Begründung, dass sonst der russische Einfluss in der Ukraine zunehmen würde.
Gleichzeitig haben die ukrainischen Regierungen von Anfang an, das möchte ich betonen, von den ersten Schritten an damit begonnen, ihre Staatlichkeit auf der Leugnung all dessen aufzubauen, was uns verbindet, sie haben versucht, das Bewusstsein und das historische Gedächtnis von Millionen von Menschen, ganzer Ge-

nerationen, die in der Ukraine leben, zu entstellen. Es überrascht nicht, dass die ukrainische Gesellschaft mit dem Aufkommen des extremen Nationalismus konfrontiert wurde, der schnell die Form von aggressiver Russophobie und Neonazismus annahm. Daher die Beteiligung ukrainischer Nationalisten und Neonazis an Terrorbanden im Nordkaukasus und die immer lauter werdenden territorialen Ansprüche gegenüber Russland.

Die ausländischen Kräfte, die ein ausgedehntes Netz von NGOs und Geheimdiensten genutzt haben, um ihre Klientel in der Ukraine zu pflegen und ihre Vertreter an die Macht zu bringen, haben ebenfalls ihren Teil dazu beigetragen.

Es ist auch wichtig zu verstehen, dass es in der Ukraine im Grunde nie eine stabile Tradition echter Staatlichkeit gegeben hat. Seit 1991 ist sie den Weg der mechanischen Kopie fremder Modelle gegangen, losgelöst von ihrer Geschichte und der ukrainischen Realität. Die politischen Institutionen des Staates wurden ständig umgestaltet, um den rasch aufstrebenden Clans mit ihren eigenen Interessen zu dienen, die nichts mit den Interessen der ukrainischen Bevölkerung gemeinsam haben.

Der Sinn der sogenannten prowestlichen zivilisatorischen Entscheidung der ukrainischen Oligarchen war und ist nicht, bessere Bedingungen für das Wohlergehen des Volkes zu schaffen, sondern den geopolitischen Rivalen Russlands unterwürfig zu dienen, um Milliarden von Dollar, die den Ukrainern gestohlen und von den Oligarchen auf westlichen Bankkonten gebunkert wurden, zu retten.

Einige industrielle Finanzgruppen, die Parteien und Politiker übernommen haben, stützten sich zunächst auf Nationalisten und Radikale. Andere gaben Lippenbekenntnisse zu guten Beziehungen zu Russland und zur kulturellen und sprachlichen Vielfalt ab und kamen mit den Stimmen von Bürgern an die Macht, die solche Bestrebungen von ganzem Herzen unterstützten, darunter Millionen aus dem Südosten des Landes. Doch sobald sie im Amt waren, verrieten sie sofort ihre Wähler, ließen ihre Wahlversprechen fallen und setzten eine Politik auf Geheiß der Radikalen um, wobei sie manchmal ihre ehemaligen Verbündeten verfolgten – jene Organisationen der Zivilgesellschaft, die für Zweisprachigkeit und Zusammenarbeit mit Russland eintraten. Sie machten sich die Tatsache zunutze, dass die Menschen, die sie unterstützten, in der Regel gesetzestreu und gemäßigt in ihren Ansichten sind und daran gewöhnt sind, der Regierung zu vertrauen.

Die Radikalen wiederum wurden immer unverschämter und ihre Forderungen wuchsen von Jahr zu Jahr. Es fiel ihnen nicht schwer, einer schwachen Regierung, die selbst mit dem Virus des Nationalismus und der Korruption infiziert war, immer wieder ihren Willen aufzuzwingen und die wahren kulturellen, wirtschaftlichen und sozialen Interessen des Volkes und die wirkliche Souveränität der Ukraine geschickt durch verschiedene Arten von Spekulationen mit nationalen Begründungen und fremden ethnografischen Merkmalen zu ersetzen.

In der Ukraine gibt es immer noch keine dauerhafte Staatlichkeit und die politischen Wahlverfahren dienen nur als Deckmantel, als Projektionsfläche für die Umverteilung von Macht und Eigentum zwischen verschiedenen Oligarchenclans.

Die Korruption, die zweifellos für viele Länder, auch für Russland, eine Herausforderung und ein Problem darstellt, hat in der Ukraine einen besonderen Charakter angenommen. Sie hat die ukrainische Staatlichkeit, das gesamte System, alle Zweige der Macht buchstäblich imprägniert und korrodiert. Radikale nutzten die berechtigte Unzufriedenheit der Menschen aus, sattelten auf den Protest auf und führten den Maidan 2014 zu einem Staatsstreich. Dabei erhielten sie direkte Unterstützung aus dem Ausland. Die materielle Unterstützung des sogenannten Protestcamps auf dem Maidan in Kiew durch die US-Botschaft betrug unseren Informationen zufolge eine Million Dollar pro Tag. Weitere sehr hohe Beträge wurden dreist direkt auf die Bankkonten der Oppositionsführer überwiesen. Und wir sprachen von mehreren Dutzend Millionen Dollar. Und wie viel haben die, die tatsächlich verletzt wurden, die Familien derjenigen, die bei den Zusammenstößen auf den Straßen und Plätzen von Kiew und anderen Städten ums Leben gekommen sind, am Ende bekommen? Danach sollte man besser nicht fragen.

Die Radikalen, die an die Macht kamen, organisierten eine Verfolgung, einen regelrechten Terror gegen diejenigen, die sich gegen verfassungsfeindliche Maßnahmen aussprachen. Politiker, Journalisten und Persönlichkeiten des öffentlichen Lebens wurden misshandelt und öffentlich gedemütigt. Die ukrainischen Städte wurden von einer Welle von Pogromen und Gewalt überrollt, einer Reihe von spektakulären und ungesühnten Morden. Die schreckliche Tragödie in Odessa, bei der friedliche Demonstranten im Gewerkschaftshaus brutal ermordet und lebendig verbrannt wurden, lässt einen erschaudern. Die Verbrecher, die diese Gräueltat begangen haben, sind nicht bestraft worden und niemand sucht nach ihnen.

Aber wir kennen ihre Namen und werden alles tun, um sie zu bestrafen, sie zu finden und vor Gericht zu stellen.

Der Maidan hat die Ukraine der Demokratie und dem Fortschritt nicht näher gebracht. Mit dem Staatsstreich führten die Nationalisten und die sie unterstützenden politischen Kräfte die Situation endgültig in die Sackgasse und stießen die Ukraine in den Abgrund des Bürgerkriegs. Acht Jahre nach diesen Ereignissen ist das Land gespalten. Die Ukraine befindet sich in einer akuten sozioökonomischen Krise.

Nach Angaben internationaler Organisationen waren 2019 fast sechs Millionen Ukrainer, ich betone, etwa 15 Prozent der Gesamtbevölkerung, nicht der Bevölkerung im erwerbsfähigen Alter, gezwungen, auf der Suche nach Arbeit ins Ausland zu gehen. In der Regel handelt es sich dabei um Gelegenheitsjobs. Auch die folgende Tatsache ist bezeichnend: Seit 2020 haben mehr als

60.000 Ärzte und anderes Gesundheitspersonal das Land während der Pandemie verlassen.

Seit 2014 haben sich die Wassertarife um fast ein Drittel erhöht, die Strompreise um ein Mehrfaches und die Gaspreise um das Zehnfache. Viele Menschen haben einfach nicht das Geld, um die Nebenkosten zu bezahlen, sie müssen buchstäblich überleben.

Was ist passiert? Warum geschieht das alles? Die Antwort liegt auf der Hand: Es liegt daran, dass die Mitgift, die nicht nur aus der Sowjetära, sondern auch aus dem Russischen Reich stammt, vergeudet und veruntreut wurde. Zehn- und Hunderttausende von Arbeitsplätzen, die den Menschen ein stabiles Einkommen boten, auch durch die enge Zusammenarbeit mit Russland, und Steuern in die Staatskasse brachten, gingen verloren. Industriezweige wie Maschinenbau, Instrumentenbau, Elektronik, Schiffbau und Flugzeugbau liegen entweder brach oder sind zerstört, während sie früher der Stolz nicht nur der Ukraine, sondern der gesamten Sowjetunion waren.

Im Jahr 2021 wurde die Tschernomorskij-Werft in Mykolajiw, in der zu Zeiten Katharinas II. die ersten Schiffswerften gebaut wurden, stillgelegt. Der berühmte Antonow-Konzern hat seit 2016 kein einziges Serienflugzeug mehr produziert, und das auf die Herstellung von Raketen- und Raumfahrtausrüstung spezialisierte Juschmasch-Werk steht ebenso wie das Stahlwerk Krementschuk kurz vor dem Bankrott. Diese traurige Liste ließe sich beliebig fortsetzen.

Das Gastransportsystem, das von der gesamten Sowjetunion aufgebaut wurde, ist so marode, dass sein Betrieb mit großen Risiken und Umweltrisiken behaftet ist.

Und das wirft die Frage auf: Sind Armut, Hoffnungslosigkeit, Verlust des industriellen und technologischen Potenzials die Wahl der prowestlichen Zivilisation, die Millionen von Menschen jahrelang getäuscht und ihnen das Paradies versprochen hat?

In der Praxis ist es darauf hinausgelaufen, dass der Zusammenbruch der ukrainischen Wirtschaft mit einer regelrechten Ausplünderung der Bürger einhergeht, während die Ukraine selbst einfach unter ausländische Verwaltung gestellt wird. Das geschieht nicht nur auf Anweisung westlicher Hauptstädte, sondern auch vor Ort durch ein ganzes Netz ausländischer Berater, NGOs und anderer Institutionen, die sich in der Ukraine breitgemacht haben. Sie haben direkten Einfluss auf alle wichtigen Personalentscheidungen, auf alle Zweige und Ebenen der Regierung, von der Zentralregierung bis zu den Kommunen, auf die wichtigsten staatlichen Unternehmen und Konzerne, darunter Naftogaz, Ukrenergo, die Ukrainische Eisenbahn, Ukroboronprom[298], Ukrposhta[299] und die ukrainische Seehafenverwaltung.

In der Ukraine gibt es einfach keine unabhängigen Gerichte. Auf Ersuchen des Westens räumte die Kiewer Regierung Vertretern internationaler Organisationen das vorrangige Recht ein, die Mitglieder der höchsten Justizorgane – des Justizrats und der Richterqualifikationskommission – auszuwählen.

Darüber hinaus kontrolliert die US-Botschaft direkt die Nationale Agentur für Korruptionsprävention, das Nationale Antikorruptionsbüro NABU, die Spezialisierte Antikorruptionsstaatsanwaltschaft und das Oberste Antikorruptionsgericht. All dies geschieht unter dem plausiblen Vorwand, die Korruptionsbekämpfung effektiver zu gestalten. Gut, fein, aber wo sind die Ergebnisse? Die Korruption steht in voller Blüte und gedeiht besser als je zuvor.

Sind den Ukrainern selbst all diese Methoden ihrer Verwaltung bekannt? Ist ihnen klar, dass ihr Land nicht nur einfach unter einem politischem und wirtschaftlichem Protektorat steht, sondern auf das Niveau einer Kolonie mit einem Marionettenregime reduziert wurde? Die Privatisierung des Staates hat dazu geführt, dass die Regierung, die sich selbst als »Macht der Patrioten« bezeichnet, ihren nationalen Charakter verloren hat und konsequent die vollständige Entsouveränisierung des Landes verfolgt.

---

[298] die Verteidigungsindustrie

[299] die Post

Die Entrussifizierung und Zwangsassimilierung gehen weiter. Die Werchowna Rada erlässt unablässig mehr und mehr diskriminierende Gesetze, und ein Gesetz über die sogenannten einheimischen Völker ist bereits in Kraft. Menschen, die sich als Russen verstehen und ihre Identität, ihre Sprache und ihre Kultur bewahren möchten, haben die klare Botschaft erhalten, dass sie in der Ukraine fremd sind.

Nach den Gesetzen über die Bildung und das Funktionieren der ukrainischen Sprache als Staatssprache ist das Russische aus den Schulen, aus allen öffentlichen Bereichen bis hin zu gewöhnlichen Geschäften verbannt. Das Gesetz über die sogenannte Lustration, die »Säuberung« der Macht, ermöglichte es, unliebsame Beamte zu entlassen.

Gesetze, die den ukrainischen Strafverfolgungsbehörden Anlass zur rigorosen Unterdrückung der Meinungsfreiheit und abweichender Meinungen sowie zur Verfolgung der Opposition geben, werden gezüchtet. Die traurige Praxis einseitiger illegitimer Sanktionen gegen andere Staaten, ausländische natürliche und juristische Personen ist weltweit bekannt. Die Ukraine hat ihre westlichen Kuratoren übertrumpft und ein solches Instrument wie Sanktionen gegen ihre eigenen Bürger, Unternehmen, Fernsehsender, andere Medien und sogar Parlamentsmitglieder erfunden.

Auch die ukrainisch-orthodoxe Kirche des Moskauer Patriarchats wird in Kiew weiterhin massakriert. Und das ist keine emotionale Einschätzung, sondern konkrete Entscheidungen und Dokumente belegen das. Die ukrainische Regierung hat die Tragödie der Kirchenspaltung auf zynische Weise zu einem Instrument der Staatspolitik gemacht. Die derzeitige Führung des Landes reagiert nicht auf die Bitten der Bürger der Ukraine, die Gesetze aufzuheben, die die Rechte der Gläubigen verletzen. Außerdem wurden in der Rada neue Gesetzesentwürfe gegen den Klerus und Millionen von Gemeindemitgliedern der ukrainisch-orthodoxen Kirche des Moskauer Patriarchats registriert.

Ich möchte gesondert auf die Krim zu sprechen kommen. Die Menschen auf der Halbinsel haben sich aus freien Stücken für die Zugehörigkeit zu Russland entschieden. Die Regierung in Kiew hat diesem klaren und eindeutigen Willen des Volkes nichts entgegenzusetzen und setzt daher auf aggressive Aktionen, auf die Aktivierung extremistischer Zellen, einschließlich radikalislamischer Organisationen, auf die Entsendung subversiver Gruppen zur Durchführung von Terroranschlägen auf kritische Infrastrukturen und zur Entführung russischer Bürger. Wir haben direkte Beweise dafür, dass solche aggressiven Aktionen mit der Unterstützung ausländischer Geheimdienste durchgeführt werden.

Im März 2021 hat die Ukraine eine neue Militärstrategie verabschiedet. Dieses Dokument ist fast ausschließlich der Konfrontation mit Russland gewidmet und zielt darauf ab, ausländische Staaten in einen Konflikt mit unserem Land zu ziehen. Die Strategie sieht vor, auf der Krim und im Donbass eine Art terroristischen Untergrund aufzubauen. Sie umreißt auch die Konturen des zu erwartenden Krieges, der nach Ansicht der heutigen Strategen in Kiew – ich zitiere ab hier – »mithilfe der internationalen Gemeinschaft zu für die Ukraine günstigen Bedingungen« enden soll. Und auch, wie sich Kiew heute ausdrückt, und ich zitiere auch hier, hören Sie bitte genauer hin, »mit der militärischen Unterstützung der internationalen Gemeinschaft in einer geopolitischen Konfrontation mit der Russischen Föderation«. Im Grunde genommen ist das nichts anderes als die Vorbereitung einer militärischen Aktion gegen unser Land – gegen Russland.

Wir wissen auch, dass es bereits Erklärungen gegeben hat, dass die Ukraine ihre eigenen Atomwaffen entwickeln wird, und das ist keine leere Angeberei. Die Ukraine verfügt über sowjetische Nukleartechnologie und die Mittel zum Einsatz solcher Waffen, darunter Flugzeuge und Tochka-U-Raketen, ebenfalls sowjetischer Bauart, mit einer Reichweite von mehr als 100 Kilometern. Aber die werden sie erhöhen, das ist nur eine Frage der Zeit. Es gibt Know-how aus der Sowjetzeit.

So wird es für die Ukraine viel einfacher sein, in den Besitz taktischer Atomwaffen zu gelangen als für einige andere Staaten – ich will sie jetzt nicht nennen –, die solche Entwicklungen tatsächlich durchführen, vor allem, wenn sie technologische Unterstützung aus dem Ausland erhält. Und auch das dürfen wir nicht ausschließen.

Wenn die Ukraine in den Besitz von Massenvernichtungswaffen kommt, wird sich die Lage in der Welt, in Europa, insbesondere für uns, für Russland, dramatisch verändern. Wir können nicht anders, als auf diese reale Gefahr zu reagieren, vor allem darauf, dass die westlichen Schirmherren das Auftauchen solcher Waffen in der Ukraine erleichtern könnten, um eine weitere Bedrohung für unser Land zu schaffen. Wir können sehen, wie hartnäckig das Kiewer Regime mit Waffen vollgepumpt wird. Allein die Vereinigten Staaten haben seit 2014 Milliarden von Dollar für diesen Zweck bereitgestellt, darunter Waffen, Ausrüstung und Spezialtraining. In den letzten Monaten sind ständig westliche Waffen in die Ukraine geflossen, demonstrativ und vor den Augen der ganzen Welt. Die ukrainischen Streitkräfte und Geheimdienste werden von ausländischen Beratern geführt, das ist uns wohlbekannt.

In den letzten Jahren haben sich Militärkontingente aus NATO-Ländern unter dem Vorwand von Übungen fast ständig auf ukrainischem Gebiet aufgehalten. Das Kommando- und Kontrollsystem der ukrainischen Truppen wurde bereits in die NATO-Truppen integriert. Das bedeutet, dass das Kommando über die ukrainischen Streitkräfte, auch über einzelne Einheiten und Untereinheiten, direkt vom NATO-Hauptquartier aus ausgeübt werden kann.

Die USA und die NATO haben damit begonnen, das ukrainische Territorium schamlos als Schauplatz möglicher Kriege zu erschließen. Die regelmäßigen gemeinsamen Übungen sind eindeutig antirussisch ausgerichtet. Allein im letzten Jahr waren mehr als 23.000 Soldaten und mehr als tausend Stück Militärtechnik daran beteiligt.

Es wurde bereits ein Gesetz über die Zulassung von Streitkräften aus anderen Ländern auf dem Hoheitsgebiet der Ukraine im Jahr 2022 verabschiedet, um an multinationalen Übungen teilzunehmen. Es ist klar, dass wir in erster Linie über die NATO-Truppen sprechen. Für dieses Jahr sind mindestens zehn solcher gemeinsamen Manöver geplant.

Es liegt auf der Hand, dass solche Ereignisse als Deckmantel für die rasche Aufrüstung des NATO-Militärverbands in der Ukraine dienen. Dies gilt umso mehr, als das mithilfe der Amerikaner ausgebaute Netz von Flugplätzen – Boryspil, Iwano-Frankiwsk, Tschugujew, Odessa und so weiter – die Verlegung von Militäreinheiten in kürzester Zeit gewährleisten kann. Der ukrainische Luftraum ist offen für Flüge von amerikanischen strategischen Bombern und Aufklärungsflugzeugen und Drohnen, die zur Überwachung des russischen Territoriums eingesetzt werden.

Ich möchte hinzufügen, dass das von den Amerikanern errichtete Maritime Operations Center in Otschakow es ermöglicht, die Aktionen der NATO-Schiffe zu unterstützen, einschließlich ihres Einsatzes von Präzisionswaffen gegen die russische Schwarzmeerflotte und unsere Infrastruktur an der gesamten Schwarzmeerküste.

Einst wollten die USA ähnliche Einrichtungen auf der Krim errichten, doch die Krimbewohner und die Einwohner von Sewastopol durchkreuzten diese Pläne. Daran werden wir uns immer erinnern.

Ich wiederhole, heute wird ein solches Zentrum eingerichtet, es wurde bereits in Otschakow eingerichtet. Ich möchte Sie daran erinnern, dass im 18. Jahrhundert Soldaten von Alexander Suworow für diese Stadt gekämpft haben. Ihrem Mut ist es zu verdanken, dass sie ein Teil Russlands wurde. Zur gleichen Zeit, im

18. Jahrhundert, wurden die Schwarzmeerländer, die infolge der Kriege mit dem Osmanischen Reich an Russland angegliedert worden waren, Noworossija genannt. Heute sind diese Meilensteine der Geschichte ebenso in Vergessenheit geraten wie die Namen von Staatsmännern des Russischen Reiches, ohne deren Wirken viele große Städte und sogar der Zugang zum Schwarzen Meer in der modernen Ukraine nicht existieren würden.

Vor kurzem wurde das Denkmal für Alexander Suworow in Poltawa abgerissen. Was soll man dazu sagen? Sie leugnen Ihre eigene Vergangenheit? Aus dem sogenannten kolonialen Erbe des russischen Imperiums? Nun, dann seid hier konsequent.

Weiter. Ich möchte darauf hinweisen, dass Artikel 17 der ukrainischen Verfassung die Einrichtung ausländischer Militärstützpunkte auf dem ukrainischen Staatsgebiet nicht zulässt. Es stellte sich jedoch heraus, dass das nur eine Konvention ist, die leicht umgangen werden kann.

Die NATO-Staaten haben Ausbildungsmissionen in die Ukraine entsandt. In der Tat handelt es sich bereits um ausländische Militärstützpunkte. Die nennen die Stützpunkte einfach »Mission« und sie ist eingetütet.

Kiew hat seit langem einen strategischen Kurs in Richtung NATO-Mitgliedschaft verkündet. Ja, natürlich hat jedes Land das Recht, sein eigenes Sicherheitssystem zu wählen und Militärbündnisse einzugehen. Und das wäre auch alles so, wenn es nicht ein »Aber« gäbe. In den internationalen Dokumenten ist ausdrücklich der Grundsatz der gleichen und unteilbaren Sicherheit verankert, der bekanntlich die Verpflichtung beinhaltet, die eigene Sicherheit nicht auf Kosten der Sicherheit anderer Staaten zu stärken. Ich kann hier auf die 1999 in Istanbul verabschiedete OSZE-Charta für europäische Sicherheit und die OSZE-Erklärung von Astana 2010 verweisen.

Mit anderen Worten: Die Wahl der Sicherheit darf keine Bedrohung für andere Staaten darstellen und der Beitritt der Ukraine

zur NATO ist eine direkte Bedrohung für die Sicherheit Russlands. Ich erinnere daran, dass die USA im April 2008 auf dem Bukarester Gipfel des Nordatlantischen Bündnisses die Entscheidung durchgesetzt haben, dass die Ukraine und übrigens auch Georgien Mitglieder der NATO werden. Viele europäische Verbündete der USA waren sich bereits aller Risiken einer solchen Perspektive bewusst, mussten sich aber dem Willen ihres Seniorpartners beugen. Die Amerikaner haben sie einfach dazu benutzt, eine eindeutig anti-russische Politik zu verfolgen.
Eine Reihe von Mitgliedstaaten des Bündnisses stehen einem NATO-Beitritt der Ukraine schon jetzt sehr skeptisch gegenüber. Gleichzeitig erhalten wir ein Signal aus einigen europäischen Hauptstädten, das besagt: »Worüber macht ihr euch Sorgen? Es wird nicht buchstäblich morgen passieren.« Tatsächlich sprechen auch unsere amerikanischen Partner darüber. »Gut«, sagen wir, »nicht morgen, aber übermorgen. Was ändert sich dadurch in der historischen Perspektive? Im Grunde genommen nichts.«
Mehr noch, uns sind der Standpunkt und die Worte der Führung der Vereinigten Staaten bekannt, dass die aktiven Feindseligkeiten in der Ostukraine die Möglichkeit eines NATO-Beitritts dieses Landes nicht ausschließen, wenn es die Kriterien des Nordatlantischen Bündnisses erfüllen und die Korruption besiegen kann.
Dennoch versuchen sie immer wieder, uns davon zu überzeugen, dass die NATO ein friedliebendes und rein defensives Bündnis ist. Sie sagen, dass es keinerlei Bedrohung für Russland gibt. Wieder einmal schlagen sie vor, dass wir uns auf ihr Wort verlassen. Aber wir kennen den wahren Wert dieser Worte. Als 1990 die Frage der deutschen Wiedervereinigung erörtert wurde, wurde der sowjetischen Führung von den Vereinigten Staaten zugesagt, dass die Zuständigkeit und die militärische Präsenz der NATO nicht einen Zoll nach Osten ausgedehnt werden würden. Und dass die deutsche Wiedervereinigung nicht zu einer Ausdehnung der militärischen Organisation der NATO nach Osten führen würde. Das ist ein Zitat.

Sie haben geredet, mündliche Zusicherungen gemacht, und es hat sich alles als leeres Geräusch herausgestellt. Später wurde uns versichert, dass die NATO-Mitgliedschaft der mittel- und osteuropäischen Länder die Beziehungen zu Moskau nur verbessern, diesen Ländern die Angst vor dem schwierigen historischen Erbe nehmen und darüber hinaus einen Gürtel russlandfreundlicher Staaten schaffen würde.

Das exakte Gegenteil ist eingetreten. Die Regierungen einiger osteuropäischer Länder, die mit ihrer Russophobie hausieren gingen, brachten ihre Komplexe und Stereotypen über die russische Bedrohung in das Bündnis ein und bestanden auf dem Aufbau kollektiver Verteidigungsfähigkeiten, die in erster Linie gegen Russland eingesetzt werden sollten. Und das geschah in den 1990er und frühen 2000er Jahren, als sich die Beziehungen zwischen Russland und dem Westen dank der Offenheit und unseres guten Willens auf einem hohen Niveau befanden.

Russland hat alle seine Verpflichtungen erfüllt, einschließlich des Truppenabzugs aus Deutschland und aus den mittel- und osteuropäischen Staaten, und leistete damit einen großen Beitrag zur Überwindung des Erbes des Kalten Krieges. Wir haben stets verschiedene Möglichkeiten der Zusammenarbeit angeboten, auch im Rahmen des NATO-Russland-Rates und der OSZE.

Mehr noch, ich werde jetzt etwas sagen, was ich noch nie öffentlich gesagt habe, ich werde es zum ersten Mal sagen. Im Jahr 2000, als der scheidende US-Präsident Bill Clinton Moskau besuchte, fragte ich ihn: »Was würde Amerika davon halten, Russland in die NATO aufzunehmen?«

Ich werde nicht alle Einzelheiten dieses Gesprächs preisgeben, aber die Reaktion auf meine Frage sah nach außen hin, sagen wir, sehr zurückhaltend aus, und wie die Amerikaner tatsächlich auf diese Möglichkeit reagierten, sieht man an ihren praktischen Schritten gegenüber unserem Land. Dazu gehören die offene Unterstützung von Terroristen im Nordkaukasus, eine ablehnende Haltung gegenüber unseren Forderungen und Sicherheitsbedenken im Bereich der NATO-Erweiterung, der Ausstieg aus dem ABM-Vertrag über das Verbot einer Raketenabwehr und so weiter. Da fragt man sich: Warum? Wozu das alles? Gut, Sie wollen uns nicht als Freund und Verbündeten sehen, aber warum müssen Sie einen Feind aus uns machen?

Es gibt nur eine Antwort: Es liegt nicht an unserem politischen Regime oder an etwas anderem, sie brauchen einfach kein so großes unabhängiges Land wie Russland. Das ist die Antwort auf alle Fragen. Sie ist die Quelle der traditionellen amerikanischen Russlandpolitik. Daher auch die Einstellung zu allen unseren Sicherheitsvorschlägen.

Heute genügt ein Blick auf die Landkarte, um zu sehen, wie die westlichen Staaten ihr Versprechen, die NATO nicht nach Osten auszudehnen, »eingehalten« haben. Sie haben uns einfach betrogen. Wir haben fünf Erweiterungswellen der NATO erlebt, eine nach der anderen. Im Jahr 1999 wurden Polen, die Tschechische Republik und Ungarn in das Bündnis aufgenommen. 2004 Bulgarien, Estland, Lettland, Litauen, Rumänien, die Slowakei und Slowenien. 2009 Albanien und Kroatien. 2017 Montenegro und 2020 Nordmazedonien.

Im Ergebnis ist das Bündnis mit seiner militärischen Infrastruktur direkt an die Grenzen Russlands gekommen. Das war eine der Hauptursachen für die Euro-Sicherheitskrise und hat sich sehr negativ auf das gesamte System der internationalen Beziehungen ausgewirkt und zu dem Verlust des gegenseitigen Vertrauens geführt.

Die Lage verschlechtert sich weiter, auch im strategischen Bereich. So werden beispielsweise in Rumänien und Polen im Rahmen des US-Projekts zur globalen Raketenabwehr Stellungen für Raketenabwehrraketen eingerichtet. Es ist bekannt, dass die dort platzierten Abschussrampen für Tomahawk-Marschflugkörper, also für offensive Angriffssysteme, verwendet werden können.

Darüber hinaus entwickeln die USA die universelle Standard-6-Rakete, die nicht nur die Probleme der Luft- und Raketenabwehr löst, sondern auch See- und Landziele treffen kann. Mit anderen Worten: Das vermeintlich defensive US-Raketenabwehrsystem wird erweitert und es entstehen neue offensive Fähigkeiten.

Die uns vorliegenden Informationen geben uns allen Grund zu der Annahme, dass der Beitritt der Ukraine zur NATO und die anschließende Stationierung von NATO-Einrichtungen in diesem Land eine ausgemachte Sache sind; es ist nur eine Frage der Zeit. Uns ist klar, dass in einem solchen Szenario die militärische Bedrohung Russlands um ein Vielfaches zunehmen wird. Und ich weise besonders darauf hin, dass die Gefahr eines Überraschungsangriffs auf unser Land um ein Vielfaches steigen wird.

Ich möchte klarstellen, dass die amerikanischen strategischen Planungsdokumente - es sind offizielle Dokumente! - die Möglichkeit eines sogenannten Präventivschlags gegen feindliche Raketensysteme vorsehen. Und wir wissen auch, wer der Hauptgegner der USA und der NATO ist. Es ist Russland. In den NATO-Dokumenten wird unser Land offiziell direkt zur Hauptbedrohung der euro-atlantischen Sicherheit erklärt. Und die Ukraine wird als Sprungbrett für einen solchen Schlag dienen. Wenn unsere Vorfahren das hören würden, würden sie es wahrscheinlich nicht glauben. Und wir wollen es heute nicht glauben, aber es ist wahr. Ich möchte, dass das sowohl in Russland als auch in der Ukraine verstanden wird.

Viele ukrainische Flugplätze liegen in der Nähe unserer Grenzen. Die hier stationierten taktischen NATO-Flugzeuge, darunter auch hochpräzise Waffenträger, werden in der Lage sein, unser Gebiet bis zur Linie Wolgograd - Kasan - Samara - Astrachan zu treffen. Die Stationierung von Radaraufklärungsgeräten auf ukrainischem Gebiet wird es der NATO ermöglichen, den russischen Luftraum bis zum Ural streng zu kontrollieren.

Nachdem die Vereinigten Staaten den Vertrag über Kurz- und Mittelstreckenraketen gebrochen haben, entwickelt das Penta-

gon bereits offen eine Reihe von bodengestützten Angriffswaffen, darunter ballistische Raketen, die Ziele in einer Entfernung von bis zu 5.500 Kilometern erreichen können. Wenn solche Systeme in der Ukraine eingesetzt werden, können sie Ziele im gesamten europäischen Gebiet Russlands sowie jenseits des Urals treffen. Tomahawk-Marschflugkörper bräuchten weniger als 35 Minuten, um Moskau zu erreichen, 7 bis 8 Minuten für ballistische Raketen aus der Region Charkow und 4 bis 5 Minuten für Hyperschallraketen. Das nennt man, das Messer an der Kehle zu haben. Und ich habe keinen Zweifel daran, dass sie diese Pläne genauso umsetzen werden, wie sie es in den vergangenen Jahren immer wieder getan haben, indem sie die NATO nach Osten ausdehnen und militärische Infrastruktur und Ausrüstung an die russischen Grenzen verlagern, wobei sie unsere Bedenken, Proteste und Warnungen völlig ignorieren. Nach dem Motto: Entschuldigen Sie, die sind uns wurscht und wir tun, was immer wir wollen, was immer wir für richtig halten.
Und natürlich wird auch erwartet, dass wir uns weiterhin gemäß dem bekannten Sprichwort verhalten: »Der Hund bellt, aber die Karawane zieht weiter.« Ich sage sofort, dass wir dem nicht zugestimmt haben und niemals zustimmen werden. Gleichzeitig war und ist Russland immer dafür, die komplexesten Probleme mit politischen und diplomatischen Mitteln am Verhandlungstisch zu lösen.
Wir sind uns unserer großen Verantwortung für die regionale und globale Stabilität bewusst. Bereits 2008 hat Russland eine Initiative zum Abschluss eines Europäischen Sicherheitsvertrags vorgelegt. Die Kernaussage war, dass kein Staat und keine internationale Organisation im euro-atlantischen Raum seine Sicherheit auf Kosten der Sicherheit anderer stärken kann. Unser Vorschlag wurde jedoch von Anfang an abgelehnt: Man konnte nicht zulassen, dass Russland die Aktivitäten der NATO einschränkt.
Mehr noch: Uns wurde ausdrücklich gesagt, dass nur Mitglieder des Nordatlantischen Bündnisses rechtsverbindliche Sicherheitsgarantien haben können.

Im vergangenen Dezember haben wir unseren westlichen Partnern den Entwurf eines Vertrags zwischen der Russischen Föderation und den Vereinigten Staaten von Amerika über Sicherheitsgarantien sowie den Entwurf eines Abkommens über Maßnahmen zur Gewährleistung der Sicherheit der Russischen Föderation und der NATO-Mitgliedstaaten übermittelt.

Die Antwort der Vereinigten Staaten und der NATO bestand aus vielen gemeinsamen Worten. Es gab zwar einige vernünftige Punkte, doch ging es dabei um zweitrangige Themen, und es sah aus wie ein Versuch, die Diskussion in eine andere Richtung abzulenken.

Wir haben dementsprechend geantwortet und betont, dass wir bereit sind, den Weg der Verhandlungen zu gehen, allerdings unter der Bedingung, dass alle Fragen als Paket, als Ganzes betrachtet werden, ohne sie von den grundlegenden russischen Vorschlägen zu trennen. Und diese enthalten drei wichtige Punkte. Der erste ist die Verhinderung einer weiteren NATO-Erweiterung. Der zweite ist die Weigerung, dem Bündnis die Stationierung von Angriffswaffensystemen an den Grenzen Russlands zu gestatten. Und schließlich die Rückführung der militärischen Fähigkeiten und der Infrastruktur des Blocks in Europa auf den Stand von 1997, als die NATO-Russland-Grundakte unterzeichnet wurde.

Genau diese unsere prinzipiellen Vorschläge wurden ignoriert. Unsere westlichen Partner haben, ich wiederhole es, wieder einmal die abgedroschene Formulierung geäußert, dass jeder Staat das Recht hat, frei zu entscheiden, wie er seine Sicherheit gewährleistet und sich beliebigen Militärbündnissen und Allianzen anschließen kann. Mit anderen Worten: An ihrem Standpunkt hat sich nichts geändert und es wird immer wieder auf die berüchtigte »Politik der offenen Tür« der NATO verwiesen. Außerdem versuchen sie, uns erneut zu erpressen, indem sie uns erneut mit Sanktionen drohen, die sie übrigens sowieso in dem Maße verhängen werden, in dem Russlands Souveränität und die Macht unserer Streitkräfte zunehmen. Und ein Vorwand für einen weiteren Sanktionsangriff wird immer gefunden oder einfach erfunden, unabhängig von der Lage in der Ukraine. Das Ziel ist das gleiche – die Entwicklung Russlands zu unterdrücken. Und sie werden es tun, wie sie es schon früher getan haben, sogar ohne jeglichen formalen Vorwand, weil wir unsere Souveränität, unsere nationalen Interessen und unsere Werte niemals gefährden werden.

Ich möchte klar und deutlich sagen, dass Russland in der gegenwärtigen Situation, in der unsere Vorschläge für einen gleichberechtigten Dialog über grundsätzliche Fragen von den Vereinigten Staaten und der NATO praktisch unbeantwortet geblieben sind, in der das Ausmaß der Bedrohungen für unser Land erheblich zunimmt, jedes Recht hat, Gegenmaßnahmen zu ergreifen, um seine eigene Sicherheit zu gewährleisten. Genau das werden wir tun.

Was die Lage im Donbass betrifft, so sehen wir, dass die Führungsspitze in Kiew ständig öffentlich erklärt, dass sie nicht bereit ist, das Minsker Maßnahmenpaket zur Beilegung des Konflikts umzusetzen, und dass sie nicht an einer friedlichen Lösung interessiert ist. Im Gegenteil, sie versuchen erneut, einen Blitzkrieg im Donbass zu organisieren, wie sie es bereits 2014 und 2015 getan haben. Wir erinnern uns noch, wie diese Abenteuer damals endeten.

Jetzt vergeht praktisch kein Tag mehr, an dem nicht Städte und Dörfer im Donbass beschossen werden. Eine große Gruppe von Truppen setzt ständig Angriffsdrohnen, schweres Gerät, Raketen, Artillerie und Mehrfachraketenwerfer ein. Die Tötung von Zivilisten, die Blockade, die Misshandlung von Menschen, einschließlich Kindern, Frauen und älteren Menschen, geht unvermindert weiter. Ein Ende ist nicht in Sicht.

Und die sogenannte zivilisierte Welt, zu deren einzigen Vertretern sich unsere westlichen Kollegen selbst ernannt haben, zieht es vor, das nicht zur Kenntnis zu nehmen, als gäbe es diesen ganzen

Präsident Wladimir Putin am 24. Februar 2022

Horror, den Genozid, dem fast 4 Millionen Menschen ausgesetzt sind, nicht, und das nur, weil diese Menschen mit dem vom Westen unterstützten Putsch in der Ukraine im Jahr 2014 nicht einverstanden waren und sich der gesteigerten staatlichen Bewegung hin zu einem höhlenartigen und aggressiven Nationalismus und Neonazismus widersetzten. Und sie kämpfen für ihre elementaren Rechte: in ihrem eigenen Land zu leben, ihre eigene Sprache zu sprechen, ihre Kultur und Traditionen zu bewahren.

Wie lange kann diese Tragödie noch andauern? Wie lange können wir das noch ertragen? Russland hat alles getan, um die territoriale Integrität der Ukraine zu wahren, und hat all die Jahre hart und geduldig für die Umsetzung der Resolution 2202 des UN-Sicherheitsrats vom 17. Februar 2015 gekämpft, in der das Minsker Abkommen vom 12. Februar 2015 zur Lösung der Lage im Donbass verankert ist.

Alles umsonst. Präsidenten und Abgeordnete der Rada wechseln, aber das Wesen und der aggressive, nationalistische Charakter des Regimes, das in Kiew die Macht übernommen hat, ändern sich nicht. Er ist ausschließlich ein Produkt des Staatsstreichs von

2014 und diejenigen, die den Weg der Gewalt, des Blutvergießens und der Gesetzlosigkeit eingeschlagen haben, haben keine andere Lösung für die Donbass-Frage als eine militärische anerkannt und werden dies auch in Zukunft nicht tun.

In diesem Zusammenhang halte ich es für notwendig, eine längst überfällige Entscheidung zu treffen: die Unabhängigkeit und Souveränität der Volksrepublik Donezk und der Volksrepublik Luhansk unverzüglich anzuerkennen.

Ich bitte die Bundesversammlung der Russischen Föderation, diese Entscheidung zu unterstützen und dann die Verträge über Freundschaft und gegenseitigen Beistand mit beiden Republiken zu ratifizieren. Diese beiden Dokumente werden in naher Zukunft ausgearbeitet und unterzeichnet.

Und von denen, die in Kiew die Macht übernommen haben und halten, fordern wir die sofortige Einstellung der Feindseligkeiten. Andernfalls wird die Verantwortung für die mögliche Fortsetzung des Blutvergießens ausschließlich auf dem Gewissen des Regimes lasten, das das Gebiet der Ukraine regiert.

Bei der Bekanntgabe der heute gefassten Beschlüsse vertraue ich auf die Unterstützung der Bürger Russlands und aller patriotischen Kräfte des Landes.

Ich danke Ihnen für Ihre Aufmerksamkeit.[300]

---

[300] Zit. wie Anti-Spiegel, 22.2.2022 (Übersetzung aus dem Russischen: Thomas Röper); www.anti-spiegel.ru/2022/praesident-putins-komplette-rede-an-die-nation-im-wortlaut/ (15.3.2022)

2. Rede des russischen Präsidenten Wladimir Putin an die Nation vom 24. Februar 2022

Liebe Mitbürger, liebe Freunde!

Heute halte ich es erneut für notwendig, auf die tragischen Ereignisse im Donbass und die zentralen Fragen von Russlands Sicherheit zurückzukommen.

Ich möchte mit dem beginnen, was ich in meiner Rede vom 21. Februar dieses Jahres gesagt habe. Ich beziehe mich auf das, was uns besonders beunruhigt und besorgt, die fundamentalen Bedrohungen, die Schritt für Schritt, Jahr für Jahr, von unverantwortlichen Politikern im Westen gegen unser Land gerichtet werden. Ich beziehe mich auf die Ausdehnung des NATO-Blocks nach Osten, auf die Nähe seiner militärischen Infrastruktur zu den Grenzen Russlands.

Es ist bekannt, dass wir seit 30 Jahren hartnäckig und geduldig versuchen, mit den führenden NATO-Ländern eine Einigung über die Grundsätze der gleichen und unteilbaren Sicherheit in Europa zu erzielen. Als Antwort auf unsere Vorschläge sind wir immer wieder entweder auf zynische Täuschungen und Lügen oder auf Druck und Erpressungsversuche gestoßen, während sich das Nordatlantische Bündnis trotz all unserer Proteste und Bedenken immer weiter ausdehnt. Die Kriegsmaschinerie ist in Bewegung und, ich wiederhole das, sie kommt sehr nahe an unsere Grenzen heran.

Warum geschieht das alles? Warum diese arrogante Haltung, von der Position ihrer eigenen Ausschließlichkeit, Unfehlbarkeit und davon, dass man alles tun darf, zu sprechen? Woher kommt diese gefühllose, ablehnende Haltung gegenüber unseren Interessen und absolut berechtigten Forderungen?

Die Antwort ist klar, verständlich und offensichtlich. Die Sowjetunion wurde Ende der 1980er Jahre schwächer und ist dann zusammengebrochen. Der gesamte Verlauf der damaligen Ereignisse ist eine gute Lektion für uns heute; das hat überzeugend gezeigt, dass die Lähmung der Regierung und des Willens der erste Schritt zu völliger Erniedrigung ist. Wir mussten nur eine Zeit lang unsere Selbstsicherheit verlieren, und schon war das Gleichgewicht der Kräfte in der Welt gestört.

Das hat dazu geführt, dass frühere Verträge und Abkommen de facto nicht mehr gelten. Überredungskünste und Bitten halfen nicht. Alles, was dem Hegemon, den Machthabern, nicht passt, wird für archaisch, veraltet und überflüssig erklärt. Und umgekehrt: Alles, was ihnen vorteilhaft erscheint, wird als ultimative Wahrheit dargestellt und um jeden Preis, rüde und mit allen Mitteln durchgesetzt. Andersdenkende werden in die Knie gezwungen.

Ich spreche jetzt nicht nur über Russland und nicht nur über unsere Sorgen. Das betrifft das gesamte System der internationalen Beziehungen und manchmal sogar die US-Verbündeten selbst. Nach dem Zusammenbruch der UdSSR begann faktisch eine Neuverteilung der Welt, und die etablierten Normen des internationalen Rechts – die wichtigsten, grundlegenden Normen wurden am Ende des Zweiten Weltkriegs angenommen und festigten weitgehend dessen Ergebnisse – begannen diejenigen zu behindern, die sich im Kalten Krieg zum Sieger erklärt haben.

Im praktischen Leben, in den internationalen Beziehungen, in den Regeln, die diese Beziehungen regeln, mussten die Veränderungen der Weltlage und der Kräfteverhältnisse selbst natürlich berücksichtigt werden. Das hätte jedoch professionell, reibungslos und geduldig geschehen müssen, unter Berücksichtigung und Respektierung der Interessen aller Länder und im Bewusstsein ihrer Verantwortung. Aber nein, es war ein Zustand der Euphorie aus absoluter Überlegenheit, eine Art moderner Absolutismus, noch dazu vor dem Hintergrund des niedrigen Niveaus der allgemeinen Kultur und der Arroganz derjenigen, die nur für sie selbst vorteilhafte Entscheidungen vorbereitet, angenommen und durchgesetzt haben. Die Situation begann sich auf andere Weise zu entwickeln.

Man braucht nicht weit zu gehen, um Beispiele zu finden. Zuerst wurde die blutige Militäroperation gegen Belgrad durchgeführt, ohne dass der UN-Sicherheitsrat dies genehmigt hätte. Mehrere Wochen andauernde Bombardierungen ziviler Städte und lebenswichtiger Infrastruktur. Ich muss an diese Tatsachen erinnern, weil einige westliche Kollegen sich nicht gerne an diese Ereignisse erinnern, und wenn wir darüber sprechen, ziehen sie es vor, nicht auf die Normen des Völkerrechts zu verweisen, sondern auf die Umstände, die sie nach ihrem Gutdünken interpretieren.

Dann waren der Irak, Libyen und Syrien an der Reihe. Die unrechtmäßige Anwendung militärischer Gewalt gegen Libyen und die Umgehung aller Beschlüsse des UN-Sicherheitsrats zur Libyenfrage führten zur völligen Zerstörung des Staates, schufen eine riesige Brutstätte des internationalen Terrorismus und stürzten das Land in eine humanitäre Katastrophe und einen langen Bürgerkrieg, der noch immer wütet. Die Tragödie, die Hunderttausende, ja Millionen von Menschen nicht nur in Libyen, sondern in der gesamten Region in den Tod riss, führte zu einer Massenflucht aus Nordafrika und dem Nahen Osten nach Europa.

Ein ähnliches Schicksal war für Syrien vorgesehen. Das militärische Vorgehen der westlichen Koalition auf dem Territorium dieses Landes ohne die Zustimmung der syrischen Regierung und ohne die Erlaubnis des UN-Sicherheitsrates ist nichts anderes als eine Aggression, eine Intervention.

Einen besonderen Platz in dieser Reihe nimmt jedoch die Invasion des Irak ein, die natürlich ebenfalls ohne jede Rechtsgrundlage erfolgte. Der Vorwand war, dass die USA angeblich über zuverlässige Informationen über das Vorhandensein von Massenvernichtungswaffen im Irak verfügten. Zum Beweis schüttelte der US-Außenminister vor aller Welt ein Röhrchen mit weißem Pulver und versicherte, dass es sich dabei um die Chemiewaffe handelte, die im Irak entwickelt wurde. Und dann stellte sich heraus, dass das ein Schwindel, ein Bluff war: Es gab keine Chemiewaffen im Irak. Das ist unglaublich, erstaunlich, aber es bleibt eine Tatsache. Es gab Lügen auf höchster staatlicher Ebene und von der hohen Tribüne der UNO. Das Ergebnis waren viele Opfer, Zerstörung und die unglaubliche Welle des Terrorismus.

Generell entsteht der Eindruck, dass praktisch überall, in vielen Regionen der Welt, wo der Westen kommt, um seine Ordnung zu etablieren, blutige, nicht heilende Wunden, Wunden des internationalen Terrorismus und Extremismus zurückbleiben. Alles, was ich gesagt habe, sind die ungeheuerlichsten, aber bei Weitem nicht die einzigen Beispiele für die Missachtung des Völkerrechts. Dazu gehören auch die Versprechen, die NATO nicht einen Zoll nach Osten zu erweitern. Ich wiederhole: Sie haben uns betrogen, oder, um es im Volksmund zu sagen, uns einfach abserviert. Ja, man hört oft, dass Politik ein schmutziges Geschäft ist. Vielleicht ist das so, aber doch nicht so schmutzig, doch nicht in diesem Ausmaß. Schließlich verstößt ein solches betrügerisches Verhalten nicht nur gegen die Grundsätze der internationalen Beziehungen, sondern vor allem gegen die allgemein anerkannten Normen der Moral und Ethik. Wo sind hier Gerechtigkeit und Wahrheit? Nichts als Lügen und Heuchelei.

Amerikanische Politiker, Politologen und Journalisten schreiben und sagen übrigens selbst, dass in den USA in den letzten Jahren ein regelrechtes »Lügenimperium« entstanden ist. Es ist schwer, dem nicht zuzustimmen – es ist so. Aber es gibt keinen Grund, bescheiden zu sein: Die USA sind immer noch ein großes Land, eine systembildende Macht. Seine Trabanten fügen sich nicht nur demütig und gehorsam, singen bei jeder Gelegenheit mit, sondern kopieren auch das Verhalten und akzeptieren begeistert die von ihnen vorgegebenen Regeln. Mit gutem Grund kann man mit Sicherheit sagen, dass der gesamte sogenannte westliche Block, der von den USA nach ihrem eigenen Bild und Gleichnis geformt wurde, genauso ein »Lügenimperium« ist.

Was unser Land betrifft, so haben sie nach dem Zusammenbruch der UdSSR trotz der beispiellosen Offenheit des neuen, modernen Russlands und seiner Bereitschaft zur ehrlichen Zusammenarbeit mit den USA und anderen westlichen Partnern und unter den Bedingungen der tatsächlich einseitigen Abrüstung sofort versucht, uns zu Fall zu bringen, uns zu erledigen und endgültig zu vernichten. Genau das geschah in den 1990er- und frühen 2000er-Jahren, als der sogenannte kollektive Westen den Separatismus und die Söldnerbanden in Südrussland aktiv unterstützte. Welche Opfer und Verluste hat uns das gekostet, welche Opfer haben wir auf uns nehmen müssen, bis wir dem internationalen Terrorismus im Kaukasus endlich das Handwerk gelegt haben. Wir erinnern uns daran und werden es nie vergessen.

In der Tat haben die Versuche, uns für ihre Interessen zu benutzen, unsere traditionellen Werte zu zerstören und uns ihre Pseudowerte aufzuzwingen, die uns, unser Volk, von innen her zersetzen würden, nicht aufgehört, jene Haltungen, die sie bereits aggressiv in ihren Ländern durchsetzen und die direkt zu Degradierung und Entartung führen, da sie gegen die menschliche Natur selbst gerichtet sind. Das wird nicht passieren, das hat noch nie jemanden geschafft. Auch jetzt wird es nicht gelingen.

Trotz allem haben wir im Dezember 2021 erneut versucht, mit den USA und ihren Verbündeten eine Einigung über die Sicherheitsgrundsätze in Europa und über die Nichterweiterung der NATO zu erzielen. Alles umsonst. Der Standpunkt der USA hat sich nicht geändert. Sie halten eine Einigung mit Russland in dieser für uns wichtigen Frage nicht für notwendig, sie verfolgen ihre eigenen Ziele und setzen sich über unsere Interessen hinweg.

Und natürlich stellt sich in dieser Situation die Frage: Was ist als Nächstes zu tun, was ist zu erwarten? Wir wissen aus der Geschichte, dass die Sowjetunion 1940 und Anfang 1941 alles getan hat, um den Ausbruch des Krieges zu verhindern oder zumindest zu verzögern. Dazu gehört auch, dass man buchstäblich bis zur letzten Minute versucht, den potenziellen Angreifer nicht zu provozieren, indem man die notwendigsten und naheliegendsten Schritte zur Vorbereitung auf die Abwehr des unvermeidlichen Angriffs nicht durchgeführt oder aufgeschoben hat. Und die Schritte, die schließlich unternommen wurden, waren katastrophal verspätet.

Infolgedessen war das Land auf den Einmarsch Nazi-Deutschlands, das am 22. Juni 1941 ohne Kriegserklärung unser Land angriff, nicht vollständig vorbereitet. Der Feind konnte gestoppt und dann vernichtet werden, allerdings zu einem kolossalen Preis. Der Versuch, dem Aggressor am Vorabend des Großen Vaterländischen Krieges zu gefallen, war ein Fehler, der unser Volk teuer zu stehen kam. In den ersten Monaten der Kämpfe haben wir große, strategisch wichtige Gebiete und Millionen von Menschen verloren. Wir werden einen solchen Fehler nicht ein zweites Mal machen, dazu haben wir kein Recht.

Diejenigen, die nach der Weltherrschaft streben, erklären uns, Russland, öffentlich, ungestraft und – ich betone – ohne jede Rechtfertigung zu ihrem Feind. Sie verfügen heute in der Tat über große finanzielle, wissenschaftliche, technologische und militärische Fähigkeiten. Wir sind uns dessen bewusst und bewerten die Drohungen objektiv, die ständig an unsere Adresse im Bereich der Wirtschaft ertönen, ebenso wie unsere Fähigkeit, dieser unverschämten und permanenten Erpressung zu widerstehen. Ich wiederhole, wir bewerten sie ohne Illusionen, sehr realistisch.

Im militärischen Bereich ist das moderne Russland auch nach dem Zusammenbruch der UdSSR und dem Verlust eines Großteils seines Potenzials heute eine der mächtigsten Nuklearmächte der Welt und verfügt darüber hinaus über gewisse Vorteile bei einer Reihe modernster Waffensysteme. Es sollte daher kein Zweifel daran bestehen, dass ein direkter Angriff auf unser Land zu einer

Niederlage und schlimmen Konsequenzen für jeden potenziellen Angreifer führen würde.
Die Technologie, einschließlich der Verteidigungstechnologie, unterliegt jedoch einem raschen Wandel. Die Führung in diesem Bereich hat gewechselt und wird auch in Zukunft wechseln, aber die militärische Entwicklung der an unsere Grenzen angrenzenden Gebiete wird, wenn wir sie zulassen, noch jahrzehntelang, vielleicht für immer, bestehen bleiben und eine ständig wachsende, völlig inakzeptable Bedrohung für Russland darstellen.
Schon jetzt, in dem Maße, wie sich die NATO nach Osten ausdehnt, wird die Situation für unser Land von Jahr zu Jahr schlechter und gefährlicher. Darüber hinaus hat die NATO-Führung in den letzten Tagen ausdrücklich von der Notwendigkeit gesprochen, das Vorrücken der Infrastruktur des Bündnisses in Richtung der russischen Grenzen zu beschleunigen und zu forcieren. Mit anderen Worten: Sie verschärfen ihre Haltung. Wir können nicht länger nur zusehen, was passiert. Das wäre völlig unverantwortlich von uns.
Der weitere Ausbau der Infrastruktur des Nordatlantischen Bündnisses, die begonnene militärische Erschließung des ukrainischen Territoriums, ist für uns inakzeptabel. Das Problem liegt natürlich nicht bei der NATO-Organisation selbst – sie ist nur ein Instrument der amerikanischen Außenpolitik. Das Problem besteht darin, dass auf den an uns angrenzenden Gebieten – wohlgemerkt auf unseren eigenen historischen Territorien – ein »Antirussland« geschaffen wird, das unter vollständige Kontrolle des Auslandes gestellt, von den Streitkräften der NATO-Länder intensiv entwickelt und mit den modernsten Waffen vollgepumpt wird.
Für die USA und ihre Verbündeten ist die sogenannte Politik der Eindämmung Russlands, eine offensichtliche geopolitische Dividende. Für unser Land ist es jedoch letztlich eine Frage von Leben und Tod, eine Frage unserer historischen Zukunft als Nation. Und das ist keine Übertreibung – so ist es nun einmal. Das ist eine

echte Bedrohung nicht nur für unsere Interessen, sondern für die Existenz unseres Staates und seine Souveränität. Das ist die rote Linie, über die immer wieder gesprochen wurde. Sie haben sie überschritten.

In diesem Zusammenhang und in Bezug auf die Situation im Donbass: Wir sehen, dass die Kräfte, die 2014 in der Ukraine den Staatsstreich durchgeführt haben, die Macht an sich gerissen und sie mithilfe von im Wesentlichen dekorativen Wahlverfahren behalten haben, eine friedliche Lösung des Konflikts definitiv ablehnen. Acht Jahre lang, unendlich lange acht Jahre, haben wir alles getan, damit die Situation mit friedlichen, politischen Mitteln gelöst wird. Alles umsonst.

Wie ich bereits in meiner vorherigen Ansprache sagte, kann man das, was dort geschieht, nicht ohne Mitgefühl betrachten. Es war einfach unmöglich, das noch länger zu ertragen. Es war notwendig, diesen Alptraum – diesen Völkermord an den Millionen von Menschen, die dort leben und nur auf Russland hoffen, die nur auf uns hoffen, – sofort zu beenden. Diese Bestrebungen, die Gefühle und der Schmerz der Menschen waren der Hauptgrund für unsere Entscheidung, die Volksrepubliken des Donbass anzuerkennen.

Ich finde es wichtig, das noch einmal zu betonen. Die führenden NATO-Länder unterstützen, um ihre eigenen Ziele zu erreichen, extreme Nationalisten und Neonazis in der Ukraine, die ihrerseits den Menschen auf der Krim und in Sewastopol ihre freie Entscheidung für die Wiedervereinigung mit Russland nie verzeihen werden.

Natürlich werden sie auf die Krim gehen, genau wie in den Donbass, mit einem Krieg, um zu töten, so wie die Strafkolonnen der ukrainischen Nationalisten und Hitlers Kollaborateure während des Großen Vaterländischen Krieges wehrlose Menschen getötet haben. Sie erheben auch unverhohlen Anspruch auf eine ganze Reihe anderer russischer Gebiete.

Der gesamte Verlauf der Ereignisse und die Analyse der eingehenden Informationen zeigen, dass ein Zusammenstoß zwischen Russland und diesen Kräften unvermeidlich ist. Es ist nur eine Frage der Zeit: Sie bereiten sich vor, sie warten auf einen günstigen Moment. Jetzt wollen sie auch Atomwaffen. Wir werden das nicht zulassen.

Wie ich bereits sagte, hat Russland die neuen geopolitischen Realitäten nach dem Zusammenbruch der UdSSR akzeptiert. Wir respektieren alle neu entstandenen Länder im postsowjetischen Raum und werden das auch weiterhin tun. Wir respektieren ihre Souveränität und werden sie auch weiterhin respektieren. Ein Beispiel dafür ist die Hilfe, die wir Kasachstan geleistet haben, das tragische Ereignisse und Angriffe auf seine Staatlichkeit und Integrität erlebt hat. Aber Russland kann sich nicht sicher fühlen, kann sich nicht entwickeln, kann nicht existieren, wenn eine ständige Bedrohung aus dem Gebiet der heutigen Ukraine kommt.

Ich möchte Sie daran erinnern, dass wir in den Jahren 2000 bis 2005 militärisch gegen Terroristen im Kaukasus gekämpft, die Integrität unseres Staates verteidigt und Russland erhalten haben. Im Jahr 2014 haben wir die Menschen auf der Krim und in Sewastopol unterstützt. Im Jahr 2015 haben wir unsere Streitkräfte eingesetzt, um das Eindringen von Terroristen aus Syrien nach Russland zuverlässig zu unterbinden. Wir hatten keine andere Möglichkeit, uns zu verteidigen.

Das Gleiche passiert jetzt auch. Sie und ich haben einfach keine andere Möglichkeit, Russland und unser Volk zu verteidigen, als die, die wir heute anwenden müssen. Die Umstände verlangen von uns, dass wir entschlossen und sofort handeln. Die Volksrepubliken des Donbass haben Russland um Hilfe gebeten.

In diesem Zusammenhang habe ich gemäß Artikel 51 Absatz 7 der Charta der Vereinten Nationen, mit Genehmigung des russischen Föderationsrates und in Übereinstimmung mit den von der Bundesversammlung am 22. Februar dieses Jahres ratifizierten

Verträgen über Freundschaft und gegenseitigen Beistand mit der Volksrepublik Donezk und der Volksrepublik Luhansk beschlossen, eine Militäroperation durchzuführen.

Ihr Ziel ist es, die Menschen zu schützen, die seit acht Jahren von dem Kiewer Regime misshandelt und ermordet werden. Und zu diesem Zweck werden wir uns bemühen, die Ukraine zu entmilitarisieren und zu entnazifizieren und diejenigen vor Gericht zu stellen, die zahlreiche blutige Verbrechen gegen die Zivilbevölkerung, einschließlich der Bürger der Russischen Föderation, begangen haben.

Gleichzeitig sehen unsere Pläne nicht die Besetzung ukrainischer Gebiete vor. Wir haben nicht die Absicht, jemandem etwas mit Gewalt aufzuzwingen. Gleichzeitig hören wir, dass sich in letzter Zeit im Westen die Stimmen mehren, dass die vom totalitären sowjetischen Regime unterzeichneten Dokumente, in denen die Ergebnisse des Zweiten Weltkriegs festgeschrieben sind, nicht mehr umgesetzt werden sollten. Was soll man darauf antworten? Das Ergebnis des Zweiten Weltkriegs ist heilig, ebenso wie die Opfer, die unser Volk auf dem Altar des Sieges über den Nationalsozialismus gebracht hat. Das steht jedoch nicht im Widerspruch zu den hohen Werten der Menschenrechte und Freiheiten, die auf den Realitäten der Nachkriegsjahrzehnte beruhen. Das setzt auch nicht das in Artikel 1 der UN-Charta verankerte Selbstbestimmungsrecht der Nationen außer Kraft.

Ich möchte Sie daran erinnern, dass weder bei der Gründung der UdSSR noch nach dem Zweiten Weltkrieg jemand die Menschen in den Gebieten, die die heutige Ukraine bilden, gefragt hat, wie sie ihr Leben gestalten wollen. Unsere Politik basiert auf der Freiheit, der Wahlfreiheit eines jeden, seine eigene Zukunft und die seiner Kinder selbst zu bestimmen. Und wir sind der Meinung, dass dieses Recht – das Recht, auszuwählen – wichtig ist für alle Völker, die auf dem Gebiet der heutigen Ukraine leben, für alle, die dieses Recht ausüben wollen.

In diesem Zusammenhang appelliere ich auch an die Bürger der Ukraine. Im Jahr 2014 hatte Russland die Pflicht, die Bewohner der Krim und Sewastopols vor denjenigen zu schützen, die sie selbst als »Nazis« bezeichnen. Die Menschen auf der Krim und in Sewastopol haben sich für ihr historisches Heimatland, für Russland, entschieden, und wir haben sie dabei unterstützt. Auch hier konnten wir einfach nicht anders handeln.

Bei den heutigen Ereignissen geht es nicht darum, die Interessen der Ukraine und des ukrainischen Volkes zu verletzen. Es geht darum, Russland selbst vor denen zu schützen, die die Ukraine als Geisel genommen haben und versuchen, sie gegen unser Land und seine Bevölkerung einzusetzen.

Auch hier handelt es sich um Selbstverteidigung gegen die Bedrohungen, denen wir ausgesetzt sind, und gegen ein noch größeres Unglück als das, was heute geschieht. So schwer es auch ist, bitte ich Sie, dies zu verstehen, und ich rufe zur Zusammenarbeit auf, damit wir diese tragische Seite so schnell wie möglich umblättern und gemeinsam vorankommen können, indem wir niemandem erlauben, sich in unsere Angelegenheiten, in unsere Beziehungen einzumischen, sondern sie selbständig aufbauen, so dass die notwendigen Voraussetzungen für die Überwindung aller Probleme geschaffen werden und wir trotz der Staatsgrenzen von innen heraus als eine vereinte Einheit gestärkt werden. Daran glaube ich – das ist unsere Zukunft.

Ich muss mich auch an die Streitkräfte der Ukraine wenden.

Verehrte Kameraden! Eure Väter, Großväter und Urgroßväter haben nicht gegen die Nazis gekämpft und unser gemeinsames Vaterland verteidigt, damit die heutigen Neonazis die Macht in der Ukraine übernehmen können. Ihr habt einen Eid auf das ukrainische Volk geschworen und nicht auf die volksfeindliche Junta, die die Ukraine ausraubt und eben dieses Volk schikaniert.

Führt ihre kriminellen Befehle nicht aus. Ich fordere euch auf, die Waffen sofort niederzulegen und nach Hause zu gehen. Um es klar zu sagen: Alle Angehörigen der ukrainischen Armee, die dieser Forderung nachkommen, werden das Kriegsgebiet ungehindert verlassen und zu ihren Familien zurückkehren können.

Ich möchte noch einmal betonen, dass die Verantwortung für ein mögliches Blutvergießen allein auf dem Gewissen des Regimes liegt, das auf dem Gebiet der Ukraine herrscht.

Nun ein paar wichtige, sehr wichtige Worte an diejenigen, die von außen versucht sein könnten, sich in das Geschehen einzumischen. Wer auch immer versucht, sich bei uns einzumischen, geschweige denn unser Land und unser Volk zu gefährden, muss wissen, dass die Antwort Russlands sofort erfolgen und zu Konsequenzen führen wird, die Sie in Ihrer Geschichte noch nie erlebt haben. Wir sind auf jede Entwicklung der Ereignisse vorbereitet. Alle notwendigen Entscheidungen wurden in dieser Hinsicht getroffen. Ich hoffe, dass ich gehört werde.

Liebe Mitbürger Russlands!

Das Wohlergehen, die Existenz ganzer Staaten und Völker, ihr Erfolg und ihre Lebensfähigkeit haben ihren Ursprung immer im mächtigen Wurzelwerk ihrer Kulturen und Werte, in den Erfahrungen und Traditionen ihrer Vorfahren, und natürlich hängen sie von ihrer Fähigkeit ab, sich rasch an das sich ständig verändernde Leben anzupassen, vom Zusammenhalt der Gesellschaft, ihrer Bereitschaft, sich zu konsolidieren, alle Kräfte zu bündeln, um voranzukommen.

Stärke wird immer gebraucht – immer –, aber Stärke kann unterschiedliche Qualitäten haben. Die Politik des »Lügenimperiums«, von der ich zu Beginn meiner Rede gesprochen habe, beruht vor allem auf roher, direkter Gewalt. In solchen Fällen sagt man bei uns: Du hast Kraft, du brauchst keine Intelligenz.

Und wir wissen, dass die wahre Stärke in der Gerechtigkeit und der Wahrheit liegt, die auf unserer Seite sind. Und wenn das so ist, dann ist es schwer, nicht zuzustimmen, dass Stärke und Kampfbereitschaft das Fundament von Unabhängigkeit und Souveränität sind, das notwendige Fundament, auf dem allein wir unsere Zukunft, unser Zuhause, unsere Familie und unser Heimatland aufbauen können.

Liebe Mitbürger!

Ich bin sicher, dass die Soldaten und Offiziere der russischen Streitkräfte, die ihrem Land gegenüber loyal sind, ihre Pflicht professionell und mutig erfüllen werden. Ich zweifle nicht daran, dass alle Machtebenen und die Fachleute, die für die Stabilität unserer Wirtschaft, unseres Finanzsystems und unseres sozialen Umfelds verantwortlich sind, sowie die Leiter unserer Unternehmen und die gesamte russische Wirtschaft harmonisch und effizient zusammenarbeiten werden. Ich zähle auf die konsolidierte, patriotische Haltung aller parlamentarischen Parteien und öffentlichen Kräfte.

Schließlich liegt das Schicksal Russlands, wie schon immer in der Geschichte, in den fähigen Händen unseres multiethnischen Volkes. Das bedeutet, dass die von uns gefassten Beschlüsse umgesetzt werden, unsere Ziele erreicht werden und die Sicherheit unseres Vaterlandes zuverlässig gewährleistet ist.

Ich glaube an Ihre Unterstützung und an die unbesiegbare Kraft, die uns die Liebe zu unserem Vaterland verleiht.[301]

---

[301] Zit. wie Anti-Spiegel, 24.2.2022; www.anti-spiegel.ru/2022/putins-komplette-rede-an-das-russische-volk-zum-beginn-der-militaeroperation/; Übersetzung aus dem Russischen: Thomas Röper (26.2.2022)

Regierungserklärung von Bundeskanzler Olaf Scholz vom 27. Februar 2022

Sehr geehrte Frau Präsidentin!
Verehrte Kolleginnen und Kollegen!
Liebe Mitbürgerinnen und Mitbürger!

Der 24. Februar 2022 markiert eine Zeitenwende in der Geschichte unseres Kontinents. Mit dem Überfall auf die Ukraine hat der russische Präsident Putin kaltblütig einen Angriffskrieg vom Zaun gebrochen – aus einem einzigen Grund: Die Freiheit der Ukrainerinnen und Ukrainer stellt sein eigenes Unterdrückungsregime infrage. Das ist menschenverachtend. Das ist völkerrechtswidrig. Das ist durch nichts und niemanden zu rechtfertigen.

Die schrecklichen Bilder aus Kiew, Charkiw, Odessa und Mariupol zeigen die ganze Skrupellosigkeit Putins. Die himmelschreiende Ungerechtigkeit, der Schmerz der Ukrainerinnen und Ukrainer, sie gehen uns allen sehr nahe.

Ich weiß genau, welche Fragen sich die Bürgerinnen und Bürger in diesen Tagen abends am Küchentisch stellen, welche Sorgen sie umtreiben angesichts der furchtbaren Nachrichten aus dem Krieg. Viele von uns haben noch die Erzählungen unserer Eltern oder Großeltern im Ohr vom Krieg, und für die Jüngeren ist es kaum fassbar: Krieg in Europa. Viele von ihnen verleihen ihrem Entsetzen Ausdruck – überall im Land, auch hier in Berlin.

Wir erleben eine Zeitenwende. Und das bedeutet: Die Welt danach ist nicht mehr dieselbe wie die Welt davor. Im Kern geht es um die Frage, ob Macht das Recht brechen darf, ob wir es Putin gestatten, die Uhren zurückzudrehen in die Zeit der Großmächte des 19. Jahrhunderts, oder ob wir die Kraft aufbringen, Kriegstreibern wie Putin Grenzen zu setzen.

Das setzt eigene Stärke voraus.

Bundeskanzler Olaf Scholz am 25. August 2022 vor einem Gepard-Flugabwehrpanzer

Ja, wir wollen und wir werden unsere Freiheit, unsere Demokratie und unseren Wohlstand sichern. Ich bin Ihnen, Frau Präsidentin, sehr dankbar, dass ich die Vorstellungen der Bundesregierung dazu heute in dieser Sondersitzung mit Ihnen teilen kann. Auch den Vorsitzenden aller demokratischen Fraktionen dieses Hauses danke ich dafür, dass sie diese Sitzung unterstützt haben.
Meine Damen und Herren, mit dem Überfall auf die Ukraine will Putin nicht nur ein unabhängiges Land von der Weltkarte tilgen. Er zertrümmert die europäische Sicherheitsordnung, wie sie seit der Schlussakte von Helsinki fast ein halbes Jahrhundert Bestand hatte. Er stellt sich auch ins Abseits der gesamten internationalen Staatengemeinschaft.
Weltweit haben unsere Botschaften in den vergangenen Tagen gemeinsam mit Frankreich dafür geworben, die russische Aggression im Sicherheitsrat der Vereinten Nationen als das zu benennen, was sie ist: ein infamer Völkerrechtsbruch. Wenn man sich das Ergebnis der Sicherheitsratssitzung in New York anschaut, durchaus mit Erfolg. Die Beratungen haben gezeigt: Wir stehen

keineswegs allein in unserem Einsatz für den Frieden. Wir werden ihn fortsetzen mit aller Kraft. Für das, was sie dort zustande gebracht hat, bin ich Außenministerin Baerbock sehr dankbar.
Nur mit der Notbremse seines Vetos konnte Moskau – immerhin ein ständiges Mitglied des Sicherheitsrates – die eigene Verurteilung verhindern. Was für eine Schande!
Präsident Putin redet dabei stets von unteilbarer Sicherheit. Tatsächlich aber will er gerade den Kontinent mit Waffengewalt in altbekannte Einflusssphären teilen. Das hat Folgen für die Sicherheit in Europa. Ja, dauerhaft ist Sicherheit in Europa nicht gegen Russland möglich. Auf absehbare Zeit aber gefährdet Putin diese Sicherheit. Das muss klar ausgesprochen werden.
Wir nehmen die Herausforderung an, vor die die Zeit uns gestellt hat – nüchtern und entschlossen.
Fünf Handlungsaufträge liegen nun vor uns.
Erstens. Wir müssen die Ukraine in dieser verzweifelten Lage unterstützen. Das haben wir auch in den vergangenen Wochen, Monaten und Jahren in großem Umfang getan. Aber mit dem Überfall auf die Ukraine sind wir in einer neuen Zeit. In Kiew, Charkiw, Odessa und Mariupol verteidigen die Menschen nicht nur ihre Heimat. Sie kämpfen für Freiheit und ihre Demokratie, für Werte, die wir mit ihnen teilen.
Als Demokratinnen und Demokraten, als Europäerinnen und Europäer stehen wir an ihrer Seite, auf der richtigen Seite der Geschichte.
Am Donnerstag hat Präsident Putin mit seinem Überfall auf die Ukraine eine neue Realität geschaffen. Diese neue Realität erfordert eine klare Antwort. Wir haben sie gegeben: Wie Sie wissen, haben wir gestern entschieden, dass Deutschland der Ukraine Waffen zur Verteidigung des Landes liefern wird.
Auf Putins Aggression konnte es keine andere Antwort geben.
Meine Damen und Herren, unser zweiter Handlungsauftrag ist, Putin von seinem Kriegskurs abzubringen. Der Krieg ist eine Ka-

tastrophe für die Ukraine. Aber der Krieg wird sich auch als Katastrophe für Russland erweisen.

Gemeinsam mit den EU-Staats- und -Regierungschefs haben wir ein Sanktionspaket von bisher unbekanntem Ausmaß verabschiedet. Wir schneiden russische Banken und Staatsunternehmen von der Finanzierung ab. Wir verhindern den Export von Zukunftstechnologien nach Russland. Wir nehmen die Oligarchen und ihre Geldanlagen in der EU ins Visier. Hinzu kommen die Strafmaßnahmen gegen Putin und Personen in seinem direkten Umfeld sowie Einschränkungen bei der Visavergabe für russische Offizielle.

Und wir schließen wichtige russische Banken vom Bankenkommunikationsnetz SWIFT aus. Darauf haben wir uns gestern mit den Staats- und Regierungschefs der wirtschaftlich stärksten Demokratien und der EU verständigt.

Machen wir uns nichts vor: Putin wird seinen Kurs nicht über Nacht ändern. Doch schon sehr bald wird die russische Führung spüren, welch hohen Preis sie bezahlt. Allein in der letzten Woche haben russische Börsenwerte um über 30 Prozent nachgegeben. Das zeigt: Unsere Sanktionen wirken. Und wir behalten uns weitere Sanktionen vor, ohne irgendwelche Denkverbote.

Unsere Richtschnur bleibt die Frage: Was trifft die Verantwortlichen am härtesten? Die, um die es geht, und nicht das russische Volk!

Denn Putin, nicht das russische Volk, hat sich für den Krieg entschieden. Deshalb gehört es deutlich ausgesprochen: Dieser Krieg ist Putins Krieg.

Die Differenzierung ist mir wichtig; denn die Aussöhnung zwischen Deutschen und Russen nach dem Zweiten Weltkrieg ist und bleibt ein wichtiges Kapitel unserer gemeinsamen Geschichte.

Und ich weiß, wie schwierig die derzeitige Situation gerade für die vielen Bürgerinnen und Bürger unseres Landes zu ertragen ist, die in der Ukraine oder in Russland geboren sind. Darum werden

wir nicht zulassen, dass dieser Konflikt zwischen Putin und der freien Welt zum Aufreißen alter Wunden und zu neuen Verwerfungen führt.
Noch etwas sollten wir nicht vergessen: In vielen russischen Städten haben Bürgerinnen und Bürger in den vergangenen Tagen gegen Putins Krieg protestiert, haben Verhaftung und Bestrafung in Kauf genommen.
Das erfordert großen Mut und große Tapferkeit.
Deutschland steht heute an der Seite der Ukrainerinnen und der Ukrainer. Unsere Gedanken und unser Mitgefühl gelten heute den Opfern des russischen Angriffskriegs. Genauso stehen wir an der Seite all jener in Russland, die Putins Machtapparat mutig die Stirn bieten und seinen Krieg gegen die Ukraine ablehnen. Wir wissen: Sie sind viele.
Ihnen allen sage ich: Geben Sie nicht auf! Ich bin ganz sicher: Freiheit, Toleranz und Menschenrechte werden sich auch in Russland durchsetzen.
Meine Damen und Herren, die dritte große Herausforderung liegt darin, zu verhindern, dass Putins Krieg auf andere Länder in Europa übergreift. Das bedeutet: Ohne Wenn und Aber stehen wir zu unser Beistandspflicht in der NATO.
Das habe ich auch unseren Alliierten in Mittel- und Osteuropa gesagt, die sich um ihre Sicherheit sorgen. Präsident Putin sollte unsere Entschlossenheit nicht unterschätzen, gemeinsam mit unseren Alliierten jeden Quadratmeter des Bündnisgebietes zu verteidigen.
Wir meinen das sehr ernst. Mit der Aufnahme eines Landes in die NATO ist unser Wille als Bündnispartner verbunden, dieses Land zu verteidigen, und zwar so wie uns selbst.
Die Bundeswehr hat ihre Unterstützung für die östlichen Bündnispartner bereits ausgeweitet und wird das weiter tun. Für dieses wichtige Signal danke ich der Bundesverteidigungsministerin. In Litauen, wo wir den Einsatzverband der NATO führen, haben wir

unsere Truppe aufgestockt. Unseren Einsatz beim Air Policing in Rumänien haben wir verlängert und ausgeweitet. Wir wollen uns am Aufbau einer neuen NATO-Einheit in der Slowakei beteiligen. Unsere Marine hilft mit zusätzlichen Schiffen bei der Sicherung von Nord- und Ostsee und im Mittelmeer. Und wir sind bereit, uns mit Luftabwehrraketen auch an der Verteidigung des Luftraumes unserer Alliierten in Osteuropa zu beteiligen.

Unsere Soldatinnen und Soldaten haben in den vergangenen Tagen oft nur wenig Zeit gehabt, sich auf diese Einsätze vorzubereiten. Ich sage ihnen, sicher auch in Ihrem Namen: Danke!

Danke für ihren wichtigen Dienst gerade in diesen Tagen.

Meine Damen und Herren, angesichts der Zeitenwende, die Putins Aggression bedeutet, lautet unser Maßstab: Was für die Sicherung des Friedens in Europa gebraucht wird, das wird getan. Deutschland wird dazu seinen solidarischen Beitrag leisten. Das heute klar und unmissverständlich festzuhalten, reicht aber nicht aus; denn dafür braucht die Bundeswehr neue, starke Fähigkeiten.

Und das ist mein viertes Anliegen, meine Damen und Herren. Wer Putins historisierende Abhandlungen liest, wer seine öffentliche Kriegserklärung an die Ukraine im Fernsehen gesehen hat oder wer wie ich kürzlich persönlich mit ihm stundenlang gesprochen hat, der kann keinen Zweifel mehr haben: Putin will ein russisches Imperium errichten. Er will die Verhältnisse in Europa nach seinen Vorstellungen grundlegend neu ordnen, und dabei schreckt er nicht zurück vor militärischer Gewalt. Das sehen wir heute in der Ukraine.

Wir müssen uns daher fragen: Welche Fähigkeiten besitzt Putins Russland, und welche Fähigkeiten brauchen wir, um dieser Bedrohung zu begegnen, heute und in der Zukunft?

Klar ist: Wir müssen deutlich mehr in die Sicherheit unseres Landes investieren, um auf diese Weise unsere Freiheit und unsere Demokratie zu schützen.

Das ist eine große nationale Kraftanstrengung. Das Ziel ist eine leistungsfähige, hochmoderne, fortschrittliche Bundeswehr, die uns zuverlässig schützt.
Ich habe bei der Münchner Sicherheitskonferenz vor einer Woche gesagt: Wir brauchen Flugzeuge, die fliegen, Schiffe, die in See stechen, und Soldatinnen und Soldaten, die für ihre Einsätze optimal ausgerüstet sind. Darum geht es, und das ist ja wohl erreichbar für ein Land unserer Größe und unserer Bedeutung in Europa.
Aber machen wir uns nichts vor: Bessere Ausrüstung, modernes Einsatzgerät, mehr Personal – das kostet viel Geld. Wir werden dafür ein Sondervermögen Bundeswehr einrichten, und ich bin Bundesfinanzminister Lindner sehr dankbar für seine Unterstützung dabei. Der Bundeshaushalt 2022 wird dieses Sondervermögen einmalig mit 100 Milliarden Euro ausstatten. Die Mittel werden wir für notwendige Investitionen und Rüstungsvorhaben nutzen. Wir werden von nun an Jahr für Jahr mehr als 2 Prozent des Bruttoinlandsprodukts in unsere Verteidigung investieren. Meine Damen und Herren, ich richte mich hier an alle Fraktionen des Deutschen Bundestages: Lassen Sie uns das Sondervermögen im Grundgesetz absichern.
Eines will ich hinzufügen: Wir streben dieses Ziel nicht nur an, weil wir bei unseren Freunden und Alliierten im Wort stehen, unsere Verteidigungsausgaben bis 2024 auf 2 Prozent unserer Wirtschaftsleistung zu steigern. Wir tun dies auch für uns, für unsere eigene Sicherheit, wohl wissend, dass sich nicht alle Bedrohungen der Zukunft mit den Mitteln der Bundeswehr einhegen lassen. Deshalb brauchen wir eine starke Entwicklungszusammenarbeit. Deshalb werden wir unsere Resilienz stärken, technisch und gesellschaftlich, zum Beispiel gegen Cyberangriffe und Desinformationskampagnen, gegen Angriffe auf unsere kritische Infrastruktur und Kommunikationswege. Und wir werden technologisch auf der Höhe der Zeit bleiben. Darum ist es mir zum Beispiel so

wichtig, dass wir die nächste Generation von Kampfflugzeugen und Panzern gemeinsam mit europäischen Partnern und insbesondere Frankreich hier in Europa bauen. Diese Projekte haben oberste Priorität für uns.

Bis die neuen Flugzeuge einsatzbereit sind, werden wir den Eurofighter gemeinsam weiterentwickeln. Gut ist auch, dass die Verträge zur Eurodrohne in dieser Woche endlich unterzeichnet werden konnten. Auch die Anschaffung der bewaffneten Heron-Drohne aus Israel treiben wir voran. Für die nukleare Teilhabe werden wir rechtzeitig einen modernen Ersatz für die veralteten Tornado-Jets beschaffen. Der Eurofighter soll zu Electronic Warfare befähigt werden. Das Kampfflugzeug F-35 kommt als Trägerflugzeug in Betracht. Und schließlich, meine Damen und Herren, werden wir mehr tun, um eine sichere Energieversorgung unseres Landes zu gewährleisten.

Eine wichtige Maßnahme dazu hat die Bundesregierung bereits auf den Weg gebracht. Und wir werden umsteuern – umsteuern, um unsere Importabhängigkeit von einzelnen Energielieferanten zu überwinden. Die Ereignisse der letzten Tage und Wochen haben uns doch gezeigt: Eine verantwortungsvolle, vorausschauende Energiepolitik ist nicht nur entscheidend für unsere Wirtschaft und unser Klima, sondern entscheidend auch für unsere Sicherheit. Deshalb gilt: Je schneller wir den Ausbau erneuerbarer Energien vorantreiben, desto besser.

Und wir sind auf dem richtigen Weg. Wir wollen als Industrieland bis 2045 CO_2-neutral werden. Mit diesem Ziel vor Augen werden wir wichtige Entscheidungen treffen müssen, etwa eine Kohle- und Gasreserve aufzubauen. Wir haben beschlossen, die Speichermenge an Erdgas über sogenannte Long Term Options um 2 Milliarden Kubikmeter zu erhöhen. Zudem werden wir rückgekoppelt mit der EU zusätzliches Erdgas auf den Weltmärkten erwerben. Schließlich haben wir die Entscheidung getroffen, zwei Flüssiggasterminals, LNG-Terminals, in Brunsbüttel und Wilhelmshaven schnell zu bauen. Bundeswirtschaftsminister Habeck möchte ich für seinen Einsatz dabei ganz ausdrücklich danken. Das, was nun kurzfristig notwendig ist, lässt sich mit dem verbinden, was langfristig ohnehin gebraucht wird für den Erfolg der Transformation. Ein LNG-Terminal, in dem wir heute Gas ankommen lassen, kann morgen auch Grünen Wasserstoff aufnehmen.

Und natürlich behalten wir bei all dem die hohen Energiepreise im Blick. Putins Krieg hat sie zuletzt noch weiter steigen lassen. Deshalb haben wir in dieser Woche ein Entlastungspaket vereinbart: mit der Abschaffung der EEG-Umlage noch in diesem Jahr, einer Erhöhung der Pendlerpauschale, einem Heizkostenzuschuss für Geringverdiener, Zuschüssen für Familien und steuerlichen Entlastungen.

Die Bundesregierung wird das schnell auf den Weg bringen. Unsere Botschaft ist klar: Wir lassen die Bürgerinnen und Bürger und die Unternehmen in dieser Lage nicht allein.

Meine Damen und Herren, die Zeitenwende trifft nicht nur unser Land; sie trifft ganz Europa. Und auch darin stecken Herausforderung und Chance zugleich. Die Herausforderung besteht darin, die Souveränität der Europäischen Union nachhaltig und dauerhaft zu stärken. Die Chance liegt darin, dass wir die Geschlossenheit wahren, die wir in den letzten Tagen unter Beweis gestellt haben, Stichwort »Sanktionspaket«. Für Deutschland und für alle anderen Mitgliedsländer der EU heißt das, nicht bloß zu fragen, was man für das eigene Land in Brüssel herausholen kann, sondern zu fragen: Was ist die beste Entscheidung für die Union?

Europa ist unser Handlungsrahmen. Nur wenn wir das begreifen, werden wir vor den Herausforderungen unserer Zeit bestehen.

Damit bin ich beim fünften und letzten Punkt. Putins Krieg bedeutet eine Zäsur, auch für unsere Außenpolitik. So viel Diplomatie wie möglich, ohne naiv zu sein, dieser Anspruch bleibt. Nicht naiv zu sein, das bedeutet aber auch, kein Reden um des Redens willen.

Für echten Dialog braucht es die Bereitschaft dazu auf beiden Seiten. Daran mangelt es aufseiten Putins ganz offensichtlich, und das nicht erst in den letzten Tagen und Wochen.

Was heißt das für die Zukunft? Wir werden uns Gesprächen mit Russland nicht verweigern. Auch in dieser extremen Lage ist es die Aufgabe der Diplomatie, Gesprächskanäle offenzuhalten. Alles andere halte ich für unverantwortlich.

Demonstration in Berlin am 27. Februar 2022 gegen »Russlands Angriffskrieg«

Meine Damen und Herren, wir wissen, wofür wir einstehen, auch angesichts unserer eigenen Geschichte. Wir stehen ein für den Frieden in Europa. Wir werden uns nie abfinden mit Gewalt als Mittel der Politik. Wir werden uns immer starkmachen für die friedliche Lösung von Konflikten. Und wir werden nicht ruhen, bis der Frieden in Europa gesichert ist.

Dabei stehen wir nicht allein, sondern zusammen mit unseren Freunden und Partnern in Europa und weltweit. Unsere größte Stärke sind unsere Bündnisse und Allianzen. Ihnen verdanken wir das große Glück, das unser Land seit über 30 Jahren genießt:

in einem vereinten Land zu leben, in Wohlstand und Frieden mit unseren Nachbarn.

Wenn wir wollen, dass diese letzten 30 Jahre keine historische Ausnahme bleiben, dann müssen wir alles tun für den Zusammenhalt der Europäischen Union, für die Stärke der NATO, für noch engere Beziehungen zu unseren Freunden, Partnern und Gleichgesinnten weltweit. Ich bin voller Zuversicht, dass uns das gelingt. Denn selten waren wir und unsere Partner so entschlossen und so geschlossen.

Uns eint in diesen Tagen: Wir wissen um die Stärke freier Demokratien. Wir wissen: Was von einem breiten gesellschaftlichen und politischen Konsens getragen wird, das hat Bestand, auch in dieser Zeitenwende und darüber hinaus. Deshalb danke ich Ihnen und allen Fraktionen dieses Hauses, die den russischen Überfall auf die Ukraine entschieden als das verurteilt haben, was er ist: ein durch nichts zu rechtfertigender Angriff auf ein unabhängiges Land, auf die Friedensordnung in Europa und in der Welt. Der heutige Entschließungsantrag bringt das klar zum Ausdruck.

Ich danke allen, die in diesen Tagen Zeichen setzen gegen Putins Krieg und die sich hier in Berlin und anderswo zu friedlichen Kundgebungen versammeln. Und ich danke allen, die in diesen Zeiten mit uns einstehen für ein freies und offenes, gerechtes und friedliches Europa. Wir werden es verteidigen.[302]

[302] www.bundesregierung.de/breg-de/suche/regierungserklaerung-von-bundes kanzler-olaf-scholz-am-27-februar-2022-2008356

Entschließungsantrag der Fraktionen SPD, CDU/CSU, Bündnis 90/Die Grünen und FDP zu der Abgabe einer Regierungserklärung durch den Bundeskanzler zur aktuellen Lage

Deutscher Bundestag Drucksache 20/846,
20. Wahlperiode – 27.02.2022

Der Bundestag wolle beschließen:

In den Morgenstunden des 24. Februar 2022 hat Präsident Putin einen umfassenden militärischen Angriff Russlands auf die Ukraine gestartet. Dieser Angriffskrieg ist durch nichts zu rechtfertigen. Dabei handelt sich um einen eklatanten Bruch des Völkerrechts. Der 24. Februar 2022 ist seit dem Zweiten Weltkrieg einer der dunkelsten Tage in Europa. Der Deutsche Bundestag bekundet seine Solidarität und Unterstützung mit der Ukraine und ihren Bürgerinnen und Bürgern sowie all jenen Menschen die auch in der Russischen Föderation wie in Belarus gegen Autokratie und für Frieden, Freiheit und Demokratie eintreten.

Mit diesem Angriffskrieg auf die Ukraine bricht die russische Regierung vor den Augen der Welt mit den elementarsten Regeln der internationalen Ordnung. Die Europäische Friedensordnung der letzten Jahrzehnte ist die Grundlage für unser Leben in Freiheit, Wohlstand und Frieden. Bereits zuvor hatte Russland mit der völkerrechtswidrigen Anerkennung von Abchasien und Südossetien und der völkerrechtswidrigen Annexion der Krim der Europäischen Friedensordnung schweren Schaden zugefügt.

Mit diesem mutwilligen, grundlosen und unentschuldbaren Angriff versucht die russische Führung, die europäische Friedensordnung zu zerstören. Es handelt sich dabei um nichts weniger als eine historische Zäsur. Die internationale Gemeinschaft wird entschlossen zusammenstehen. Die russische Führung wird einen hohen Preis dafür zahlen müssen.

Der Deutsche Bundestag verurteilt das Vorgehen der russischen Regierung aufs Schärfste und erklärt seine volle Solidarität mit der Ukraine und ihrer Bevölkerung. Das Streben der Ukrainerinnen und Ukrainer nach Demokratie, Freiheit und Selbstbestimmung ist ein Menschenrecht. Niemand hat das Recht, die Ukraine mit militärischer Gewalt an diesem Weg zu hindern. Der Einsatz der Ukrainerinnen und Ukrainer für unsere gemeinsamen, europäischen Werte und Prinzipien auf und seit dem Euromaidan 2013/2014 war und ist beispiellos. Es wird dem Regime von Präsident Putin nicht gelingen, den Geist des Euromaidans und die freie ukrainische Gesellschaft zu besiegen.

Der Mut und das zivilgesellschaftliche Engagement unserer ukrainischen Nachbarinnen und Nachbarn sind Vorbild für ganz Europa. Ein Europa, in dem die Stärke des Rechts und nicht das Recht des Stärkeren gilt. Diesen Geist und diesen Fortschritt werden Präsident Putin und sein Regime niemals besiegen. Die Bundesregierung hat in enger Abstimmung mit ihren Partnern und Verbündeten in der EU, der NATO und den G7 in den vergangenen Monaten nichts unversucht gelassen, um auf diplomatischem Wege eine friedliche Lösung für die von Präsident Putin geschaffene Krise zu finden. Es hat sich vor diesem Hintergrund erneut gezeigt, dass die transatlantische Partnerschaft und die Freundschaft mit den USA ein zentraler Pfeiler unseres internationalen Handelns und unserer Sicherheit in Europa sind. Die russische Führung ist in unverantwortlicher Weise nicht auf Gesprächsangebote eingegangen und hat den Weg der militärischen Aggression gewählt.

Gleichzeitig erklärt der Deutsche Bundestag, dass er die Interessen unserer Partner in Mittel- und Osteuropa ernstnimmt. Unterschiedlichen Bedrohungsperzeptionen muss Deutschland Rechnung tragen und den Fokus auf eine gemeinsame und kohärente EU-Politik gegenüber Russland legen, insbesondere vor dem Hintergrund der aktuellen russischen Aggressionen gegenüber der Ukraine. Der Deutsche Bundestag bekennt sich zudem zur Aufrechterhaltung eines glaubwürdigen Abschreckungspotenzials innerhalb der NATO und unterstützt die Dialoganstrengungen der Allianz mit Drittstaaten auch in schwierigsten Situationen.

Der Deutsche Bundestag fordert Präsident Putin und die russische Regierung auf, den Angriffskrieg auf die Ukraine unverzüglich einzustellen und ihre Truppen sofort vom Gebiet der Ukraine abzuziehen. Eine sofortige Waffenruhe ist das Gebot der Stunde. Dringend benötigte humanitäre Hilfe muss in das Land gelassen werden. Die völkerrechtswidrige Anerkennung der sogenannten »Volksrepubliken« Donezk und Luhansk muss umgehend widerrufen werden. Die vollständige territoriale Integrität der Ukraine einschließlich der Halbinsel Krim muss wiederhergestellt werden. Gezielt lancierte Desinformationen und Angriffe auf digitale Infrastrukturen, auch und gerade solche aus dem Bereich der kritischen Infrastrukturen sind integraler Teil der russischen Kriegsführung. Der Bundestag verurteilt solche auch und gerade auf zivile Infrastrukturen abzielende Praktiken auf das Schärfste.

Deutschland ist in den vergangenen Jahren sehr engagiert im Bereich der entwicklungspolitischen Zusammenarbeit mit der Ukraine gewesen und hat die Ukraine mit ca. zwei Milliarden Euro unterstützt. Der Deutsche Bundestag erklärt ausdrücklich, dass er auch in Zukunft mit einer freien und souveränen Ukraine intensiv zusammenarbeiten wird und intensive Unterstützung und Hilfe leisten wird.

Durch sein Vorgehen stellt Präsident Putin Russland außerhalb der Völkergemeinschaft. Die russische Führung allein hat es in der Hand, diesen Irrweg der militärischen Gewalt wieder zu verlassen. Europa und die internationale Gemeinschaft wissen grundsätzlich um den Wert stabiler Beziehungen zu Russland.

Eine substanzielle internationale Zusammenarbeit ist aber erst wieder denkbar, wenn die russische Führung das Völkerrecht achtet und die territoriale Integrität und Unverletzbarkeit der Grenzen seiner Nachbarstaaten vollumfänglich respektiert und wiederherstellt. Unser Respekt und unsere Anerkennung gelten allen Russinnen und Russen, die sich gegen den Aggressionskurs ihres Präsidenten stellen und damit der Welt zeigen, dass es auch ein anderes Russland gibt, das Teil der Völkergemeinschaft sein möchte und in Frieden mit seinen Nachbarn leben will.

I Der Deutsche Bundestag stellt fest:

1. Die Bundesrepublik Deutschland steht fest und unverbrüchlich an der Seite unserer ukrainischen Freundinnen und Freunde. Wir teilen die Werte der Demokratie, Freiheit und des Friedens. Diese Werte und die Menschen die dafür einstehen, werden wir niemals aufgeben.
2. Die Entscheidung der Bundesregierung und ihrer Verbündeten, EU-gelistete russische Banken vom internationalen Zahlungssystem SWIFT auszuschließen und die Ukraine im Rahmen ihres Selbstverteidigungsrechts zu unterstützen, ist vor dem Hintergrund der historischen Zäsur folgerichtig.

II Der Deutsche Bundestag begrüßt

1. die aktive Rolle der Bundesregierung bei der geschlossenen und entschlossenen Reaktion durch die Europäische Union, die NATO und den Kreis der G7-Staaten auf diesen willkürlichen und durch nichts zu rechtfertigenden Angriffskrieg gegen die Ukraine und die damit im Zusammenhang stehende Verhängung weiterer, schwerwiegender Sanktionen gegen Russland;
2. die von der EU und ihren Partnern beschlossenen Sanktionen gegen den russischen Finanz-, Energie- und Verkehrssektor sowie die zusätzlichen Listungen russischer Personen, Ausfuhrkontrollen und Ausfuhrfinanzierung. Diese Maßnahmen

werden massive und schwerwiegende Konsequenzen für das Vorgehen Russlands nach sich ziehen;

3. den Beschluss des Europäischen Rats, dass bestehende finanzielle Restriktionen, insbesondere was den Zugang bestimmter russischer Einrichtungen zu den Kapitalmärkten betrifft, ausgeweitet werden sollten. Ferner sollte die Notierung von Aktien russischer Staatsunternehmen an Handelsplätzen der Union und die Erbringung damit zusammenhängender Dienstleistungen verboten werden. Darüber hinaus müssen neue Maßnahmen eingeführt werden, um die Kapitalzuflüsse aus Russland in die Union erheblich einzuschränken, indem die Entgegennahme von Einlagen, die bestimmte Werte übersteigen, von russischen Staatsangehörigen oder Einwohnern, das Führen von Konten russischer Kunden durch die Zentralverwahrer der Union sowie der Verkauf von auf Euro lautenden Wertpapieren an russische Kunden verboten werden.
4. die von der Bundesregierung bereits beschlossene Entsendung von zusätzlich 350 Bundeswehrsoldatinnen und -soldaten zur Verstärkung des deutschen Kontingents bei der NATO Enhanced Forward Presence (EFP) in Litauen;
5. dass die Bundesregierung der ukrainischen Regierung frühzeitig Unterstützung durch deutsche Expertinnen und Experten bei der Analyse und Abwehr hybrider Bedrohungen zugesagt und entsprechende Kapazitäten bereitgestellt hat;
6. die Suspendierung der Mitgliedschaft Russlands im Europarat.

III Der Deutsche Bundestag fordert die Bundesregierung auf,

1. zusammen mit unseren Partnern der internationalen Staatengemeinschaft mit allen zur Verfügung stehenden diplomatischen Mitteln auf die russische Regierung einzuwirken, dass sie die internationalen Abkommen, Regelwerke und völkerrechtlich verbindlichen Verträge, die sie selbst unterschrie-

ben hat und sich damit verpflichtet hat sie zu erfüllen, wieder beachtet und befolgt, darunter die Charta der Vereinten Nationen, die Schlussakte von Helsinki, die Charta von Paris, die NATO-Russland-Grundakte und das Budapester Memorandum;

2. sich gemeinsam mit den transatlantischen und europäischen Partnern mit allen zur Verfügung stehenden diplomatischen Mitteln für eine sofortige Waffenruhe und den unverzügli-

Kaiser Wilhelm II., 1914: »Ich kenne keine Parteien mehr«

chen und vollständigen Abzug der russischen Truppen von ukrainischem Territorium einzusetzen;

3. der Ukraine alle infrage kommenden politischen, wirtschaftlichen, finanziellen und humanitären Unterstützungsmaßnahmen zukommen zu lassen sowie zu prüfen, ob weitere militärische Ausrüstungsgüter der Ukraine zur Verfügung gestellt werden können;
4. die Aufnahme Flüchtender und Schutzsuchender aus der Ukraine in Deutschland zu ermöglichen und unsere europäischen Nachbarn bei der Aufnahme und Versorgung von Flüchtenden und Schutzsuchenden zu unterstützen;
5. gegenüber unseren mittel- und osteuropäischen NATO- und EU-Partnern solidarisch zu sein und dem gestiegenen Sicherheitsbedürfnis durch geeignete Maßnahmen im Rahmen von NATO und EU Rechnung zu tragen; dazu gehört die Prüfung weiterer geeigneter Maßnahmen zur Verstärkung der deutschen zivilen und militärischen Präsenz in den mittel- und osteuropäischen Partnerstaaten der NATO;
6. die Modernisierung der Bundeswehr mit dem Ziel voll ausgestatteter und voll einsatzbereiter Streitkräfte weiter voranzutreiben, bestehende Fähigkeitslücken umgehend zu schließen und die notwendigen finanziellen Ressourcen dafür zeitnah und langfristig bereitzustellen;
7. die NATO-Fähigkeitsziele in enger Abstimmung mit unseren Partnern zu erfüllen und entsprechend zeitnah in die Bundeswehr zu investieren und ebenso die Bereiche der Diplomatie, der Humanitären Hilfe, der Entwicklungszusammenarbeit zu stärken;
8. sich im Rahmen der Erarbeitung des neuen Strategischen Konzepts der NATO dafür einzusetzen, dass der historischen Zäsur durch den russischen Angriffskrieg mit Blick auf die Strategie des Bündnisses auch sicherheitspolitisch Rechnung getragen wird; dies gilt ebenso für die Erarbeitung des Strategischen Kompasses der Europäischen Union;

9. auch und gerade im Rahmen der Vereinten Nationen auf eine Verurteilung des Völkerrechtsbruchs Russlands hinzuwirken;
10. weitere Sanktionsschritte fortwährend der Situation anzupassen;
11. Berichten über Kriegsverbrechen durch Russland im Zusammenhang mit der Invasion in die Ukraine nachzugehen und dafür einzutreten, diese international zu ahnden;
12. für einen möglichst effektiven Schutzes kritischer Infrastrukturen sowie der Abwehr von Spionage und Sabotage Abwehrmaßnahmen über bestehende Koordinierungsgremien, sowohl auf bundesdeutscher wie europäischer Ebene, zu intensivieren sowie potentiell betroffene Betreiber und Unternehmen insbesondere durch das Bundesamt für Sicherheit in der Informationstechnik (BSI) und Bundesamt für Bevölkerungsschutz und Katastrophenhilfe (BBK) zu beraten und nötigenfalls zu unterstützen und hierbei auch Maßnahmen des Zivilschutzes zu berücksichtigen.
13. sich dafür einzusetzen, dass es zu keinem finanziellen Schaden des Europarats durch die Suspendierung Russlands kommt und gemeinsam mit den anderen Mitgliedsstaaten des Europarates eine Kompensation für wegfallende Mitgliedsbeiträge Russlands zu schaffen und dafür die nötigen Mittel bereitzustellen.

Berlin, den 27. Februar 2022

Dr. Rolf Mützenich und Fraktion
Friedrich Merz, Alexander Dobrindt und Fraktion
Katharina Dröge, Britta Haßelmann und Fraktion
Christian Dürr und Fraktion[303]

---

[303] Drucksache 20/846 (bundestag.de); https://dserver.bundestag.de/btd/20/008/2000846.pdf

Auszug einer Rede von US-Präsident Joseph Biden vom 26. März 2022 in Warschau

Danke, danke, danke ...

»Fürchtet euch nicht.« Dies waren die ersten Worte bei der ersten öffentlichen Ansprache des ersten polnischen Papstes nach seiner Wahl im Oktober 1978. Es waren Worte, die für Papst Johannes Paul II. prägend werden sollten. Worte, die die Welt verändern sollten. ... Als Papst Johannes Paul diese Botschaft 1979 überbrachte, regierte die Sowjetunion mit eiserner Faust hinter einem Eisernen Vorhang. Ein Jahr später setzte sich in Polen die Solidarność-Bewegung durch. Und obwohl ich weiß, dass er heute Abend nicht hier sein kann, sind wir alle in den Vereinigten Staaten und überall auf der Welt dankbar für Lech Wałęsa ...

Zehn Jahre später brach die Sowjetunion zusammen, und Polen sowie Mittel- und Osteuropa sollten bald frei sein. Nichts an diesem Freiheitskampf war einfach oder leicht. Es war ein langer, schmerzhafter Kampf, der sich nicht über Tage und Monate, sondern über Jahre und Jahrzehnte erstreckte. Aber wir sind aus dem großen Kampf für die Freiheit neu erwachsen: dem Kampf zwischen Demokratie und Autokratie, zwischen Freiheit und Unterdrückung, zwischen einer regelbasierten Ordnung und einer Ordnung, die von roher Gewalt beherrscht wird. In diesem Kampf muss uns Folgendes klar sein: Auch diese Schlacht wird nicht in Tagen oder Monaten gewonnen werden. Wir müssen uns für den langen Kampf, der vor uns liegt, wappnen ...

Seit Generationen steht Warschau für den Ort, an dem die Freiheit infrage gestellt wurde und an dem die Freiheit gesiegt hat. Tatsächlich kam eine junge Frau, die aus ihrem Heimatland, der unter sowjetischer Herrschaft stehenden Tschechoslowakei, geflohen war, später nach Warschau zurück, um hier eine Rede zu halten und sich mit Dissidenten zu solidarisieren. Ihr Name war

Madeleine Korbel Albright. Sie wurde zu einer der glühendsten Verfechterinnen der Demokratie weltweit. Sie war eine Freundin ... und die erste Außenministerin der Vereinigten Staaten. Sie ist vor drei Tagen verstorben.
Sie hat sich ihr ganzes Leben lang für grundlegende demokratische Prinzipien eingesetzt. Und jetzt, im immerwährenden Kampf für Demokratie und Freiheit, kämpfen die Ukraine und ihre Bevölkerung an vorderster Front, um ihr Land zu schützen. Ihr mutiger Widerstand ist Teil eines größeren Kampfes für die grundlegenden demokratischen Prinzipien, die alle freien Menschen verbinden: Rechtsstaatlichkeit, freie und faire Wahlen, Rede-, Meinungs- und Versammlungsfreiheit, Religionsfreiheit und Pressefreiheit ... Meine Botschaft an das ukrainische Volk ist die gleiche Botschaft, die ich heute auch dem ukrainischen Außenminister und dem Verteidigungsminister überbracht habe, die, wie ich glaube, heute Abend hier anwesend sind: Wir stehen an Ihrer Seite. Punkt. Die heutigen Kämpfe in Kiew, Mariupol und Charkiw sind die neueste Schlacht in einem langen Kampf: Ungarn, 1956; Polen, 1956 und erneut 1981; Tschechoslowakei, 1968. Sowjetische Panzer schlugen demokratische Aufstände nieder, aber der Widerstand ging weiter, bis schließlich 1989 die Berliner Mauer und alle Mauern der sowjetischen Herrschaft fielen. Die Mauern fielen, und die Menschen obsiegten.
Aber der Kampf für die Demokratie konnte mit dem Ende des Kalten Krieges nicht beendet werden und hat auch nicht mit ihm geendet. In den vergangenen 30 Jahren sind die Kräfte der Autokratie überall auf der Welt wieder erstarkt. Ihre Merkmale sind bekannt: Verachtung der Rechtsstaatlichkeit, Verachtung der demokratischen Freiheit, Verachtung für die Wahrheit selbst.
Heute erstickt Russland die Demokratie und versucht dies nicht nur im eigenen Land, sondern auch anderswo. Unter dem Vorwand der ethnischen Solidarität ist es in Nachbarländer einmarschiert. Putin besitzt die Frechheit zu behaupten, er »entnazifi-

ziere« die Ukraine. Das ist eine Lüge. Es ist einfach nur zynisch, und das weiß er auch. Und es ist auch obszön. Präsident Selenskyj wurde demokratisch gewählt. Er ist Jude. Die Familie seines Vaters wurde im NS-Holocaust ausgelöscht. Und Putin besitzt die Dreistigkeit, wie alle Autokraten vor ihm, zu glauben, dass Macht Recht schafft ...

Der Kreml will die NATO-Erweiterung als imperiales Projekt zur Destabilisierung Russlands darstellen. Nichts ist weiter von der Wahrheit entfernt. Die NATO ist ein Verteidigungsbündnis. Sie hat nie den Untergang Russlands angestrebt. Im Vorfeld der aktuellen Krise haben die Vereinigten Staaten und die NATO monatelang daran gearbeitet, Russland einzubinden, um einen Krieg abzuwenden. Ich habe mich persönlich mit Putin getroffen und viele Male mit ihm telefoniert. Immer wieder haben wir uns diplomatisch engagiert und konkrete Vorschläge zur Stärkung der europäischen Sicherheit, für mehr Transparenz und zur Vertrauensbildung auf allen Seiten unterbreitet. Doch Putin und Russland begegneten jedem dieser Vorschläge mit Desinteresse an Verhandlungen, mit Lügen und Ultimaten. Russland war von Anfang an auf Gewalt aus.

Ich weiß, dass nicht alle von Ihnen mir und uns geglaubt haben, als wir immer wieder sagten: »Sie werden die Grenze überqueren. Sie werden angreifen.« Wiederholt beteuerte er: »Wir haben kein Interesse an einem Krieg.« Er versprach, dass er nicht vorrücken würde. Wiederholt sagte er, er würde nicht in die Ukraine einmarschieren. Wiederholt hieß es, die russischen Truppen entlang der Grenze seien nur für »Übungen« dort, alle 180.000 Soldatinnen und Soldaten.

Es gibt einfach keine Rechtfertigung oder Veranlassung für Russlands Entscheidung zum Krieg. Es ist ein Beispiel für einen der ältesten menschlichen Triebe: der Einsatz von roher Gewalt und Desinformation zur Befriedigung des Verlangens nach absoluter Macht und Kontrolle. Es ist nichts Geringeres als ein direkter

Angriff auf die auf Regeln basierende internationale Ordnung, die seit dem Ende des Zweiten Weltkriegs besteht. Und es droht ein Rückfall in Jahrzehnte des Krieges, die Europa verwüsteten, bevor die internationale, auf Regeln basierende Ordnung eingeführt wurde. Dahin können wir nicht zurückkehren. Das können wir nicht.

Die Größe der Bedrohung ist der Grund für die Reaktion des Westens, die so schnell und so stark, so einheitlich, beispiellos und überwältigend war. Nur rasche und empfindliche Strafen werden Russland dazu bringen, seinen Kurs zu ändern. Innerhalb weniger Tage nach dem Einmarsch hat der Westen gemeinsam Sanktionen gegen die russische Wirtschaft verhängt. Die russische Zentralbank wurde aus den globalen Finanzsystemen ausgeschlossen, sodass der Kreml keinen Zugang mehr zu seinen Kriegskassen hat, die er rund um den Globus deponiert hatte. Wir haben das Herz der russischen Wirtschaft ins Visier genommen, indem wir die Einfuhr russischer Energie in die Vereinigten Staaten unterbunden haben.

Bisher haben die Vereinigten Staaten gegen 140 russische Oligarchinnen und Oligarchen sowie ihre Familienmitglieder Sanktionen verhängt und ihre unrechtmäßig erlangten Reichtümer beschlagnahmt: ihre Yachten, ihre Luxuswohnungen, ihre Villen. Wir haben gegen mehr als 400 russische Regierungsvertreterinnen und Vertreter Sanktionen verhängt, darunter die Hauptverantwortlichen für diesen Krieg. Diese Regierungsvertreterinnen und -vertreter und Oligarchinnen und Oligarchen haben aus ihrer korrupten Verbindung zum Kreml enormen Nutzen gezogen, und jetzt müssen sie den Preis mitzahlen.

Auch der Privatsektor ist aktiv geworden. Über 400 private multinationale Unternehmen haben sich aus der Geschäftstätigkeit in Russland zurückgezogen oder Russland ganz verlassen – von Ölfirmen bis zu McDonald's. Infolge dieser beispiellosen Sanktionen ist der Rubel fast sofort in den Keller gerutscht ... Die Wirtschaft ist auf dem besten Weg, in den kommenden Jahren halbiert zu werden. Vor der Invasion stand die russische Wirtschaft auf Platz 11 der Weltrangliste. Bald wird sie nicht einmal mehr unter den Top 20 der Welt vertreten sein.

In ihrer Gesamtheit sind diese Wirtschaftssanktionen eine neue Art von wirtschaftlicher Staatskunst, die es mit militärischer Macht aufnehmen und große Schäden verursachen kann. Diese internationalen Sanktionen zehren an der Stärke Russlands, an seiner Fähigkeit, Nachschub für seine Streitkräfte zu liefern, und an seiner Fähigkeit, Macht zu demonstrieren. Und es ist Putin – es ist Wladimir Putin, der die Schuld daran trägt, Punkt.

Neben diesen Wirtschaftssanktionen hat sich die westliche Welt zudem zusammengetan, um der Bevölkerung der Ukraine mit einem unglaublichen Maß an militärischer, wirtschaftlicher und humanitärer Hilfe beizustehen. In den Jahren vor der Invasion haben die Vereinigten Staaten der Ukraine Waffen im Wert von über 650 Millionen US-Dollar geliefert, vor dem Einmarsch, einschließlich Luftabwehr- und Panzerabwehrausrüstung. Seit der Invasion haben die Vereinigten Staaten weitere 1,35 Milliarden US-Dollar in Form von Waffen und Munition bereitgestellt. Und dank des Mutes und der Tapferkeit der ukrainischen Bevölkerung wurde die von uns und unseren Amtskolleginnen und -kollegen gesandte Ausrüstung mit zerstörerischer Wirkung zur Verteidigung ukrainischen Bodens und Luftraums eingesetzt. Auch unsere Verbündeten und Partner haben sich beteiligt.

Aber, wie ich bereits klargestellt habe: Die amerikanischen Streitkräfte sind nicht in Europa, um einen Konflikt mit russischen Streitkräften auszufechten. Die US-Streitkräfte sind hier, um NATO-Bündnispartner zu verteidigen. Gestern habe ich mich mit den Soldatinnen und Soldaten getroffen, die an der Seite unserer polnischen Bündnispartner die Verteidigung der NATO an vorderster Front verstärken. Wir wollten das deshalb so deutlich klarstellen, weil Russland in die Ukraine einmarschiert ist. Denken

Sie nicht einmal daran, sich auch nur einen einzigen Zentimeter auf NATO-Territorium zu begeben. Wir haben die heilige Pflicht – wir haben die heilige Pflicht nach Artikel 5, jeden Zentimeter des NATO-Hoheitsgebiets mit der ganzen Kraft unserer kollektiven Macht zu verteidigen.

Ich habe heute Ihr Nationalstadion besucht, wo Tausende von ukrainischen Geflüchteten jetzt versuchen, die schwierigsten Fragen zu beantworten, die ein Mensch stellen kann: »Mein Gott, was wird mit mir geschehen? Was wird mit meiner Familie passieren?« ... Aber ich war auch beeindruckt von der Großzügigkeit der Warschauer – ja, der ganzen polnischen Bevölkerung –, von ihrem tiefen Mitgefühl, ihrer Bereitschaft, auf andere zuzugehen und ihr Herz zu öffnen ... Aber diesen Flüchtlingen zu helfen, ist nichts, das Polen oder irgendein anderes Land alleine tragen sollte. Alle Demokratien der Welt tragen die Verantwortung dafür, zu helfen. Alle. Und die Ukrainerinnen und Ukrainer können sich darauf verlassen, dass die Vereinigten Staaten ihrer Verantwortung gerecht werden.

Ich habe vor zwei Tagen angekündigt, dass wir 100.000 ukrainische Flüchtlinge aufnehmen werden. Schon jetzt kommen jede Woche 8.000 Menschen anderer Nationalitäten in die Vereinigten Staaten. Wir werden humanitäre Hilfe in Höhe von fast 300 Millionen US-Dollar leisten und Zehntausende von Tonnen an Nahrungsmitteln, Wasser, Medikamenten und anderen Grundversorgungsgütern bereitstellen. In Brüssel habe ich angekündigt, dass die Vereinigten Staaten bereit sind, mehr als eine Milliarde US-Dollar an zusätzlicher humanitärer Hilfe zu leisten ...

Putin dachte, die Ukrainerinnen und Ukrainer würden aufgeben und nicht kämpfen. Er versteht nicht gerade viel von Geschichte. Stattdessen sind die russischen Streitkräfte in der Ukraine auf tapferen und harten Widerstand gestoßen. Anstatt die Entschlossenheit der Ukrainerinnen und Ukrainer zu schwächen, haben Russlands brutale Taktiken diese Entschlossenheit noch verstärkt. Anstatt die NATO zu spalten, ist der Westen jetzt stärker und geeinter als je zuvor.

Russland wollte weniger NATO-Präsenz an seiner Grenze, aber jetzt haben wir eine stärkere Präsenz, eine größere Präsenz, mit einer US-Truppenstärke von über einhunderttausend, neben allen anderen Mitgliedern der NATO. Tatsächlich hat Russland etwas geschafft, was es sicherlich nie beabsichtigt hatte: die Demokratien der Welt innerhalb von Monaten in Zielsetzung und Einheit zu stärken, für was wir einst Jahre brauchten.

Nicht nur Russlands Handeln in der Ukraine führt uns den Segen der Demokratie vor Augen. In seinem eigenen Land verhaftet der Kreml Demonstrierende. Zweihunderttausend Menschen haben das Land Berichten zufolge bereits verlassen. Es gibt eine Abwanderung von Fachkräften aus Russland. Unabhängige Nachrichten werden abgeschaltet. Die staatlichen Medien senden nur noch Propaganda und sperren Bilder von zivilen Zielen, Massengräbern und den Hungertaktiken der russischen Streitkräfte in der Ukraine ...

Ich habe immer direkt und ehrlich zu Ihnen, den Russinnen und Russen gesprochen. Lassen Sie mich Folgendes sagen, falls Sie dies hören können: Sie, die russische Bevölkerung, sind nicht unser Feind ... Was auch immer Ihre Generation erlebt hat – ob Sie die Belagerung Leningrads miterlebt oder von Eltern und Großeltern davon gehört haben – die verängstigten Familien an überfüllten Bahnhöfen, die aus ihren Häusern fliehen, Menschen, die die Nächte zum Schutz in Kellern verbringen, Menschen, die am Morgen in den Trümmern ihrer eigenen Häuser sitzen – das sind keine Erinnerungen an die Vergangenheit. Nicht mehr. Denn genau das tun die russischen Streitkräfte gerade in der Ukraine ... Wladimir Putins Aggression hat Sie, die russische Bevölkerung, von der übrigen Welt abgeschnitten, und sie führt Russland zurück ins 19. Jahrhundert ...

Putin kann und muss diesen Krieg beenden. Amerikanerinnen und Amerikaner stehen Ihnen und den tapferen Bürgerinnen und

Bürgern der Ukraine, die den Frieden wollen, zur Seite. Und meine Botschaft an das übrige Europa lautet: Dieser neue Kampf für die Freiheit hat bereits einiges überaus deutlich gemacht.

Erstens: Europa muss seine Abhängigkeit von russischen fossilen Brennstoffen beenden. Und wir, die Vereinigten Staaten, werden dabei helfen. Deshalb habe ich gerade gestern in Brüssel zusammen mit der Präsidentin der Europäischen Kommission einen Plan angekündigt, der Europa aus der unmittelbaren Energiekrise herausführen soll. Langfristig müssen wir alle im Interesse der wirtschaftlichen und nationalen Sicherheit und der Überlebensfähigkeit unseres Planeten so schnell wie möglich zu sauberer, erneuerbarer Energie übergehen. Und wir werden uns gemeinsam dafür einsetzen, dass die Zeiten, in denen ein Land wegen seines Energiebedarfs von den Launen eines Tyrannen abhängig war, vorbei sind. Das muss ein Ende haben. Das muss ein Ende haben.

Zweitens: Wir müssen die vom Kreml ausgehende Korruption bekämpfen, um der russischen Bevölkerung eine faire Chance zu geben. Und schließlich, und das ist am dringendsten, müssen wir die uneingeschränkte Einigkeit unter den Demokratien der Welt aufrechterhalten. Es reicht nicht aus, mit rhetorischem Schwung, mit hochtrabenden Worten von Demokratie, Freiheit, Gleichheit und Freiheit zu sprechen. Wir alle, auch hier in Polen, müssen jeden Tag die harte Arbeit der Demokratie leisten. Das gilt auch für mein Land. Deshalb bin ich diese Woche wieder mit einer klaren und entschlossenen Botschaft für die NATO, für die G7, für die Europäische Union, für alle freiheitsliebenden Länder nach Europa gekommen: Wir müssen uns jetzt verpflichten, diesen Kampf auf lange Sicht zu führen. Wir müssen heute und morgen und übermorgen und in den kommenden Jahren und Jahrzehnten geeint bleiben. Einfach wird das nicht. Es wird mit Kosten verbunden sein. Aber das ist ein Preis, den wir zahlen müssen. Denn die Dunkelheit, die die Autokratie antreibt, ist letztlich der Flamme der Freiheit, die die Seelen freier Menschen überall erleuchtet, nicht gewachsen.

Die Geschichte zeigt immer wieder, dass aus den dunkelsten Momenten der größte Fortschritt folgt. Und die Geschichte zeigt, dass dies die Aufgabe unserer Zeit ist, die Aufgabe dieser Generation. Zur Erinnerung: Der Hammerschlag, der die Berliner Mauer zum Einsturz brachte, die Macht, die den Eisernen Vorhang hob, das waren nicht die Worte eines einzelnen Staatsoberhaupts; es waren die Menschen in Europa, die jahrzehntelang für ihre Freiheit kämpften ...

US-Präsident Joseph Biden

Und wir sehen es heute wieder am Beispiel der mutigen Ukrainerinnen und Ukrainer, die zeigen, dass die Macht der Vielen größer ist als der Wille eines einzelnen Diktators. In dieser Stunde heute sollen also die Worte von Papst Johannes Paul ebenso hell leuchten wie damals: »Gebt niemals die Hoffnung auf, zweifelt niemals, werdet niemals müde, lasst euch niemals entmutigen. Fürchtet euch nicht.« Wir werden eine andere Zukunft haben – eine hellere Zukunft, die in Demokratie und Prinzipien, Hoffnung und Licht, Anstand und Würde, Freiheit und Möglichkeiten verwurzelt ist.
Um Gottes willen, dieser Mann darf nicht an der Macht bleiben.
Möge Gott Sie segnen. Und möge Gott unsere Freiheit schützen ...[304]

---

[304] Zit. wie US-Botschaft und Konsulate in Deutschland 28.3.2022; https://de.usembassy.gov/de/vereinte-massnahmen-der-freien-welt-zur-unterstuetzung-der-menschen-in-der-ukraine/?_ga=2.173584099.1723227783.1667497077-1957942329.1664749697 (5.10.2022). Die vollständige Rede: The White House, 26.3.2022; www.whitehouse.gov/briefing-room/speeches-remarks/2022/03/26/remarks-by-president-biden-on-the-united-efforts-of-the-free-world-to-support-the-people-of-ukraine/

Neuer »Krefelder Appell«
Den Kriegstreibern in den Arm fallen
November 2021

Immer offensichtlicher wird das Treiben derer, die das Leben auf unserem Planeten gefährden und schon in erheblichem Umfang zerstört haben. Weltweit gehörten und gehören Kriege, strangulierende Sanktionen, Embargos und Hunger-Blockaden zum Agieren des US-Machtkomplexes. Die USA haben wichtige Abrüstungsverträge wie ABM, INF und OpenSkies aufgekündigt. Die gegen Russland und China gerichteten Manöver werden immer aggressiver. Die Gefahr eines Atomkriegs nimmt bedrohlich zu.

Aber die Machthaber dieser Welt führen Kriege auch an neuen, andersartigen Fronten. Unter dem Deckmantel der Pandemie-Bekämpfung wird das Leben von Milliarden Menschen gefährdet. Das betrifft vor allem Länder der sogenannten »Dritten Welt«. Allein in Indien hat der Lockdown nach Angaben der »World Doctors Alliance« Millionen Menschenleben gekostet. Eine noch größere Gefahr geht von der »Impf«-Kampagne aus – für Milliarden von Menschen. Dahinter steht die Strategie des »Great Reset« des Forums der Superreichen, das sich »Weltwirtschaftsforum« nennt, mit dem der Kapitalismus über einen gezielten Zusammenbruch und einen »Neustart« auf eine noch perversere Stufe gehoben werden soll – unter weitergehender Verletzung der bürgerlichen Rechte, der Menschenrechte und des Völkerrechts – d. h. mit weniger Rechten und mehr Überwachung für den überwiegenden Teil der Menschheit.

Es sind die gleichen Kräfte, die hinter den verschiedenen Formen von Krieg stehen. Ein Beispiel: Einer der Drahtzieher der Operation 9/11 und des nachfolgenden »Kriegs gegen den Terror«, Ex-US-Verteidigungsminister Donald Rumsfeld, war Aufsichtsratsvorsitzender und Aktionär des Pharma-Unternehmens Gilead Sciences, das im Jahr 2005 mit Tamiflu aus der Angst vor der Vogelgrippe seinen Profit schlug. Ein weiteres Beispiel: die Carlyle Group mit Sitz in Washington ist gleichzeitig im Rüstungs- wie im Pharma-Geschäft aktiv. Es gilt, dem Krieg in all seinen Formen zu begegnen – dem militärischen wie auch dem mit wirtschaftlichen, biologischen und psychologischen Mitteln geführten.

Die Unterzeichnerinnen und Unterzeichner dieser Erklärung fordern daher – insbesondere von der deutschen Bundesregierung –, sich von einer Politik der Kriege abzuwenden. Es gilt, den Kriegstreibern in den Arm zu fallen. Alle Mitbürgerinnen und Mitbürger werden aufgerufen, diesen Appell zu unterstützen, um durch unablässigen und wachsenden Druck der öffentlichen Meinung eine Politik herbeizuführen,

- die es nicht zulässt, dass das US-Imperium inkl. Deutschland und der anderen NATO-Staaten die Welt weiter mit Kriegen überzieht,
- die zu Frieden und Freundschaft mit allen Staaten bzw. Völkern der Welt führt,
- die US- und NATO-Truppen verbannt – aus Deutschland mit 2-Jahresfrist durch Kündigung des Truppenstationierungsvertrags,
- die zum Austritt aus der NATO führt – in allen NATO-Staaten mit 1-Jahresfrist durch Kündigung des NATO-Vertrags,
- die sich verweigert, unter dem Deckmantel der Pandemie-Bekämpfung Milliarden Menschenleben zu gefährden und die Überlebenden einer Totalkontrolle zu unterwerfen,
- die der Maxime folgt: Nicht Einschränkung, sondern Sicherung und Erweiterung der demokratischen Grundrechte ist das Gebot der Stunde.

Wir, die wir zur Unterstützung dieses Appells aufrufen, kommen aus allen Teilen der Gesellschaft – insbesondere aus der Friedensbewegung und der Bewegung zur Wiedererlangung unserer Grund- und Menschenrechte. In diesem Sinne rufen wir auch zur Überwindung der gesellschaftlichen Spaltung auf, die in vielen

Ländern in den vergangenen 18 Monaten systematisch erzeugt worden ist. Wir haben nur dann eine Chance, wenn wir den Bedrohungen gemeinsam begegnen.[305]

Dieser Aufruf ist initiiert von Mitgliedern der Kampagne »NATO raus - raus aus der NATO«

305 https://peaceappeal21.de/

Rede des russischen Außenministers Sergei Lawrow vor dem UN-Sicherheitsrat vom 22. September 2022

Sehr geehrte Frau Präsidentin!
Exzellenzen,
Kolleginnen und Kollegen,

soweit ich weiß, wurde das heutige Treffen durch den Wunsch einiger Delegationen motiviert, das Thema »Straflosigkeit« in der Ukraine zu erörtern. Ich denke, das kommt genau zum richtigen Zeitpunkt. Dieser Begriff spiegelt genau das wider, was in diesem Land seit 2014 geschieht. Nationalradikale Kräfte, ausgesprochene Russophobe und Neonazis, kamen damals durch einen bewaffneten Putsch mit direkter Unterstützung westlicher Länder an die Macht. Unmittelbar danach begaben sie sich auf einen Weg der Gesetzlosigkeit und der totalen Missachtung grundlegender Menschenrechte und Freiheiten – des Rechts auf Leben, des Rechts auf freie Meinungsäußerung, des Rechts auf Zugang zu Informationen, des Rechts auf Gewissensfreiheit und des Rechts auf den Gebrauch der eigenen Muttersprache.
Die Verbrechen auf dem Maidan im Februar 2014 sind noch immer ungesühnt. Die Täter der ungeheuerlichen Tragödie vom 2. Mai 2014 in Odessa, bei der rund 50 Menschen im dortigen Gewerkschaftshaus bei lebendigem Leib verbrannt und getötet wurden, sind weder gefunden noch bestraft worden. Die politischen Morde an Oles Busina, Pawel Scheremet und anderen Persönlichkeiten des öffentlichen Lebens und Journalisten stehen auch in dieser Reihe ungesühnter Verbrechen. Trotzdem versuchen sie, uns heute ein völlig anderes Narrativ über die russische Aggression als Hauptursache für alle Probleme aufzudrängen.

Dabei wird die Tatsache ignoriert, dass die ukrainische Armee und die Milizen der nationalistischen Formationen seit mehr als acht Jahren die Bewohner des Donbass ungestraft töten und ermorden, nur weil sie (die Bewohner des Donbass) sich geweigert haben, die Ergebnisse des verbrecherischen, blutigen und verfassungsfeindlichen Staatsstreichs in Kiew anzuerkennen. Weil sie beschlossen haben, für ihre von der ukrainischen Verfassung garantierten Rechte einzutreten, einschließlich des Rechts auf den freien Gebrauch ihrer russischen Muttersprache.

Erinnern Sie sich daran, wie der damalige Ministerpräsident Jazenjuk 2015 sagte, dass im Donbass »Untermenschen« lebten? Auch der derzeitige Präsident W. A. Selenskij ist nicht weit hinter ihm. In einem Interview im September 2021 sagte er auf die Frage, was er von den Menschen im Donbass halte, es gebe Menschen und es gebe »Kreaturen«, »Exemplare«. Dies ist ein durchgängiges Merkmal des ukrainischen Regimes, sowohl unter Poroschenko als auch unter Selenskij.

Sie haben alle, die mit den Ergebnissen des Staatsstreichs nicht einverstanden sind, zu Terroristen erklärt. Seit acht Jahren führt das Kiewer Regime eine »militärische Operation« gegen die Zivilbevölkerung durch. In der Ukraine findet seit vielen Jahren eine totale Mobilisierung der gesamten erwachsenen Bevölkerung, einschließlich der Frauen, statt, um sie in die Reihen der nationalistischen Bataillone und der ukrainischen Streitkräfte zu rekrutieren.

Während die Kiewer Behörden heuchlerisch behaupteten, den Minsker Vereinbarungen verpflichtet zu sein, haben sie deren Umsetzung offen und ungestraft sabotiert. Über den Donbass wurde eine Finanz-, Verkehrs- und Energieblockade verhängt. Die Bewohner der Region sind von Sozialleistungen, Renten, Gehältern, Bankdienstleistungen, Kommunikation, Bildung und Gesundheitsfürsorge abgeschnitten. Sie wurden der grundlegenden Bürgerrechte beraubt, einschließlich derer, die im Internationalen

Ukrainische Armee beschießt Einkaufszentren in Donezk (22.9.2022)

Pakt über wirtschaftliche, soziale und kulturelle Rechte (1966) sowie im Internationalen Pakt über bürgerliche und politische Rechte von 1966 garantiert sind.

Irgendwann war Selenskij es leid, sich zu verstellen, und erklärte, das Minsker »Maßnahmenpaket« sei nur notwendig, um die gegen Russland verhängten Sanktionen aufrechtzuerhalten. Sein Vorgänger und Mitverfasser der Minsker Vereinbarungen, Petro Poroschenko, war sogar noch offener. Vor einigen Monaten erklärte er öffentlich und stolz, dass weder er noch irgendjemand sonst in der Ukraine jemals vorhatte, diese von ihm unterzeichneten Vereinbarungen umzusetzen. Sie wurden nur benötigt, um Zeit zu gewinnen, um von westlichen Ländern Waffen für den Krieg mit der Russischen Föderation zu erhalten. Der Sekretär des ukrainischen Nationalen Sicherheits- und Verteidigungsrates, A. M. Danilow, äußerte sich in diesem Sinne.

Das Kiewer Regime verdankt seine Straffreiheit seinen westlichen Kuratoren, vor allem Deutschland und Frankreich, und natürlich den Vereinigten Staaten. Anstatt von der Führung in Kiew die Umsetzung der Minsker Vereinbarungen zu fordern, haben

Berlin und Paris zynisch die Augen vor den offenen Drohungen Kiews verschlossen, das »Donbass-Problem« mit Gewalt zu lösen – dem sogenannten »Plan B«.

In den letzten Jahren hat das Kiewer Regime einen umfassenden Frontalangriff auf die russische Sprache geführt. Es hat ungestraft gegen die Rechte der russischen und russischsprachigen Bevölkerung der Ukraine verstoßen. Es wurden skandalöse »Sprach«-Gesetze verabschiedet: »Über das Bildungswesen« (2017), »Über die Gewährleistung des Funktionierens der ukrainischen Sprache als Staatssprache« (2019), »Über die allgemeine Sekundarschulbildung« (2020) und »Über die indigenen Völker der Ukraine« (2021). Sie alle zielen darauf ab, die russische Sprache zu verdrängen, ja sie sogar ganz zu verbieten.

Gleichzeitig wurden Gesetze verabschiedet, die die Theorie und Praxis des Nationalsozialismus fördern. Kiew ignorierte die zaghaften Empfehlungen der Venedig-Kommission des Europarats, des Amtes des Hohen Kommissars der Vereinten Nationen für Menschenrechte und des Hohen Kommissars der OSZE für nationale Minderheiten, das Sprachengesetz zu korrigieren. Diese multilateralen Strukturen haben ihrerseits nicht den Mut gefunden (vielleicht war es ihnen einfach nicht erlaubt), die ukrainischen Behörden zur Erfüllung ihrer internationalen Menschenrechtsverpflichtungen zu bewegen.

Das ukrainische Bildungsministerium hat die russische Sprache und die russische Literatur aus dem Lehrplan gestrichen. Wie in Nazideutschland werden Bücher in russischer Sprache verboten und vernichtet, und Denkmäler russischer Schriftsteller werden zerstört. Mit staatlicher Unterstützung wird eine Ideologie der nationalen Intoleranz gegenüber ethnischen Russen durchgesetzt. Heute schämen sich die Funktionäre des Landes nicht mehr ihrer nazistischen Identität und rufen offen und ungestraft zum Mord an russischen Menschen auf.

Hier sind einige Beispiele. Der ukrainische Botschafter in Kasachstan, P. Y. Wrublewski, der sich derzeit in Kiew aufhält, äußerte sich am 22. August dieses Jahres in einem Interview wie folgt: »Wir versuchen, so viele wie möglich von ihnen (die Russen) zu töten. Je mehr Russen wir jetzt töten, desto weniger werden unsere Kinder töten müssen. Das ist alles.« Hat jemand darauf geachtet? Der Bürgermeister von Dnjepropetrowsk, B. A. Filatow, äußerte sich im letzten Frühjahr in diesem Sinne: »Die Zeit der kalten Wut ist gekommen. Jetzt haben wir das volle moralische Recht, diese Nicht-Menschen in aller Ruhe und mit absolut ungetrübtem Verstand überall auf der Welt zu töten, und zwar zeitlich unbegrenzt und in größtmöglicher Menge.« Am 13. September dieses Jahres erklärte der Sekretär des Nationalen Sicherheits- und Verteidigungsrates, A. M. Danilow: »In den Siedlungen, in die die ukrainischen Streitkräfte eindringen, werden die Bewohner ukrainisiert, ohne ihre Meinung zu berücksichtigen. Dies wird nicht nur Russen, sondern auch Vertreter anderer Nationalitäten betreffen. Wenn Sie den Wunsch haben, zusätzlich andere Sprachen zu studieren, Rumänisch, Polnisch, Hebräisch, dann tun Sie das bitte, aber nicht auf Kosten unseres Staates. Sie können Ihre Bildung auf eigene Kosten erweitern. «

Unnötig zu erwähnen, dass all diese russophoben Eskapaden völlig ungestraft blieben. Es geht nicht nur um Russophobie. Er hat sich über Vertreter anderer Nationalitäten, die in der Ukraine leben, geäußert. Den Höhepunkt bildete Selenskijs Interview vom 5. August 2021, in dem er allen, die sich als Russen fühlen, riet, zum Wohle ihrer Kinder und Enkelkinder nach Russland zu gehen. »Zieht nach Russland«, sagte er.

Ich habe den Eindruck, dass die Entscheidungen, die die Menschen in einer Reihe von Regionen der Ukraine jetzt treffen, um Referenden abzuhalten, eine Antwort auf seine Wünsche sind.

Unter dem Deckmantel der Bekämpfung der »russischen Aggression« und des »Separatismus« in der Ukraine wird die Ver-

folgung von Dissidenten verschärft. Im März dieses Jahres wurden elf politische Parteien unter dem Vorwand ihrer »Verbindungen zu Russland« verboten. Die führenden oppositionellen Fernsehsender sind seit Langem abgeschaltet. Der Regierung unerwünschte Websites wurden gesperrt. Journalisten werden verfolgt, wenn sie versuchen, eine andere Meinung als die offizielle zu vertreten. Die prominente ukrainische Sozialaktivistin E. Bereschnaja, die wiederholt vor den Vereinten Nationen und der OSZE über das Aufkommen des Neonazismus in der Ukraine gesprochen hat, wird in den Gefängnissen des SBU festgehalten.
Wir haben keinen Zweifel daran, dass sich die Ukraine endgültig in einen totalitären Nazi-Staat verwandelt hat, in dem die Normen des humanitären Völkerrechts ungestraft missachtet werden. Kein Wunder, dass die ukrainischen Streitkräfte und nationalistischen Bataillone terroristische Taktiken anwenden und Zivilisten als menschliche Schutzschilde benutzen.
Vor diesem Hintergrund ist die Haltung derjenigen Staaten, die die Ukraine mit Waffen und militärischer Ausrüstung vollpumpen und die ukrainischen Streitkräfte ausbilden, besonders zynisch. Das Ziel liegt auf der Hand (sie verbergen es nicht, sondern geben es bekannt): die Feindseligkeiten so lange wie möglich hinauszuzögern, trotz der Verluste und Zerstörungen, um Russland zu schwächen und auszuzehren. Diese Linie bedeutet, dass die westlichen Länder direkt in den Ukraine-Konflikt verwickelt sind und somit zu einer Partei werden. Auch das bewusste Schüren dieses Konflikts durch den »kollektiven Westen« bleibt ungestraft. Sie werden sich ja in der Tat nicht selbst bestrafen.
Wir machen uns keine Illusionen darüber, dass die russischen Streitkräfte und die DVR- und LVR-Milizen heute nicht nur mit den neonazistischen Formationen des Kiewer Regimes konfrontiert sind, sondern auch mit dem militärischen Apparat des »kollektiven« Westens. Mithilfe von modernen Systemen, Flugzeugen, Schiffen, Satelliten und strategischen Drohnen versorgt die NATO

die Streitkräfte in Echtzeit mit nachrichtendienstlichen Erkenntnissen, und sie werden dazu angestachelt, dass Russland auf dem Schlachtfeld besiegt (wie EU-Beamte ausdrücklich erklären) und zur Strafe jeglicher Souveränität beraubt werden muss. Dies ist kein latenter Rassismus mehr, sondern ein offener.

Vor dem Hintergrund des massiven Beschusses von Siedlungen im Donbass freut sich Selenskij über die Wirksamkeit der westlichen Waffen. Hier sein Zitat: »Endlich hat man das Gefühl, dass die westliche Artillerie, die Waffen, die wir von unseren Partnern erhalten haben, sehr wirkungsvoll sind. Die Genauigkeit ist wirklich so, wie sie sein muss«, erklärte der Leiter dieser staatlichen Einrichtung zynisch. Gleichzeitig wurden in den beschossenen Siedlungen keine militärischen oder strategischen Ziele getroffen. Nur die Zivilbevölkerung des Donbass leidet.

Seit Ende Juli dieses Jahres verminen die ukrainischen Streitkräfte das Zentrum von Donezk und seine Vororte aus der Ferne mit verbotenen Lepestok-Antipersonenminen. Ihr Einsatz verstößt in grober Weise gegen das Übereinkommen über das Verbot von Antipersonenminen von 1997, das die Ukraine ratifiziert hat, sowie gegen das Zweite Protokoll zum Genfer Übereinkommen über konventionelle Waffen (Verbot von Minen ohne Selbstzerstörer).

Solche Gräueltaten waren möglich und bleiben ungesühnt, weil die Vereinigten Staaten und ihre Verbündeten mit Duldung internationaler Menschenrechtsinstitutionen die Verbrechen des Kiewer Regimes seit acht Jahren systematisch vertuschen und ihre Politik gegenüber Herrn Selenskij auf dem bekannten amerikanischen Grundsatz aufbauen: »Natürlich ist er ein Hurensohn, aber er ist unser Hurensohn.«

Die unbequeme Wahrheit, die das schöne Bild von der Ukraine als Opfer russischer Aggression trübt, wird fleißig beschönigt und manchmal ganz unverhohlen ausgeblendet. Selbst die westliche Menschenrechtsorganisation Amnesty International, die kaum im Verdacht stehen kann, mit Russland zu sympathisieren, wurde scharf kritisiert und als Kreml-Agent gebrandmarkt. Nur weil sie in ihrem Bericht die bekannten Tatsachen bestätigte, dass Kiew Kampfstellungen und schwere Waffen in zivilen Gebieten stationiert.

Der verbrecherische Beschuss des AKW Saporischschja durch Kämpfer des Kiewer Regimes, der die Gefahr einer nuklearen Katastrophe heraufbeschwört, bleibt ungesühnt. Und dies, obwohl Mitarbeiter der Internationalen Atomenergie-Organisation (IAEO) seit dem 1. September dieses Jahres ständig in der Anlage anwesend sind, und es nicht schwer ist, die für den Beschuss verantwortliche Seite zu ermitteln.

Ich möchte Sie daran erinnern, dass der Besuch der IAEO im Kernkraftwerk Saporischschja künstlich hinausgezögert wurde, obwohl bereits am 3. Juni dieses Jahres alle Einzelheiten koordiniert worden waren und die Mission ungestört dorthin hätte reisen können. Dann kam es zu einer unangemessenen Situation, als die Sicherheitsabteilung des UN-Sekretariats sich weigerte, die von Russland und der Agentur vereinbarte Route zu genehmigen. Dann begann sie zu behaupten, dass die IAEO alle Parameter der Mission selbst bestimmen würde. Dieses nicht besonders ehrwürdige Verhalten verzögerte den Besuch der Mission der Agentur im AKW Saporischschja um drei Monate.

Es besteht große Besorgnis über das Schicksal der russischen Soldaten, die in die Hände ukrainischer Nationalisten gefallen sind. Es gibt zahlreiche Beweise dafür, dass sie unter Verletzung des humanitären Völkerrechts misshandelt wurden, einschließlich Hinrichtungen im Schnellverfahren. Ich bin sicher, dass diejenigen, die sich für die wahren Ereignisse in der Ukraine interessieren, Videoaufnahmen des Massakers der ukrainischen Nazis an russischen Kriegsgefangenen gesehen haben, die mit auf dem Rücken gefesselten Händen auf den Boden geworfen und in den Kopf geschossen wurden. Hat sich eines der hier vertretenen Länder zu diesem Verbrechen geäußert?

Wir haben zahlreiche Beweise für diese und andere kriminelle Handlungen des Kiewer Regimes, die seit 2014 regelmäßig begangen werden. Die russischen Strafverfolgungsbehörden nehmen in Zusammenarbeit mit ihren Kollegen aus der DVR und der LVR die Fakten der Verbrechen sorgfältig auf und untersuchen sie. Die Beteiligung von mehr als 220 Personen wurde festgestellt, darunter Vertreter des Oberkommandos der ukrainischen Streitkräfte und Kommandeure von Militäreinheiten, die Zivilisten beschossen. Gegen Bürger des Vereinigten Königreichs, Kanadas, der USA und der Niederlande wird wegen Söldneraktivitäten und krimineller Handlungen in der Ukraine ermittelt. Ich versichere Ihnen, dass alle Verantwortlichen, unabhängig von ihrer Nationalität, zur Verantwortung gezogen werden.
Ich möchte Sie noch einmal auf Folgendes aufmerksam machen. Als sich die russischen und ukrainischen Unterhändler Ende März dieses Jahres in Istanbul praktisch mit den von Kiew vorgeschlagenen Parametern für eine Einigung einverstanden erklärten, kam es einige Tage später zu einer Tragödie in Butscha. Es verbleibt kein Zweifel, dass es sich um eine Inszenierung handelt. Unmittelbar nach diesem inszenierten Vorfall schürten unsere westlichen Kollegen die Hysterie und brachten ein neues Paket von Sanktionen gegen die Russische Föderation auf den Weg, indem sie uns beschuldigten, Zivilisten zu töten. Seitdem, als dieser Propagandaeffekt eintrat, erinnert sich niemand mehr an dieses Butscha. Außer uns. In Anwesenheit des Generalsekretärs und verehrter Minister appelliere ich noch einmal: Bitte veranlassen Sie die ukrainischen Behörden zu dem elementaren Schritt, die Namen der Menschen zu veröffentlichen, deren Leichen in Butscha gezeigt wurden. Ich habe dies seit Monaten gefordert. Keiner hört zu und keiner will reagieren.
Sehr geehrter Herr Generalsekretär,
machen Sie wenigstens von Ihrer Autorität Gebrauch, bitte. Ich denke, es wird für alle nützlich sein, sich mit dieser Episode auseinanderzusetzen.

Der Außenminister der Russischen Föderation, Sergei Lawrow

Wir haben auf die verstärkte Tätigkeit der internationalen Justiz in Bezug auf die Ukraine aufmerksam gemacht. Es werden einige »Bemühungen« zur Untersuchung von Verbrechen in der Ukraine angekündigt, die dem russischen Militär zugeschrieben werden. All dies ist Auftragswerk, das können wir sehr gut sehen.

Weder der blutige Staatsstreich in Kiew 2014 noch die Tragödie in Odessa am 2. Mai 2014 noch der Beschuss friedlicher Städte im Donbass noch die Bombardierung von Luhansk durch Flugzeuge am 2. Juni 2014 noch viele andere Fakten haben zu einer kohärenten Reaktion des Internationalen Strafgerichtshofs (IStGH) geführt. Mehr als 3.000 Anschuldigungen wegen Verbrechen gegen Bewohner des Donbass wurden an den IStGH übermittelt. Es hat keine Reaktion gegeben. Offensichtlich hat die Führung dieses »Justizorgans« nun von »oben« den Befehl erhalten, eine energische Tätigkeit zu entfalten. Wir haben kein Vertrauen in dieses Gremium mehr. Acht lange Jahre haben wir vergeblich darauf gewartet, dass der Kampf gegen die Straflosigkeit in der Ukraine beginnt. Wir erwarten von dieser und einer Reihe anderer internationaler Institutionen keine Gerechtigkeit mehr. Die Zeit des Wartens ist vorbei.

Alles, was ich gesagt habe, bestätigt noch einmal, dass die Entscheidung für die Durchführung der besonderen Militäroperation unvermeidlich war. Wir haben mehr als einmal darüber gesprochen. Wir haben zahlreiche Beweise vorgelegt, die zeigen, wie die Ukraine sich darauf vorbereitete, die Rolle des »Anti-Russlands«

zu spielen, ein Sprungbrett für die Schaffung und Umsetzung von Bedrohungen der russischen Sicherheit zu sein. Ich kann Ihnen versichern, dass wir dies nicht zulassen werden.[306]

[306] Zit. wie RT DE, 22.9.2022; https://pressefreiheit.rtde.tech/europa/149669-lawrow-vor-un-sicherheitsrat-wir/ (11.10.2022)

Bildquellen

Seite 13	Wikimedia Commons, CC0 1.0 Universal Public Domain Dedication
Seite 17	U.S. Navy
Seite 18	Kremlin.ru, CC BY 4.0
Seite 19	Wikimedia Commons, CC BY-SA 3.0
Seite 25	U.S. Army/Wikimedia Commons
Seite 30	Dvidshub.net
Seite 35	Unbekannt
Seite 39	TIME Magazine
Seite 43	Flickr.com/U.S. Department of State
Seite 51	Unbekannt
Seite 58	picture alliance/Reuters | Wolfgang Rattay
Seite 61	picture alliance/dpa | Bernd von Jutrczenka
Seite 66	Kremlin.ru, CC BY 4.0
Seite 70	Wikimedia Commons, CC BY 4.0
Seite 78	Bratstvo.info
Seite 79	Oleg Musyka, Prism-film.info
Seite 90	Wikimedia Commons, CC BY 3.0
Seite 95	Unbekannt/Twitter.com
Seite 105	AiF/Dmitry Sokolov
Seite 122	Landeszentrale für Politische Bildung Baden-Württemberg
Seite 125	Hartmut Drewes
Seite 140	Wikimedia Commons, CC BY-SA 3.0
Seite 141	United States Department of Defense
Seite 146	Flickr.com, CC BY 2.0
Seite 150	picture alliance/dpa | Boris Roessler
Seite 160	Wikimedia Commons/The White House
Seite 167	Wikimedia Commons, CC BY-SA 2.0

Seite 172	picture alliance/dpa | Sebastian Gollnow
Seite 181	picture alliance/Reuters/Pool
Seite 185	Kremlin.ru, CC BY 4.0
Seite 219	Kremlin.ru
Seite 235	picture alliance/dpa | Marcus Brandt
Seite 243	Lewin Bormann/Flickr.com, CC BY-SA 2.0
Seite 250	Bildarchiv Wolfgang Bittner
Seite 261	White House Photo/David Lienemann
Seite 267	Ria Novosti/Aif.ru
Seite 274	Kremlin.ru

Weitere Bücher des Autors:

Deutschland - verraten und verkauft

Hintergründe und Analysen

Von Wolfgang Bittner

Klappenbroschur, 320 Seiten, 33 Abb.

ISBN 978-3-943007-34-3 (Buch)
ISBN 978-3-943007-37-4 (E-Book)